Der wettbewerbsrechtliche Folgenbeseitigungsanspruch als Instrument des kollektiven Rechtsschutzes zur Rückforderung von Negativzinsen im Einlagengeschäft

Europäische Hochschulschriften Recht

European University Studies in Law

Publications Universitaires Européennes de Droit

Band/Volume **6811**

Lucas Maximilian Zurheide

Der wettbewerbsrechtliche Folgenbeseitigungsanspruch als Instrument des kollektiven Rechtsschutzes zur Rückforderung von Negativzinsen im Einlagengeschäft

PETER LANG

Berlin - Bruxelles - Chennai - Lausanne - New York - Oxford

Bibliografische Information der Deutschen Nationalbibliothek
Die Deutsche Nationalbibliothek verzeichnet diese Publikation in der Deutschen Nationalbibliografie; detaillierte bibliografische Daten sind im Internet über http://dnb.d-nb.de abrufbar.

Zugl.: Köln, Univ., Diss., 2025

D 38
ISSN 0531-7312
ISBN 978-3-631-92945-2
E-BOOK 978-3-631-92955-1
E-PUB 978-3-631-92956-8
DOI 10.3726/b22517

Verlegt durch: Peter Lang GmbH, Berlin, Deutschland
info@peterlang.com www.peterlang.com

Diese Publikation wurde begutachtet.

Meinen Eltern

Vorwort

Diese Arbeit wurde im Sommersemester 2024 von der Rechtwissenschaftlichen Fakultät der Universität zu Köln als Dissertation angenommen. Die Idee zur Erstellung der Arbeit entstand bereits vier Jahre zuvor und aus dem Wunsch heraus, berufsbegleitend eine vertiefte wissenschaftliche Ausarbeitung zu einem Thema mit hohem Praxisbezug anzufertigen.

Ohne die Unterstützung zahlreicher Personen hätte diese Arbeit nicht realisiert werden können. Mein besonderer Dank gilt meinem Doktorvater Herrn Prof. Dr. Klaus Peter Berger, LL.M. für die Betreuung und Unterstützung dieser Arbeit. Für die Erstellung des Zweitgutachtens danke ich Herrn Prof. Dr. Hans-Peter Haferkamp.

Dank gebührt im Übrigen den vielen Freunden für die diversen Unterstützungsleistungen im Laufe der Jahre, wie beispielsweise die Bereitschaft zu mitunter langer Diskussion, die Bereitstellung der vereinzelt benötigten technischen Infrastruktur, das Korrekturlesen der Arbeit sowie die von Zeit zu Zeit benötigte Aufmunterung, namentlich Herrn RA Marvin Braatz, Herrn RA Armin Grabs, Herrn RA Tobias Gronemann, Herrn RA Eduard Meier, Herrn Dr. Stefan Rudolph, Herrn RA Dr. Sebastian Segmiller, Frau RA'in Katharina Willkomm, MdB sowie meiner Schwester, Frau Catharina Zurheide.

Abschließend und vor allem danke ich meinen Eltern, Frau Ri'inAG Susanne Zurheide und Herrn RA Burkhard Zurheide, die durch ihre fortwährende Unterstützung während meines Ausbildungsweges die Erstellung dieser Arbeit überhaupt erst ermöglicht haben.

Inhaltsverzeichnis

Abkürzungsverzeichnis

a.A.	andere Auffassung
aaO	am angegebenen Ort
Abs.	Absatz
a.E.	am Ende
a.F.	alte Fassung
AGB	Allgemeine Geschäftsbedingungen
Alt.	Alternative
Anm.	Anmerkung
Art.	Artikel
Aufl.	Auflage
AVB	Allgemeine Versicherungsbedingungen
BaFin	Bundesanstalt für Finanzdienstleistungsaufsicht
BB	Betriebs-Berater, Zeitschrift; Brandenburg
Begr.	Begründung
Beschl.	Beschluss
BGB	Bürgerliches Gesetzbuch
BGBl.	Bundesgesetzblatt
BGH	Bundesgerichtshof
BGHZ	Entscheidungen des Bundesgerichtshofes in Zivilsachen
BKR	Zeitschrift für Bank- und Kapitalmarktrecht
bspw.	beispielsweise
BT-Drucks.	Bundestagsdrucksache
BVerfG	Bundesverfassungsgericht
bzw.	beziehungsweise
ca.	circa
CCZ	Corporate Compliance Zeitschrift
DB	Der Betrieb (Zeitschrift)
d.h.	das heißt
etc.	(lat. et cetera) und so weiter
EWiR	Entscheidungen zum Wirtschaftsrecht (Zeitschrift)
EZB	Europäische Zentralbank
f. (ff.)	folgende (mehrere folgende) Seiten oder Paragraphen
FinDAG	Gesetz über die Bundesanstalt für Finanzdienstleistungsaufsicht
FinSV	Finanzschlichtungsstellenverordnung
Fn.	Fußnote

ggf.	gegebenenfalls
GG	Grundgesetz
GRUR	Gewerblicher Rechtsschutz und Urheberrecht (Zeitschrift)
GWR	Gesellschafts- und Wirtschaftsrecht (Zeitschrift)
HGB	Handelsgesetzbuch
Hrsg.	Herausgeber
insb.	insbesondere
i.V.m.	in Verbindung mit
JuS	Juristische Schulung (Zeitschrift)
JZ	JuristenZeitung
KG	Kammergericht
LG	Landgericht
lit.	(lat. littera) Buchstabe
m.V.a.	mit Verweis auf
m.w.N.	mit weiteren Nachweisen
n.F.	neue Fassung
NJW	Neue Juristische Wochenschrift (Zeitschrift)
Nr.	Nummer
OLG	Oberlandesgericht
o.S.	ohne Seitenangabe
Rn.	Randnummer
Rspr.	Rechtsprechung
S.	Satz
sog.	sogenannt
u.a.	unter anderem
UKlaG	Unterlassungsklagengesetz
usw.	und so weiter
u.U.	unter Umständen
UWG	Gesetz gegen den unlauteren Wettbewerb
v.	von (vom)
VG	Verwaltungsgericht
vgl.	vergleiche
VO	Verordnung
VUR	Verbraucher und Recht (Zeitschrift)
WM	Zeitschrift für Wirtschafts- und Bankrecht Wertpapier-Mitteilungen
WRP	Wettbewerb in Recht und Praxis (Zeitschrift)
WuB	Zeitschrift für Wirtschafts- und Bankrecht
z. B.	zum Beispiel
ZBB	Zeitschrift für Bankrecht und Bankwirtschaft

ZfPW	Zeitschrift für die gesamte Privatrechtswissenschaft
ZIP	Zeitschrift für Wirtschaftsrecht
zit.	zitiert
ZPO	Zivilprozessordnung

Einleitung

Die Wirksamkeit von Entgeltklauseln im Bankvertragsrecht beschäftigt die Gerichte und die Finanzwirtschaft schon einige Zeit. Die in Verwahrung genommenen Kundenguthaben mit negativen Zinsen zu bepreisen, ist jedoch eine Neuerung in der Finanzwelt. Zumindest war es dies, bis im Jahr 2021 und während der Anfertigung dieser Arbeit die Notenbanken rund um den Globus damit begannen, eine Zinswende einzuleiten und die Leitzinsen nach jahrelanger Niedrigzinsphase wieder zu erhöhen. Die Geschäftsbanken folgten wenig später und die Negativzinsen gehörten der Vergangenheit an - zumindest vorerst. Jedoch blieben viele rechtliche Fragen rund um die in Form von negativen Zinsen erhobenen Entgelte für die in Verwahrung genommenen Kundenguthaben bestehen.

Auf den ersten Blick mag die Entgeltlichkeit einer Aufbewahrungsleistung nicht verwundern, schließlich geht schon das gesetzliche Leitbild in § 689 BGB davon aus, dass eine Aufbewahrung - zumindest bei beweglichen Sachen - grundsätzlich nur gegen eine Vergütung zu erwarten ist. Bei Buchgeld und der hierbei üblichen Zinszahlung kollidiert diese Überlegung jedoch mit der gesetzlichen Annahme, dass der Darlehensgeber von dem Darlehensnehmer einen Zins erhält und nicht umgekehrt der Darlehensgeber einen Zins oder ein Entgelt für die Verwahrung des gezahlten Geldbetrags zu leisten hat.[1]

Schließlich war es aber nicht die Privatwirtschaft, die die Idee der Umkehr dieses Zins-Gedankens entwickelte, sondern die Europäische Zentralbank höchst selbst, die den Einlagenzins für Kreditinstitute auf unter 0 % senkte[2] und somit faktisch eine Bepreisung des ihr zur Aufbewahrung überlassenen Geldes einführte. Die Institute wiederum nahmen diesen Ansatz in der Folge auf[3], um die hierdurch verursachten Kosten - so zumindest die Argumentation - an die eigenen Kunden weiterzureichen.[4]

---

1 Vgl. § 488 Abs. 1 Satz 2 BGB: „Der Darlehensnehmer ist verpflichtet, einen geschuldeten Zins zu zahlen {…}".

2 Pressemitteilung der Europäischen Zentralbank vom 05. Juni 2014, abrufbar unter: https://www.ecb.europa.eu/press/pr/date/2014/html/pr140605_3.de.html; vgl. zu den geldpolitischen Hintergründen zudem Freitag in ZBB 2018, 269 (270 f.).

3 Vgl. zur Anzahl der Institute: Ellenberger/Bunte/Langner, Bankrechts-Handbuch, § 45 Rn. 82.

4 Vgl. Artikel von Stiftung Warentest vom 11.05.2022, „Keine Angst vor Negativzinsen": „Seit die EZB im September 2019 den Einlagenzins für Banken, die

Neuen Zündstoff erhielt die Diskussion schließlich dadurch, dass bei detaillierter Betrachtung dieser Praxis der Verdacht aufkommt, dass die den Banken durch den negativen Einlagenzins entstehenden Kosten doch deutlich niedriger sein könnten, als die ihrerseits von den Kunden verlangten Entgelte.[5] In der Folge könnte es sich also nicht nur um ein bloßes Weiterreichen der Kosten gehandelt haben, sondern der Versuch der Institute gewesen sein, in einem ansonsten eher schwierigen Marktumfeld des Einlagengeschäfts mit Verbrauchern eine neue Einnahmemöglichkeit zu erschließen.

Praktisch relevant und interessant wird die Frage nach der Zulässigkeit negativer Zinsen im Einlagengeschäft jedoch zusätzlich durch die Idee und ggf. bereits eingetretene Entwicklung eines Folgenbeseitigungsanspruchs als Werkzeug des kollektiven Verbraucherschutzes.

Im Zusammenspiel mit einer solchen Klagemöglichkeit erhöht sich das Verwendungsrisiko in Bezug auf die Erhebung negativer Zinsen für die Institute enorm. Denn ein solcher Folgenbeseitigungsanspruch, der bspw. von einem Verbraucherverband für alle betroffenen Verbraucher auf einmal geltend gemacht werden könnte, würde das finanzielle Risiko, welches die Institute mit Einführung und Erhebung negativer Zinsen eingehen, erheblich erhöhen.

Zwar besteht grundsätzlich die Gefahr, dass Klauseln und Entgelte für unwirksam erklärt werden, Banken sich in der Folge auf selbige nicht mehr berufen dürfen und sich ihre Einnahmen demnach für die Zukunft verändern. Bezogen auf die bereits vereinnahmten Entgelte konnten sich die Institute bisher jedoch darauf verlassen, dass nur ein begrenzter Teil der Kunden die zu Unrecht vereinnahmten Entgelte zurückfordern würde.[6]

Dieses, auch als Streuschäden bezeichnete Problem,[7] ermöglicht durchaus eine risikoaffine Herangehensweise bei der Einführung neuer Entgelte. Sobald die Institute hingegen Gefahr laufen, im Rahmen des kollektiven

---

Kundengelder bei ihr parken, auf minus 0,5 Prozent gesetzt habe, müsse man diese Kosten an Kunden weitergeben.“, abrufbar unter: https://www.test.de/Minuszinsen-Keine-Angst-vor-Negativzinsen-5506996-0; vgl. ebenfalls: https://www.sueddeutsche.de/wirtschaft/negativzinsen-ezb-sparkasse-1.4612396 .

5 Vgl. Artikel von Capital vom 01.03.2022, „Plus durch Minuszins: Wie die Banken an Negativzinsen verdienen“: „Immer mehr Bankkunden müssen Negativzinsen zahlen. Die Institute behaupten, sie gäben nur eigene Kosten weiter – doch sie verdienen prächtig“, abrufbar unter: https://www.capital.de/geld-versicherungen/plus-durch-minuszins--wie-die-banken-an-negativzinsen-verdienen-31667044.html.

6 Waclawik in NJW 2018, 2921 (2921).

7 Waclawik in NJW 2018, 2921 (2921).

Rechtsschutzes auf einmal für die Gesamtheit der vereinnahmten Entgelte für die Vergangenheit in Anspruch genommen zu werden, wird ein solcher Folgenbeseitigungsanspruch für sie zu einem greifbaren finanziellen Geschäftsrisiko.

A. Gegenstand der Untersuchung

Die vorliegende Arbeit soll untersuchen, ob und unter welchen Voraussetzungen ein solcher Folgenbeseitigungsanspruch besteht, sowie, ob die Erhebung von negativen Zinsen im Einlagengeschäft gegenüber Verbrauchern einen Anwendungsfall eines solchen Anspruchs darstellen könnte.

Hierbei sind zunächst Ursprung, Reichweite und Voraussetzungen des Folgenbeseitigungsanspruch zu beleuchten. Im Hinblick auf die Anwendbarkeit auf unzulässige Geschäftsbedingungen gilt es sodann zu unterscheiden. Zum einen zwischen solchen Klauseln, deren Unwirksamkeit und somit die Unzulässigkeit der Erhebung hierauf gestützter Entgelte bereits höchstrichterlich entschieden worden ist und den Marktteilnehmern daher auch bekannt sein muss. Und zum anderen - wohl zahlenmäßig weitaus größeren Menge - derartiger Klauseln, auf die Entgelte gestützt werden, zu deren Zulässigkeit entweder noch keine höchstrichterliche Rechtsprechung besteht oder aber deren Zulässigkeit noch nicht einmal Gegenstand der rechtswissenschaftlichen Diskussion ist, sei es, weil es sich um eine dem individuellen Geschäftsmodell entspringende Neuerung handelt oder sie Ausfluss einer zwar branchenweit bestehenden, jedoch noch nie dagewesene Situation ist.

Unter letztgenannte Kategorie dürfte die Erhebung von negativen Zinsen im Einlagengeschäft gegenüber Verbrauchern fallen, zumindest zu dem Zeitpunkt, in dem sie eingeführt wurden. Hierzu ist anzumerken, dass die Idee zu dieser Arbeit im Jahr 2020 entstand, somit zur „Hochphase" der negativen Zinsen und der beginnenden Erhebung ebensolcher im Privatkundengeschäft.

Eine enorme Bedeutung könnte dem Folgenbeseitigungsanspruch des Weiteren durch das Urteil des Bundesgerichtshofs vom 27. April 2021[8] zukommen, in dem dieser die von etlichen Banken verwendeten Klauseln zur Zustimmungsfiktion bei der Änderung der Allgemeinen Geschäftsbedingungen für unzulässig erklärte.[9]

---

8 BGH, Urteil vom 27. April 2021 – XI ZR 26/20 –, juris.

9 Vgl. hierzu Berger/Nettekoven in EWiR 2021, 483 (484 f.): „Eine automatische Erstattung der Gebühren haben viele Banken bereits ausgeschlossen, so dass Kunden selbst tätig werden müssen. Das Kosten-Nutzen-Verhältnis dürfte hierbei zugunsten der Banken ausfallen. "

Der Folgenbeseitigungsanspruch könnte in der Folge eine wirksame Ergänzung des kollektiven Rechtsschutzes bei der Verwendung unwirksamer Allgemeiner Geschäftsbedingungen darstellen - sofern der Anspruch in dieser Form existieren sollte. Dies zu untersuchen, soll ein Teil der vorliegenden Arbeit sein und einen Beitrag in der Diskussion um die Mittel des kollektiven Rechtsschutzes im Zivilrecht leisten sowie einen Ausblick auf die zukünftige Ausgestaltung eines möglichen Folgenbeseitigungsanspruchs bei Verwendung unwirksamer allgemeiner Geschäftsbedingungen wagen.

Vor diesem Hintergrund ist auch die Einführung negativer Zinsen für Verbraucher im Wege einer Regelung in den allgemeinen Geschäftsbedingungen oder in einer hiervon zu trennenden selbstständigen Vereinbarung zu sehen, welche zuletzt auch in der Rechtsprechung recht kritisch gesehen wurde[10]. Der Frage nach der Rechtmäßigkeit selbiger - insbesondere vor allem nicht nur dem Grunde, sondern auch der Höhe nach - kommt jedoch dann besondere praktische Bedeutung zu, wenn man die möglichen Auswirkungen eines Folgenbeseitigungsanspruchs betrachtet. Denn Negativzinsen - in der Bankenpraxis mehrheitlich als Verwahrentgelt bezeichnet - wurden zwischenzeitlich von einem Großteil der Banken in Deutschland erhoben und betrugen meist -0,5 %.[11] Hieraus ergeben sich beträchtliche Haftungsrisiken für die Institute, die sich im Zusammenspiel mit dem Folgenbeseitigungsanspruch zügig realisieren könnten.

So täuscht der Eindruck, es handle sich um zwei voneinander zu trennende, unabhängige Rechtsprobleme. Zum einen nämlich um die Frage nach der durch die Rechtsprechung der letzten Jahre möglicherweise vorangetriebenen Weiterentwicklung des kollektiven Rechtsschutzes im deutschen Zivilrecht. Und zum anderen um die doch zumindest in Teilen bereits untersuchte Frage[12]

---

10 So zuletzt LG Düsseldorf, Urteil vom 22. Dezember 2021 – 12 O 34/21 –, juris; sowie LG Berlin, Urteil vom 28.10.2021 – 16 O 43/21 –, juris. Dagegen nunmehr die obergerichtliche Rechtsprechung: OLG Dresden, Urteil vom 30. März 2023 – 8 U 1389/21 –, juris; OLG Düsseldorf, Urteil vom 30. März 2023 – I-20 U 16/22 –, juris; OLG Frankfurt, Urteil vom 5. Oktober 2023 – 3 U 286/22 –, juris; KG Berlin, Urteil vom 9. August 2023 – 26 U 129/21 –, juris.

11 Vgl. Artikel von tagesschau.de vom 01.04.2022, „Negativzinsen treffen immer mehr Kunden", abrufbar unter: https://www.tagesschau.de/wirtschaft/verbraucher/negati vzinsen-verwahrentgelt-banken-freibetraege-101.html .

12 Siehe beispielsweise: Behr in „Vertragsrechtliche Zulässigkeit negativer Verzinsung im Einlagenbereich"; sowie: Radke in „Negative Nominalzinsen im Zins- und Bankvertragsrecht".

nach der Zulässigkeit von Negativzinsen im Bankvertragsrecht. Denn macht man sich mit der bisherigen Rechtsprechung und dem Meinungsstand vertraut, wird klar, dass die tatbestandliche Ausgestaltung eines möglichen Folgenbeseitigungsanspruchs darüber entscheiden wird, ob die Erhebung negativer Zinsen bzw. eines Verwahrentgelts grundsätzlich als einer der Anwendungsfälle verstanden werden kann, selbst in dem Fall, dass die Erhebung negativer Zinsen unterstellt sicher unzulässig wäre. Zudem dürfte sodann - soviel darf an dieser Stelle der Untersuchung bereits vorweg genommen werden - die Rechtsnatur und die Ausgestaltung der Erhebung negativer Zinsen bzw. eines Verwahrentgelts entscheidend sein. Denn nur weil ein Folgenbeseitigungsanspruch grundsätzlich besteht und ggf. auch zu einer Rückzahlung zu Unrecht entrichteter Gebühren und Entgelte verpflichten kann, so muss zudem die Erhebung negativer Zinsen bzw. eines Verwahrentgelts die tatbestandlichen Voraussetzungen dieses Folgenbeseitigungsanspruchs erfüllen.

Die Frage nach der Anwendung eines möglichen Folgenbeseitigungsanspruchs in Kombination mit der Erhebung negativer Zinsen kann daher nur in einer einheitlichen Untersuchung erfolgen.

Derselbe Schluss drängt sich ebenso auf, wenn man sich die praktische - finanzielle - Relevanz der im Rahmen dieser Arbeit untersuchten Frage für die Kreditinstitute und die Finanzwirtschaft insgesamt vor Augen führt, die sich in der Folge hoher Rückzahlungsansprüche ausgesetzt sehen könnten.

B. Gang der Darstellung

Die spezifische Kernfrage der Arbeit ist daher, ob die Erhebung negativer Zinsen einen Anwendungsfall eines Folgenbeseitigungsanspruchs darstellen könnte.

In Kapitel 1 erfolgt zunächst eine systematische Herleitung und Einordnung des Folgenbeseitigungsanspruchs, indem dessen Herkunft, Erscheinungsform und das mit ihm verfolgte Rechtsschutzziel beleuchtet wird. Zudem soll der Folgenbeseitigungsanspruch zu den übrigen im Kreis dieses Rechtsschutzziels bestehenden Ansprüchen abgegrenzt werden und eine Einordnung in das Lauterkeitsrecht sowie das System des kollektiven Rechtsschutzes erfahren. Hierbei ist ebenfalls die Frage zu erörtern, ob es sich bei dem als Streuschäden bezeichneten Problemkreis tatsächlich um ein Rechtsschutzdefizit handelt.

So wird die Untersuchung zeigen, dass der Folgenbeseitigungsanspruch in der zwischenzeitlich angenommenen Ausprägung keine Grundlage im Gesetz findet.

In Kapitel 2 soll daher untersucht werden, inwieweit der Folgenbeseitigungsanspruch als richterliche Rechtsfortbildung verstanden werden kann. Im Rahmen der Untersuchung ist zunächst zu prüfen, ob die Voraussetzungen für eine richterliche Rechtsfortbildung in Bezug auf den Folgenbeseitigungsanspruch vorliegen. Dabei ist insbesondere auf die hierzu ergangene Rechtsprechung einzugehen, diese zu analysieren und Übereinstimmungen sowie Unterschiede darzustellen. Schließlich soll anhand der Rechtsprechung eine Analyse der tatbestandlichen Voraussetzungen des Folgenbeseitigungsanspruchs erfolgen, die sodann als Beurteilungsgrundlage für die Reichweite des Folgenbeseitigungsanspruchs und somit der Frage nach der Anwendbarkeit auf die Erhebung negativer Zinsen dient.

In Kapitel 3 erfolgt die Untersuchung negativer Zinsen anhand der zuvor gefundenen Kriterien und somit die Subsumtion unter die Voraussetzungen des Folgenbeseitigungsanspruchs.

Nach einer grundsätzlichen und einer begriffsdefinitorischen Einordnung ist im Einzelnen auf die rechtliche Ausgestaltung negativer Zinsen einzugehen und hierbei die mögliche Subsumtion unter die zuvor gefundenen Anspruchsvoraussetzungen aufzuzeigen. Zuletzt soll ein Überblick über den aktuellen Stand der Rechtsprechung erfolgen.

In Kapitel 4 wird die Arbeit zuletzt einen Ausblick auf die Zukunft des Folgenbeseitigungsanspruchs und des kollektiven Rechtsschutzes im Lichte der unionsrechtlichen Fortentwicklung geben.

1. Kapitel: Überblick und Einordnung des Folgenbeseitigungsanspruchs

A. Herkunft und Entwicklung des Folgenbeseitigungsanspruchs

Eingangs ist festzuhalten, dass der Folgenbeseitigungsanspruch dem öffentlichen Recht entstammt. Ein zivilrechtlicher Folgenbeseitigungsanspruch wird erst seit einigen Jahren diskutiert und zumeist auf den Beseitigungsanspruch aus § 8 Abs. 1 UWG gestützt.[13] Darüber hinaus wird im Zusammenhang mit der Idee der Folgenbeseitigung des Weiteren die Möglichkeit einer Anordnung der Bundesanstalt für Finanzdienstleistungsaufsicht als Anwendungsfall der Missstandsaufsicht nach § 4 Abs. 1a FinDAG in Betracht gezogen.[14]

I. Wurzeln im öffentlichen Recht

Der öffentlich-rechtliche Folgenbeseitigungsanspruch ist ein Institut der unmittelbaren und verschuldensunabhängigen Staatsunrechtshaftung.[15] Nach mittlerweile vorherrschender Meinung[16] findet er seine Grundlage im Bundesverfassungsrecht und zwar unmittelbar in den Freiheitsgrundrechten, die als Abwehrrecht neben Unterlassungsansprüchen auch Ansprüche auf Beseitigung der unmittelbaren Eingriffsfolgen gewähren.[17] Teilweise wird seine Verortung jedoch auch im Rechtsstaatsprinzip bzw. dem Prinzip der Gesetzmäßigkeit der Verwaltung gesehen.[18] Sowohl seine Anspruchsvoraussetzungen als auch der Anspruchsinhalt sind weiterhin Gegenstand der rechtswissenschaftlichen Diskussion.[19] Seitens der Rechtsprechung wird der Folgenbeseitigungsanspruch als

---

13 Vgl. lediglich Köhler/Bornkamm/Feddersen/Bornkamm UWG § 8 Rn. 1.107-1.108e; Bunte in ZIP 2016, 956 ff.; Köhler in WRP 2019, 269 ff.; Schultheiß in WM 2019, 9 ff..

14 So bspw. Rott in WM 2019, 1189 (1193).

15 Dürig/Herzog/Scholz/Papier/Shirvani GG Art. 34 Rn. 62; Fritzsche in WRP 2019, I, Nr. 03.

16 Vergleiche zum Meinungsstand und der dogmatischen Grundlage: MüKoBGB/Papier/Shirvani § 839 Rn. 143.

17 Dürig/Herzog/Scholz/Papier/Shirvani GG Art. 34 Rn. 62; so auch Voßkuhle/Kaiser in JuS 2012, 1079 (1080).

18 Sauer in JuS 2012, 695 (698); Voßkuhle/Kaiser in JuS 2012, 1079 (1080).

19 MüKoBGB/Papier/Shirvani § 839 Rn. 140.

richterrechtlich entwickeltes Haftungsinstitut[20] und als eine gewohnheitsrechtlich verfestigte Anspruchsgrundlage[21] vorausgesetzt.

Allgemein anerkannt ist, dass der öffentlich-rechtliche Folgenbeseitigungsanspruch auf die „Wiederherstellung des ursprünglichen oder eines ihm gleichwertigen Zustands" gerichtet ist.[22] Geschuldet wird „eine auf Wiederherstellung des status quo ante beschränkte Naturalrestitution".[23] Zu dem zivilrechtlichen Beseitigungsanspruch aus § 1004 BGB unterscheidet er sich jedoch insoweit, als dass er nicht auf die „Beseitigung der fortwirkenden Störungsquelle und auf Beendigung der andauernden Einwirkung pro futuro" beschränkt ist.[24]

Ursprünglich entwickelt von Otto Bachof, in dessen Habilitationsschrift im Jahr 1951[25], um die durch die Vollziehung eines rechtswidrigen Verwaltungsakts vor dessen Bestandskraft entstandenen Vollzugsfolgen zu beseitigen - so auch als Vollzugsfolgenbeseitigungsanspruch bezeichnet -, umfasst sein Anwendungsbereich heute auch Eingriffe aufgrund von Realakten, sonstigen faktischen Eigentumsstörungen bzw. -verletzungen oder Ehrverletzung bei der Ausübung öffentlicher Gewalt.[26]

II. Einzug in das Zivilrecht

Dem Zivilrecht ist ein Folgenbeseitigungsanspruch zunächst fremd. Es kennt Beseitigungsansprüche wie § 1004 BGB, zugleich Unterlassungsansprüche und schließlich Schadensersatzansprüche. Die Reichweite der Beseitigung und die Unterscheidung des Anspruchs von einem Schadensersatzanspruch sind nicht trennscharf und Gegenstand mannigfaltiger Diskussion.[27] So soll - nach noch weitgehend übereinstimmender Meinung - die Beseitigung einer Störung in die Zukunft wirken und künftige Beeinträchtigungen verhindern, während der Schadensersatz auch vergangene Beeinträchtigungen umfasst und somit die

---

20 MüKoBGB/Papier/Shirvani § 839 Rn. 143.

21 Sauer in JuS 2012, 695 (698).

22 Dürig/Herzog/Scholz/Papier/Shirvani GG Art. 34 Rn. 67; MüKoBGB/Papier/Shirvani § 839 Rn. 141.

23 Dürig/Herzog/Scholz/Papier/Shirvani GG Art. 34 Rn. 63; MüKoBGB/Papier/Shirvani § 839 Rn. 141.

24 MüKoBGB/Papier/Shirvani § 839 Rn. 145.

25 Vgl. Sauer in JuS 2012, 695 (697) m.V.a. Bachof in „Die verwaltungsgerichtl. Klage auf Vornahme einer Amtshandlung", 1951, S. 126 ff.

26 MüKoBGB/Papier/Shirvani § 839 Rn. 142.

27 Vgl. nur MüKoBGB/Raff § 1004 Rn. 222.

Folgen bereits abgeschlossener oder noch fortdauernder Störungen behandelt.[28] Umstritten ist jedoch die Behandlung solcher Folgen, die aufgrund einer Beeinträchtigung entstanden sind, ihrerseits jedoch die Grundlage weiterer Beeinträchtigungen darstellen.[29] Die Rechtsprechung hierzu ist uneinheitlich und stark von dem jeweils zu beurteilenden Einzelfall geprägt.[30]

Eine nachvollziehbare Trennung von Beseitigungs- und Schadensersatzanspruch wird dann erreicht, wenn der Störer im Rahmen des Beseitigungsanspruchs „lediglich den actus contrarius seiner störenden Tätigkeit“ schuldet, er also „deren Erfolg {…} rückgängig oder doch für die Zukunft wirkungslos machen“ muss.[31] Er schuldet jedoch nicht die schadensrechtliche Wiederherstellung des Status quo ante und „braucht {…} nicht die Behinderungen oder Beschädigungen zu beseitigen, die sich aus dem störenden Eingriff als weitere Folge ergeben“.[32]

Die zuvor dargestellte Unterscheidung zwischen der Beseitigung einer Störung einerseits und der schadensrechtlichen Betrachtung der Folgen der Beeinträchtigung andererseits ist der Kern bei der Betrachtung des Folgenbeseitigungsanspruchs. Denn die Abgrenzungsfrage besteht darin, welche Maßnahme noch als Beseitigung des Störungszustands selbst und was bereits als Beseitigung der durch die Störung verursachten Folgen verstanden werden kann.

Vor diesem Hintergrund hat die Idee eines Folgenbeseitigungsanspruchs erst seit Neuerem Einzug in das Zivilrecht gefunden. In den sogenannten Flexstrom-Urteilen formulierte zunächst das Landgericht Berlin[33] und schließlich das Kammergericht[34] im Jahr 2011 bzw. 2013 einen auf § 8 Abs. 1 UWG gestützten Anspruch, freilich jedoch ohne formal von einem „Folgenbeseitigungsanspruch“ zu sprechen. Vielmehr bemühten beide Gerichte den Beseitigungsanspruch des § 8 Abs. 1 UWG und stellten insoweit fest, dass auf dessen Grundlage eben auch die Beseitigung der Folgen des rechtswidrigen Handelns verlangt werden könne.

28 MüKoBGB/Raff § 1004 Rn. Rn. 223.
29 MüKoBGB/Raff § 1004 Rn. Rn. 224.
30 Vgl. MüKoBGB/Raff § 1004 Rn. 225 ff.
31 MüKoBGB/Raff § 1004 Rn. 237.
32 MüKoBGB/Raff § 1004 Rn. 230.
33 LG Berlin, Urteil vom 29. April 2011 – 103 O 198/10 –, juris.
34 KG Berlin, Urteil vom 27. März 2013 – 5 U 1112/11 –, juris.

Eine vertiefte Auseinandersetzung mit den Argumenten und der Systematik der bisher ergangenen Rechtsprechung soll jedoch erst im späteren Verlauf der Arbeit erfolgen.

Der BGH befasste sich schließlich 2017[35] in einem Urteil erstmalig mit der Frage eines auf § 8 Abs. 1 UWG gestützten Folgenbeseitigungsanspruchs und stellte begrifflich unscharf zunächst das Bestehen eines Beseitigungsanspruchs gemäß § 8 Abs. 1 Satz 1 UWG fest, um jedoch in der weiteren Urteilsbegründung wiederholt von „Folgenbeseitigung" zu sprechen. Die (Folgen)Beseitigung umfasste hierbei die Berichtigung einer Falschinformation. Als der BGH im Jahr 2021 erneut über einen entsprechenden Anspruch zu entscheiden hatte[36], bestimmte er, dass die Verpflichtung zur Folgenbeseitigung den Versand von individualisierten Informationsschreiben umfassen kann, um über die Unwirksamkeit beklagtenseits verwendeter AGB-Klauseln zu unterrichten.

Die grundsätzlichen dogmatischen Bedenken, denen eine solche Vermengung von einerseits der Beseitigung einer Störung und andererseits der Behebung der Folgen begegnet, und die im weiteren Verlauf der Arbeit Erörterung finden sollen, potenzieren sich, betrachtet man die Ausgestaltung dessen, was im Rahmen der Folgenbeseitigung geschuldet sein soll. So entschied erstmals 2018 das OLG Dresden[37], dass der auf § 8 Abs. 1 UWG gestützte Folgenbeseitigungsanspruch auch auf Rückzahlung zu Unrecht gezahlter Entgelte gerichtet sein kann, mithin auf finanzielle Kompensation hinausläuft und somit gerade die Rechtsfolge eines Schadensersatzanspruchs, nämlich die Wiederherstellung des ursprünglichen Zustands (Naturalrestitution) verwirklicht.

Der BGH hat sich mit der Frage eines im Rahmen der Folgenbeseitigung auf § 8 Abs. 1 UWG gestützten Rückzahlungsanspruchs noch nicht befasst. Zuletzt hat das Landgericht Berlin in einem Urteil[38] die Idee eines im Ergebnis auf finanzielle Kompensation hinauslaufenden Folgenbeseitigungsanspruchs aufgegriffen und ebenfalls bejaht. Das Kammergericht hat in seinem Berufungsurteil[39] keine Entscheidung bzgl. des auf § 8 Abs. 1 UWG gestützten Folgenbeseitigungsanspruchs getroffen. Das Verfahren ist in der Revision beim BGH anhängig.[40] Ebenfalls beim BGH in der Revision anhängig ist das auf Rückzahlung aufgrund unwirksamer AGB vereinnahmter Gebühren gerichtete

35 BGH, Urteil vom 14. Dezember 2017 – I ZR 184/15 –, juris.
36 BGH, Urteil vom 31. März 2021 – IV ZR 221/19 –, juris.
37 OLG Dresden, Urteil vom 10. April 2018 – 14 U 82/16 –, juris.
38 LG Berlin, Urteil vom 28. Oktober 2021 – 16 O 43/21 –, juris.
39 KG Berlin, Urteil vom 9. August 2023 – 26 U 129/21 –, juris.
40 Anhängig beim BGH unter dem Az. XI ZR 161/23.

Verfahren des Dachverbands der Verbraucherzentralen in Deutschland gegen einen Konzertveranstalter, welches in der Berufung vor dem OLG Rostock keinen Erfolg hatte und entsprechend abgewiesen wurde.[41]

III. Erscheinungsformen des Folgenbeseitigungsanspruchs

Ein zivilrechtlicher Folgenbeseitigungsanspruch wird, wie zuvor bereits erwähnt, zumeist auf § 8 Abs. 1 UWG gestützt. In der wissenschaftlichen Literatur wird in Teilen eine Pflicht zur Folgenbeseitigung zudem aus § 1 Unterlassungsklagengesetz abgeleitet.[42] Für die im Rahmen dieser Arbeit untersuchte Frage käme jedoch auch eine auf § 4 Abs. 1a FinDAG gestützte Maßnahme der Finanzdienstleistungsaufsicht in Betracht. Nachfolgend soll zunächst ein Überblick und eine Einordnung für die sich daran anschließende Untersuchung des Anspruchs aus dem UWG und dem des FinDAG erfolgen. Eine Betrachtung des UKlaG erfolgt sodann im späteren Teil der Arbeit im Rahmen der Einordnung des Folgenbeseitigungsanspruchs in das Lauterkeitsrecht.

1. Folgenbeseitigung nach § 8 Abs. 1 Satz 1 UWG

Der Anspruch aus § 8 Abs. 1 Satz 1 UWG ist auf die Beseitigung oder die Unterlassung einer nach § 3 oder § 7 UWG unzulässigen geschäftlichen Handlung gerichtet.

Die Betrachtung des Umfangs und der Voraussetzungen von Beseitigungs- und Unterlassungsanspruch und eine Abgrenzung zum Folgenbeseitigungsanspruch soll jedoch erst im weiteren Verlauf der Arbeit erfolgen. Vorliegend soll zunächst der auf § 8 Abs. 1 Satz 1 UWG gestützte Folgenbeseitigungsanspruch betrachtet werden.

Der Anspruch aus § 8 Abs. 1 UWG steht den in Abs. 3 genannten Berechtigten zu, u.a. Mitbewerbern, Verbänden und qualifizierten Einrichtungen. Durch überzahlte Entgelte geschädigte Verbraucher sind daher bereits nicht aktivlegitimiert und können einen Anspruch aus § 8 Abs. 1 UWG mithin nicht selbst geltend machen.

Der Anspruch auf Folgenbeseitigung soll darauf gerichtet sein, „die rechtlichen Folgen, die sich aus einer Verwendung unzulässiger AGB ergeben, rückgängig zu machen".[43] Als Maßnahme der Folgenbeseitigung ist neben der

---

41 OLG Rostock, Urteil vom 15. November 2023 – 2 U 15/21 –, juris; anhängig beim BGH unter dem Az. I ZR 168/23.

42 Meller-Hannich in JZ 2018, 629 (630) m.w.N., dort Fn. 6.

43 Köhler/Bornkamm/Feddersen/Bornkamm UWG § 8 Rn. 1.108b.

Versendung eines Berichtigungsschreibens an die betroffenen Kunden und der Auskunftserteilung an den Kläger über den betroffenen Kundenkreis grundsätzlich auch die unmittelbare Rückzahlung der zugeflossenen Geldbeträge, die auf Grundlage der unwirksamen Klauseln erhoben wurden, denkbar.[44]

Der BGH hat in seinen zuvor bereits genannten Entscheidungen zwar mehrfach von einem Folgenbeseitigungsanspruch gesprochen, dessen inhaltliche Ausgestaltung und Reichweite hingegen nicht näher konkretisiert. Zwar bejahte der BGH einen Anspruch auf Versand von individualisierten Informationsschreiben und einen entsprechenden Auskunftsanspruch, der die Kontrolle der Versendung ermöglicht. Allerdings lehnte er einen Anspruch auf Nachweis des Versands ebendieser Schreiben mit der Begründung ab, dass es sich hierbei um eine Frage der Erfüllung handle, die allenfalls im Zwangsvollstreckungsverfahren zu klären sei.[45] Mit den zuvor erwähnten Urteilen des OLG Dresden und zuletzt des LG Berlin haben dagegen bereits zwei Gerichte einen auf Rückzahlung gerichteten Anspruch auf Folgenbeseitigung zugesprochen.

Einem solchen auf § 8 Abs. 1 Satz 1 UWG gestützten Folgenbeseitigungsanspruch begegnen jedoch erhebliche Bedenken und ein solcher Anspruch ist mehrheitlich auf Kritik gestoßen[46]. Dies soll im weiteren Verlauf der Arbeit Gegenstand der Betrachtung sein und näher untersucht werden.

So wird vorgebracht, dass bereits die rechtliche Grundlage des § 8 Abs. 1 Satz 1 UWG lediglich zu einer „Einstellung des Verstoßes" ermächtige, nicht jedoch zu einer „Anordnung einer darüber hinausgehenden Beseitigung der Folgen eines Verstoßes, etwa in Gestalt eines Vermögensschadens bei den Verbrauchern".[47] Teilweise wird hierin gar eine „unzulässige praeterlegale Rechtsfortbildung" gesehen, die „der legislativen Lösung der Frage des kollektiven Rechtsschutzes zur Rückerstattung unrechtmäßig erlangter Vorteile an den Verbraucher widerspricht".[48] Bisweilen wird in einem derartigen Vorgehen gar eine „Einschränkung {der} grundgesetzlich geschützten Privatautonomie" der Verbraucher gesehen, da Verbraucherverbände ohne Kenntnis der betroffenen

44 Köhler/Bornkamm/Feddersen/Bornkamm UWG § 8 Rn. 1.108c.

45 BGH, Urteil vom 14. Dezember 2017 – I ZR 184/15 –, juris.

46 Köhler in WRP 2019, 269; MüKoHGB/Herresthal, Bd. 6, Teil 1, A. Das Giroverhältnis, Rn. 570 f.; Bunte in ZIP 2016, 956; Schultheiß in WuB 2018, 481; Baldus/Siedler in BKR 2018, 412; Kruis in ZIP 2019, 393; Scherer in VuR 2019, 243; Schultheiß in WM 2019, 9; Osburg in ZBB 2019, 384.

47 So Köhler in WRP 2019, 269 (274).

48 MüKoHGB/Herresthal, Bd. 6, Teil 1, A. Das Giroverhältnis, Rn. 570.

Verbraucher ihre Rechte auf Rückzahlung geltend machten.[49] In dieselbe Richtung geht das Argument, dass es für das Tätigwerden eines Verbands für die Gesamtheit der betroffenen Verbraucher - der Prozessstandschaft - an einer Legitimation durch ebendiese mangelt.[50] Darüber hinaus werden noch weitere prozessuale Probleme und Fragestellungen vorgebracht, die als Argument gegen einen Anspruch auf Folgenbeseitigung auf der Grundlage des § 8 Abs. 1 Satz 1 UWG sprechen sollen.[51]

Des Weiteren bestehen Bedenken hinsichtlich der Tatbestandsmerkmale, insbesondere dahingehend, ob es sich bei dem auf die unzulässigen AGB gestützten Zahlungsvorgang um eine eigene geschäftliche Handlung im Sinne des UWG handelt.[52] Ebenfalls bereitet die Abgrenzung des so erweiterten Beseitigungsanspruchs zu einem Folgenbeseitigungsanspruch im Verhältnis zu den übrigen Ansprüchen des UWG Schwierigkeiten, namentlich zum Schadensersatzanspruch des § 9 UWG und des Gewinnabschöpfungsanspruchs des § 10 UWG, als auch zu den übrigen Ansprüchen des kollektiven Rechtsschutzes.[53]

Andererseits wurden die Gerichtsentscheidungen zu einem auf § 8 Abs. 1 Satz 1 UWG gestützten Folgenbeseitigungsanspruch auch begrüßt[54] und die Konstruktion eines Folgenbeseitigungsanspruchs als zur Minimierung des „Missverhältnis{ses} zwischen Unrecht und Durchsetzung des Rechts geboten“ bezeichnet, wenn auch unter Zuerkennung eines „methodisch kühn{en}“ Ansatzes.[55] Andere Stimmen bezeichnen den Folgenbeseitigungsanspruch als „geradezu revolutionäre, aber auch dringend notwendige Weiterentwicklung“[56] und dass durch die Anerkennung des Anspruchs „eine gravierende Lücke im lauterkeitsrechtlichen Schutzsystem“[57] geschlossen würde.

---

49 Köhler in WRP 2019, 269 (276); so wohl auch Fritzsche in WRP 2019, I, Nr 03.

50 Bunte in ZIP 2016, 956 (960).

51 Hierzu vertiefend Scherer in VuR 2019, 243 ff.

52 Kruis in ZIP 2019, 393 (396).

53 Vgl. statt vieler nur Baldus/Siedler in BKR 2018, 412 (417).

54 Singbartl/Zintl in VuR 2016, 14; Rott in VuR 2016, 109; Ruttmann/Hummel in VuR 2018, 270; zustimmend auch Kohte in VuR 2018, 321, allerdings mit der einschränkenden Forderung einer gesetzlichen Verdeutlichung und Verallgemeinerung der Folgenbeseitigung; Meller-Hannich in JZ 2018, 629 (632).

55 Singbartl/Zintl in VuR 2016, 14 (18).

56 Rott in VuR 2016, 109 (112).

57 Ruttmann/Hummel in VuR 2018, 270 (270).

2. Folgenbeseitigung nach § 4 Abs. 1a FinDAG

Auf der Grundlage des § 4 Abs. 1a des Gesetzes über die Bundesanstalt für Finanzdienstleistungsaufsicht (Finanzdienstleistungsaufsichtsgesetz - FinDAG) ist die Bundesanstalt für Finanzdienstleistungsaufsicht (BaFin) ermächtigt, „alle Anordnungen {zu} treffen, die geeignet und erforderlich sind, um verbraucherschutzrelevante Missstände zu verhindern oder zu beseitigen, wenn eine generelle Klärung im Interesse des Verbraucherschutzes geboten erscheint", vgl. § 4 Abs. 1a Satz 2 FinDAG. Die BaFin ist ausdrücklich nach dem Wortlaut der Norm „innerhalb ihres gesetzlichen Auftrags auch dem Schutz der kollektiven Verbraucherinteressen verpflichtet", vgl. § 4 Abs. 1a Satz 1 FinDAG.

Dem wird z.T. entnommen, dass die BaFin hierauf gestützt Maßnahmen ergreifen könne, im Wege eines kollektiven Rechtsschutzes u.a. Rückzahlungsanordnungen gegenüber Instituten zu erlassen.[58] Solche Rückzahlungsanordnungen könnten dann im Wege der Folgenbeseitigung auch die Rückzahlung bereits erhobener Negativzinsen betreffen.

Vertreten wird, dass die Erforderlichkeit einer solchen Rückzahlungsanordnung immer dann gegeben sei, „wenn nicht zu erwarten ist, dass die individuell betroffenen Verbraucher im konkreten Fall ihre Rechte selber geltend machen"[59]. Daher sei es denkbar, dass diese Erforderlichkeit entfiele, sollte auf anderem Wege, namentlich in Folge eines auf das UKlaG oder UWG gestützten Folgenbeseitigungsanspruchs im Klagewege eine Rückzahlung erreicht werden können.[60] Allerdings könne dem entgegenstehend die Zuständigkeit der BaFin „nicht von den Zufälligkeiten des Tätigwerdens anderer Akteure abhängen".[61]

Dem wird entgegengehalten, dass die Norm auf einen solchen mit dem Mittel des aufsichtsrechtlichen kollektiven Rechtsschutzes zu erreichenden zivilrechtlichen Individualschutz nicht angelegt sei.[62] Neben der Missachtung des Selbstbestimmungsrechts des einzelnen Betroffenen sei zudem auch das Verhältnis einer derartigen Maßnahme zu einem rechtskräftigen Urteil in einem Individualklageverfahren fraglich.[63] Zudem könne keine Lösung für die Frage

58 So Rott in WM 2019, 1189 (1193).

59 Rott in WM 2019, 1189 (1194).

60 Rott in WM 2019, 1189 (1194).

61 Rott in WM 2019, 1189 (1194) m.V.a. das Urteil des BVerwG vom 25.06.1998 in NJW 1998, 3216.

62 Buck-Heeb in BKR 2021, 141 (148).

63 Buck-Heeb in BKR 2021, 141 (148); so auch Edelmann/Schultheiß/Hölldampf in BB 2021, 835 (837), die vertreten, dass die Sphäre des öffentlichen Kollektivinteresses

nach der Berücksichtigung der aus dem Individualverhältnis resultierenden Einreden und Aufrechnungsmöglichkeiten der jeweiligen Institute gefunden werden.[64]

In Bezug auf Streuschäden, welche nicht nur in der durch die BaFin beaufsichtigten Branche auftreten, müsse, sofern dies überhaupt als Problem gesehen werde, eine generelle Lösung gefunden werden.[65] Der Versuch, diese zivilrechtliche Materie auf aufsichtsrechtlicher Ebene zu lösen, scheitere bereits daran, dass grundsätzlich zivilrechtliche kollektive Rechtsschutzmöglichkeiten bestünden und mithin die Erforderlichkeit der aufsichtsrechtlichen Maßnahme nicht gegeben sei.[66]

a. Grundlagen

Die Norm des § 4 Abs. 1a FinDAG wurde im Jahr 2015 im Rahmen des Kleinanlegerschutzgesetzes geschaffen und trat im selben Jahr in Kraft.[67] Die Regelung sollte zur Verankerung des kollektiven Verbraucherschutzes als Aufsichtsziel der BaFin dienen und den Schutz der kollektiven Verbraucherinteressen als Teil des gesetzlichen Auftrags aller Aufsichtsbereiche der BaFin verorten.[68] Sie sollte zudem eine einheitliche Auslegung und eine einheitliche Anwendung bei Maßnahmen zum Schutz der kollektiven Verbraucherinteressen sicherstellen.[69]

Die Regelung sollte es der BaFin ermöglichen, „Missständen im Bereich des kollektiven Verbraucherschutzes zu begegnen oder einem solchen Missstand bereits frühzeitig vorzubeugen".[70] Als einen solchen Missstand benennt der entsprechende Gesetzesentwurf der Bundesregierung ausdrücklich „insbesondere", die Nichtbeachtung der „einschlägigen Entscheidung des Bundesgerichtshofs zur Anwendung einer zivilrechtlichen Norm mit verbraucherschützender Wirkung" durch ein Institut.[71] Gleichzeitig sollte die Norm der BaFin jedoch auch dann eine Eingriffsmöglichkeit bieten, wenn sie

jedenfalls dann überschritten sei, wenn die Verfügung inhaltlich mit dem Anspruch, welchen der Verbraucher in einem zivilgerichtlichen Verfahren durchsetzen müsste, kongruent ist.

64 Buck-Heeb in BKR 2021, 141 (149).
65 Buck-Heeb in BKR 2021, 141 (149).
66 Buck-Heeb in BKR 2021, 141 (149).
67 BGBl. 2015 Teil I Nr. 28, S. 1114 ff.
68 BT-Drucks. 18/3994, S. 36.
69 BT-Drucks. 18/3994, S. 36.
70 BT-Drucks. 18/3994, S. 36.
71 BT-Drucks. 18/3994, S. 36.

„Kenntnis von systematischen oder gewichtigen Verstößen gegen verbraucherschützende Rechtsvorschriften erhält und in absehbarer Zeit kein höchstrichterliches Urteil zu erwarten {sei}".[72]

Erstmalig Gebrauch machte die BaFin von der Ermächtigungsgrundlage des § 4 Abs. 1a FinDAG am 15. Juli 2019 und erließ hierauf gestützt gegenüber einem Institut eine Untersagungsverfügung, in der sie die weitere Erhebung von Negativzinsen auf bereits bestehende, nicht individuell ausgehandelte Verträge - mithin Bestandskunden - untersagte.[73] Die BaFin führte zur Begründung der Untersagungsverfügung an, dass eine Vielzahl von Verbraucherinnen und Verbrauchern von der Einführung der Negativzinsen betroffen seien, nämlich sämtliche Bestandskunden zum Stichtag der Einführung, sowie „eine generelle Klärung im Interesse des Verbraucherschutzes darüber hinaus geboten {sei}, da aufgrund der anhaltenden Niedrigzinsphase weiterhin mit der Einführung von Negativzinsen bzw. Verwahrentgelten durch eine AGB-Änderung im Bestandskundengeschäft zu rechnen sei".[74] Ergänzend sei zu beachten, dass „sich die Frage nach der wirksamen Einführung von Negativzinsen erstmals {stelle}; es gebe noch keine gefestigte Rechtsprechung hierzu, und eine höchstrichterliche Rechtsprechung sei in absehbarer Zeit nicht zu erwarten".[75]

Am 21.06.2021 erließ die BaFin auf Grundlage des § 4 Abs. 1a FinDAG erstmalig eine Allgemeinverfügung, in der sie die Unterrichtung aller betroffenen Verbraucherinnen und Verbraucher über die Unwirksamkeit der in Prämiensparverträgen enthaltenen Zinsanpassungsklausel anordnete.[76] Als Allgemeinverfügung richtet sich die Anordnung an all diejenigen Institute, „die gegenüber Verbraucherinnen und Verbrauchern in langfristigen Prämiensparverträgen ein uneingeschränktes einseitiges Leistungsbestimmungsrecht zugunsten des Kreditinstituts bezüglich des Vertragszinses vereinbart haben"[77].

---

72 BT-Drucks. 18/3994, S. 36.

73 Siehe hierzu das Urteil des nach Erlass der Verfügung angestrengten Verwaltungsgerichtsverfahrens vor dem Verwaltungsgericht Frankfurt a.M. vom 24.06.2021 – 7 K 2237/20.F –, juris, Rn. 6.

74 VG Frankfurt a.M., Urteil vom 24.06.2021 – 7 K 2237/20.F –, juris, Rn. 8.

75 VG Frankfurt a.M., Urteil vom 24.06.2021 – 7 K 2237/20.F –, juris, Rn. 8.

76 Allgemeinverfügung bezüglich Zinsanpassungsklauseln bei Prämiensparverträgen, abrufbar unter: https://www.bafin.de/SharedDocs/Veroeffentlichungen/DE/Aufsichtsrecht/Verfuegung/vf_210621_allgvfg_Zinsanpassungsklauseln_Praemiensparvertraege.html .

77 Allgemeinverfügung bezüglich Zinsanpassungsklauseln bei Prämiensparverträgen, aaO.

In Begründung der getroffenen Anordnung führt die BaFin an, dass ihr mit Schaffung der Ermächtigungsgrundlage „gleichermaßen die Aufsicht über die Einhaltung sowohl öffentlich-rechtlicher als auch zivilrechtlicher verbraucherschützender Rechtsvorschriften ermöglicht wird“[78] und ihr insbesondere „ein Abwarten bis zu einer möglichen Entscheidung des BGH nicht erforderlich“[79] sei, da dies dem präventiven Charakter der Norm widerspräche.[80]

b. Voraussetzungen

Die Norm enthält bereits eine Legaldefinition dessen, was als ein verbraucherschutzrelevanter Missstand anzusehen ist, nämlich „ein erheblicher, dauerhafter oder wiederholter Verstoß gegen ein Verbraucherschutzgesetz, der nach seiner Art oder seinem Umfang die Interessen nicht nur einzelner Verbraucherinnen oder Verbraucher gefährden kann oder beeinträchtigt“, vgl. § 4 Abs. 1a Satz 3 FinDAG. Zudem gibt bereits die Gesetzesbegründung einen Anhaltspunkt dafür, wann „insbesondere“ ein solcher Missstand gegeben sein soll, siehe oben. Neben der Nichtbeachtung höchstrichterlicher Rechtsprechung durch ein Institut dürfte jedoch vor allem für die Frage der Erhebung und Rückzahlung von vereinnahmten Negativzinsen der Anwendungsfall des systematischen oder gewichtigen Verstoßes gegen verbraucherschützende Rechtsvorschriften bei gleichzeitiger nicht zu erwartender baldiger höchstrichterlicher Rechtsprechung von Interesse sein.

Einer Anwendung der Norm auf die Erhebung von Negativzinsen, zumal noch einer Rückzahlungsanordnung, begegnen jedoch erhebliche Bedenken. Neben dem hierin möglicherweise bereits begründeten Verstoß gegen die Gewaltenteilung[81] spricht auch die grundsätzliche Überlegung, dass es nicht im Sinne des Gesetzgebers gewesen sein kann, die Klärung eines vollkommen

78 Allgemeinverfügung bezüglich Zinsanpassungsklauseln bei Prämiensparverträgen, aaO.

79 Allgemeinverfügung bezüglich Zinsanpassungsklauseln bei Prämiensparverträgen, aaO.

80 Allgemeinverfügung bezüglich Zinsanpassungsklauseln bei Prämiensparverträgen, aaO.

81 Siehe hierzu bspw. Hölldampf/Schultheiß in BB 2020, 651 (652), die ausführen, dass es im Rahmen der Gewaltenteilung gerade Aufgabe der Judikative sei, verbindlich über Rechtsnormen zu entscheiden und selbst bei Zubilligung eines Übergriffs in die zivilgerichtliche Entscheidungshoheit nicht von einer Vorwegnahme bislang völlig ungeklärter Fragen durch eigene zivilrechtliche Überlegungen der BaFin auszugehen sei.

neuen und branchenweit auftretenden Problems der Finanzaufsicht anstelle der Zivilgerichte übertragen zu wollen. Zudem wird vertreten, dass der Gesetzgeber der BaFin eine Eingriffsbefugnis lediglich hinsichtlich solcher Vorschriften geben wollte, die ihr fachgesetzlich zur Aufsicht übertragen wurden, nicht jedoch solcher, die in den allgemeinen Vorschriften des BGB fußen.[82] Letztlich kann es bei der Anwendung der Norm nur um die Durchsetzung von bereits bestehendem Verbraucherschutz gehen und nicht um die Schaffung von neuem aufsichtsrechtlichem Verbraucherschutz.[83]

Zudem stellt sich im Rahmen der Anspruchsprüfung das Problem der Verhältnismäßigkeit. Denn im Rahmen der Verhältnismäßigkeitsprüfung wird sich die Frage stellen, ob die auf § 4 Abs. 1a FinDAG gestützte aufsichtsrechtliche Maßnahme erforderlich ist, oder ob dem zu erreichenden Ziel nicht mit den Möglichkeiten des zivilrechtlichen kollektiven Rechtsschutzes beizukommen wäre.[84]

c. *Reichweite und Umfang*

So stellte dann auch das für Maßnahmen der BaFin zuständige Verwaltungsgericht Frankfurt am Main in seinem Urteil[85] bezüglich der zuvor bereits erwähnten Untersagungsverfügung der BaFin zur Erhebung von Negativzinsen fest, dass neben dem Vorliegen eines Missstandes, die generelle Klärung im Sinne des Verbraucherschutzes auch geboten sein müsse.[86] Dies sei zudem dahingehend zu verstehen, dass eine Anordnung auf Grundlage der Norm nur dann zulässig sei, wenn diese „gerade durch die Beklagte {Anm.: die BaFin als die zuständige Aufsichtsbehörde} geboten erscheint“ und dies sei nur dann der Fall, wenn den Belangen des Verbraucherschutzes „nicht schon im ordentlichen Rechtsweg {…} in hinreichender Weise Genüge getan werden kann“.[87] Sofern absehbar sei, dass es zu einer Klärung vor den ordentlichen Gerichten kommen werde, sei ein Eingreifen der BaFin nicht geboten und die Klärung der Reichweite des Verbraucherschutzes der ordentlichen Gerichtsbarkeit vorbehalten.[88]

§ 4 Abs. 1a FinDAG gibt der BaFin somit im Wesentlichen die Kompetenz, die Einhaltung der höchstrichterlichen Rechtsprechung zu überwachen und

82 Jordans/Kirchner in WM 2021, 864 (867).
83 Buck-Heeb in BKR 2021, 141 (150).
84 Buck-Heeb in BKR 2021, 141 (149).
85 VG Frankfurt a.M., Urteil vom 24.06.2021 – 7 K 2237/20.F –, juris.
86 VG Frankfurt a.M., Urteil vom 24.06.2021 – 7 K 2237/20.F –, juris, Rn 25.
87 VG Frankfurt a.M., Urteil vom 24.06.2021 – 7 K 2237/20.F –, juris, Rn 25.
88 VG Frankfurt a.M., Urteil vom 24.06.2021 – 7 K 2237/20.F –, juris, Rn 26.

gegenüber den Instituten durchzusetzen, nicht jedoch der zivilrechtlichen Klärung strittiger Rechtsfragen vorzugreifen und insoweit die zivilrechtliche Klärung selbiger durch die ordentlichen Gerichte zu verhindern.[89]

Für die im Rahmen einer Folgenbeseitigung zu bestimmende Rückzahlungsanordnung bedeutet das, dass die BaFin eine solche Maßnahme wohl nicht auf der Grundlage des § 4 Abs. 1a FinDAG wird erlassen können, zumindest solange nicht, wie es keine höchstrichterliche Rechtsprechung hierzu gibt, zu deren Einhaltung sie die Institute per Anordnung verpflichten könnte. Selbst für den Fall einer solchen Rechtsprechung wäre es jedoch fraglich, ob die Norm die BaFin tatsächlich zur Anordnung eines Folgenbeseitigungsanspruchs ermächtigt oder ob die Rückzahlung bereits erhobener Entgelte nicht dennoch den Zivilgerichten vorbehalten bliebe und die BaFin gegenüber den Instituten lediglich die Erhebung für die Zukunft untersagen und mithin die dann höchstrichterliche Rechtsprechung durchsetzen könnte.[90]

Denn zuletzt würde die BaFin mit einer Rückzahlungsanordnung wohl auch den ihr vom Gesetzgeber vorgegebenen Rahmen des kollektiven Verbraucherschutzes überschreiten und vielmehr einen individuellen Schutz verfolgen.[91] Indem sie eine Maßnahme erlässt, die inhaltlich einem theoretischen zivilrechtlichen Klageziel entspricht, erhält die Maßnahme ein „unzulässiges individualrechtsschützendes Primärziel" und findet vor diesem Hintergrund keine Grundlage in der normierten Ermächtigungsgrundlage mehr.[92]

Dem ist zuzustimmen, da vor dem Hintergrund der Gesetzesbegründung in der unterlassenen Rückzahlung zu Unrecht vereinnahmter Entgelte insbesondere kein „gewichtige{r} Verst{oß} gegen verbraucherschützende Rechtsvorschriften"[93] gesehen werden kann.

---

89 So auch Hölldampf/Schultheiß in BB 2020, 651 (655); Buck-Heeb in BKR 2021, 141 (150); Herresthal in BKR 2021, 131 (140). Anders jedoch Rott in WM 2019, 1189 (1196), der vertritt, dass auch ein „originäres Vorgehen der BaFin durchaus einmal Sinn ergeben {kann}" und dabei auf die jahrelange zivilrechtliche Anspruchsverfolgung verweist und auf die Möglichkeit, Konflikte zwischen der verwaltungs- und zivilgerichtlichen Rechtsprechung notfalls durch den Gemeinsamen Senat der obersten Bundesgerichte zu lösen.

90 So auch Jordans/Kirchner in WM 2021, 864 (870).

91 So Edelmann/Schultheiß/Hölldampf in BB 2021, 835 (837).

92 Edelmann/Schultheiß/Hölldampf in BB 2021, 835 (837).

93 BT-Drucks. 18/3994, S. 36.

IV. Rechtsschutzziel des Folgenbeseitigungsanspruchs

Abschließend stellt sich im Rahmen der Einordnung eines Folgenbeseitigungsanspruchs noch die Frage, welches Rechtsschutzziel mit dem Anspruch eigentlich verfolgt werden soll. Wie zuvor bereits ausgeführt, geht es im Kern darum, „die rechtlichen Folgen, die sich aus einer Verwendung unzulässiger AGB ergeben, rückgängig zu machen“ und im Rahmen des auf Rückzahlung gerichteten Folgenbeseitigungsanspruchs „auf einen Schlag die Rückzahlung eines bestimmten Betrages an unzählige Bank- oder Versicherungskunden als Folgenbeseitigung verlang{en}“ zu können.[94] Der Folgenbeseitigungsanspruch soll schließlich als Instrument bei dem als Streuschäden bezeichneten Phänomen zum Einsatz kommen und eine erleichterte und effektive(re) Rechtsdurchsetzung ermöglichen. Denn aufgrund der in Rede stehenden häufig individuell geringen Beträge bei Gebühren und Entgelten ist das Verbraucher-individuelle Interesse an der Rechtsverfolgung einerseits sehr niedrig und andererseits zugleich das damit einhergehende Prozess(kosten) risiko überproportional hoch, sodass eine „rationale Apathie“[95] bei den geschädigten Verbrauchern besteht. Die hierdurch von den „Verwender{n} missbräuchlicher Klauseln gerade im Massengeschäft daher weiterhin {erzielten} hohe{n} Unrechtsgewinne“[96] sollen durch den Folgenbeseitigungsanspruch abgeschöpft und unmittelbar an die betroffenen Verbraucher zurückerstattet werden.

Um jedoch schließlich beurteilen zu können, ob in diesem zunächst nachvollziehbar erscheinenden Rechtsschutzziel tatsächlich auch ein Rechtsschutzdefizit zu sehen ist[97], bedarf es einer Betrachtung und Einordnung der übrigen in Betracht kommenden Möglichkeiten der Anspruchsdurchsetzung.

V. Zusammenfassung

Der zivilrechtliche Folgenbeseitigungsanspruch, der auf die Beseitigung der Folgen eines rechtswidrigen Zustands zielt, hat nach seiner Konzeption im öffentlichen Recht zuletzt auch durch Stimmen in der Literatur und Rechtsprechung Einzug in das Zivilrecht gehalten. Dabei ist er Gegenstand beträchtlicher Diskussion und wird von den Vertretern eines solchen Anspruchs im Rahmen des § 8 Abs. 1 Satz 1 UWG verortet.

---

94 Köhler/Bornkamm/Feddersen/Bornkamm UWG § 8 Rn. 1.108b.

95 Singbartl/Zintl in VuR 2016, 14 (15).

96 Rott in VuR 2016, 109 (113).

97 So bspw. Meller-Hannich in NJW-Beilage 2018, 29 ff..

Konzipiert um „auf einen Schlag die Rückzahlung eines bestimmten Betrages an unzählige Bank- oder Versicherungskunden als Folgenbeseitigung verlang{en}“[98] zu können, kommt der auf § 8 Abs. 1 Satz 1 UWG gestützte Folgenbeseitigungsanspruch grundsätzlich auch bei der Verwendung negativer Zinsen bzw. Verwahrentgelten in Betracht, wie schließlich auch bereits das LG Berlin annahm.[99]

Für einen solchen kollektiven Rückzahlungsanspruch ist hingegen eine auf § 4 Abs. 1a FinDAG gestützte aufsichtsrechtliche Maßnahme der BaFin nicht geeignet, zumindest solange nicht, wie der BGH nicht über die Rechtmäßigkeit der Erhebung von negativen Zinsen entschieden hat. Und auch danach ist eine solche Maßnahme - wenn überhaupt - nur im engen Rahmen des vom BGH entschiedenen Sachverhalts möglich. Selbst für den Fall einer endgültigen Klärung durch den BGH und unterstellt, eine solche Entscheidung hätte die Rechtswidrigkeit von negativen Zinsen zur Folge, begegnen einer entsprechenden Rückzahlungsanordnung immer noch gewichtige Bedenken - vgl. oben -, die letztlich zu der Bewertung führen müssen, dass es der BaFin dann zwar möglich wäre, die höchstrichterliche Rechtsprechung durchzusetzen, indem sie auch den Instituten, die selber nicht Partei des Rechtsstreits vor dem BGH waren, die Erhebung von negativen Zinsen für die Zukunft untersagt, nicht jedoch in Verfolgung eines individualschützenden Ansatzes eine Rückabwicklung der in der Vergangenheit erhobenen Entgelte mittels einer auf § 4 Abs. 1a FinDAG gestützten Rückzahlungsanordnung erlässt. Diese zivilrechtlichen Ansprüche der geschädigten Verbraucher müssen auch weiterhin der Zivilgerichtsbarkeit vorbehalten sein.[100]

B. Abgrenzung des Folgenbeseitigungsanspruchs zu den übrigen Ansprüchen des UWG

Der zivilrechtliche Folgenbeseitigungsanspruch wird, wie zuvor dargestellt, zumeist auf § 8 Abs. 1 UWG gestützt. Dennoch stellt sich die Frage, inwieweit sich der Folgenbeseitigungsanspruch an den bereits bestehenden Ansprüchen des UWG orientiert oder sich von diesen und den mit ihnen beabsichtigten Rechtsfolgen unterscheidet.

98 Köhler/Bornkamm/Feddersen/Bornkamm UWG § 8 Rn. 1.108b.
99 LG Berlin, Urteil vom 28. Oktober 2021 – 16 O 43/21 –, juris.
100 So auch Buck-Heeb in BKR 2021, 141 (150).

Nachfolgend soll daher eine Betrachtung der in den §§ 8 ff. UWG normierten Ansprüche erfolgen, um eine Unterscheidung und Abgrenzung der Ansprüche voneinander zu ermöglichen.

I. Beseitigungsansprüche nach § 8 Abs. 1 Satz 1 UWG

Bei dem Beseitigungsanspruch des § 8 Abs. 1 Satz 1 UWG handelt es sich um einen wettbewerbsrechtlichen Abwehranspruch, als dessen Voraussetzung es zunächst einer bereits eingetretenen Beeinträchtigung bedarf.[101] Denn der Beseitigungsanspruch zielt auf „die Abwehr einer bereits eingetretenen, aber fortwirkenden Beeinträchtigung" ab.[102]

Der für die Anspruchsgewährung vorausgesetzte fortdauernde Störungszustand selbst muss zudem rechtswidrig sein, wobei die ihm zugrunde liegende Handlung ihrerseits rechtmäßig sein kann.[103] Der Beseitigungsanspruch setzt kein Verschulden voraus[104] und besteht insbesondere auch dann, wenn der Schuldner einem Rechtsirrtum unterliegt.[105]

Als Gefahrenbeseitigungsanspruch ist der Anspruch darauf gerichtet, eine geschaffene und fortbestehende Störungsquelle zu beseitigen und nicht etwa auf den Ausgleich des durch die Störung entstandenen Schadens.[106] Der Beseitigungsanspruch soll mithin eine fortbestehende Störungsquelle beseitigen und ist somit auf die Sicherung der Zukunft gerichtet, nicht auf die Bewältigung der Vergangenheit.

---

101 Köhler/Bornkamm/Feddersen/Bornkamm UWG § 8 Rn. 1.99; Fritzsche/Münker/Stollwerk/Haertel § 8 Rn. 16; Harte-Bavendamm/Henning-Bodeweig/Goldmann § 8 Rn. 214; Fezer/Büscher/Obergfell/Büscher § 8 Rn. 9.

102 Köhler/Bornkamm/Feddersen/Bornkamm UWG § 8 Rn. 1.99 m.V.a. BGH GRUR 1998, 415 (416); vgl. auch Fritzsche/Münker/Stollwerk/Haertel § 8 Rn. 17; Fezer/Büscher/Obergfell/Büscher § 8 Rn. 9.

103 Köhler/Bornkamm/Feddersen/Bornkamm UWG § 8 Rn. 1.111; MüKoUWG/Fritzsche § 8 Rn. 193.; Fritzsche/Münker/Stollwerk/Haertel § 8 Rn. 21; Harte-Bavendamm/Henning-Bodeweig/Goldmann § 8 Rn. 215 sowie Rn. 233; Fezer/Büscher/Obergfell/Büscher § 8 Rn. 12.

104 Köhler/Bornkamm/Feddersen/Bornkamm UWG § 8 Rn. 1.99; MüKoUWG/Fritzsche § 8 Rn. 178; Fritzsche/Münker/Stollwerk/Haertel § 8 Rn. 14; Harte-Bavendamm/Henning-Bodeweig/Goldmann § 8 Rn. 212; Fezer/Büscher/Obergfell/Büscher § 8 Rn. 7 und Rn 12.

105 MüKoUWG/Fritzsche § 8 Rn. 197.

106 Köhler/Bornkamm/Feddersen/Bornkamm UWG § 8 Rn. 1.104 sowie 1.179; Harte-Bavendamm/Henning-Bodeweig/Goldmann § 8 Rn. 212; Fezer/Büscher/Obergfell/Büscher § 8 Rn. 10.

In seltenen Fällen, in denen sich die geschaffene Beeinträchtigung nicht anders als durch eine Geldzahlung beseitigen lässt, kann der Beseitigungsanspruch jedoch auch auf Zahlung eines Geldbetrags gerichtet sein.[107] Dem dem BGH in dieser Frage zur Entscheidung vorliegenden Sachverhalt lag die Vorenthaltung von Stromeinspeisungsgebühren zugrunde, die ein marktbeherrschendes Energieversorgungsunternehmen einem Stromeinspeiser vorenthielt.[108] Der BGH stellte insoweit fest, dass durch Vorenthalten der angemessenen Vergütung eine fortwirkende Beeinträchtigung gegeben ist und ein Anspruch auf Beseitigung dieser Beeinträchtigung in Form eines Zahlungsanspruchs besteht.[109] Der Anspruch auf Beseitigung der Beeinträchtigung sei nicht auf einen Schadensausgleich gerichtet, sondern sein Inhalt als Zahlungsanspruch folge daraus, dass die Beeinträchtigung, um deren Beseitigung es geht, in einer fortdauernden unbilligen Behinderung durch Vorenthalten gesetzlich geschuldeter Geldbeträge läge.[110]

Die zur Beseitigung des Störungszustands geforderte Maßnahme muss zudem verhältnismäßig sein in Bezug auf den angestrebten Erfolg[111]. Sie muss überhaupt geeignet sein, den Störungszustand zu beseitigen und darüber hinaus das für den Schuldner am wenigsten belastende Mittel darstellen.[112]

Der Anspruch besteht auf Beendigung des Störungszustands und ist nicht auf die Vornahme einer bestimmten Handlung gerichtet.[113] Grundsätzlich hat der Anspruchsschuldner das Wahlrecht, wenn mehrere Mittel zur Beseitigung des Störungszustands geeignet sind, dem Gläubiger kommt nach hM insoweit keine Konkretisierungsbefugnis zu.[114]

107 Köhler/Bornkamm/Feddersen/Bornkamm UWG § 8 Rn. 1.106; Harte-Bavendamm/Henning-Bodeweig/Goldmann § 8 Rn. 212 f. und Rn. 281.

108 BGH, Urteil vom 02.07.1996 in NJW 1996, 3005 f.

109 BGH, Urteil vom 02.07.1996 in NJW 1996, 3005 (3005).

110 BGH, Urteil vom 02.07.1996 in NJW 1996, 3005 (3005).

111 MüKoUWG/Fritzsche § 8 Rn. 195; Köhler/Bornkamm/Feddersen/Bornkamm UWG § 8 Rn. 1.122; Fritzsche/Münker/Stollwerk/Haertel § 8 Rn. 26; Harte-Bavendamm/Henning-Bodeweig/Goldmann § 8 Rn. 236; Fezer/Büscher/Obergfell/Büscher § 8 Rn. 16 f..

112 MüKoUWG/Fritzsche § 8 Rn. 196; Köhler/Bornkamm/Feddersen/Bornkamm UWG § 8 Rn. 1.122; Fritzsche/Münker/Stollwerk/Haertel § 8 Rn. 26; Harte-Bavendamm/Henning-Bodeweig/Goldmann § 8 Rn. 236.

113 MüKoUWG/Fritzsche § 8 Rn. 202; Fritzsche/Münker/Stollwerk/Haertel § 8 Rn. 23; Harte-Bavendamm/Henning-Bodeweig/Goldmann § 8 Rn. 241.

114 MüKoUWG/Fritzsche § 8 Rn. 204; Köhler/Bornkamm/Feddersen/Bornkamm UWG § 8 Rn. 1.116; Fritzsche in WRP 2019, I, Nr. 03; Fritzsche/Münker/Stollwerk/Haertel § 8 Rn. 28; Harte-Bavendamm/Henning-Bodeweig/Goldmann § 8 Rn. 285.

Das Problem des Wahlrechts des Gläubigers stellt sich freilich nur dann, wenn es überhaupt mehr als eine Form der Störungsbeseitigung gibt. Kommt von vornherein nur eine konkrete Handlung in Betracht, kann der Gläubiger auch direkt diese Handlung vom Schuldner, anstelle der generellen Beendigung des Störungszustands, verlangen.[115]

Zur Anspruchsgeltendmachung berechtigt sind nach Abs. 3 Nr. 1-4 u.a. Mitbewerber, Verbände und qualifizierte Einrichtungen.

II. Unterlassungsansprüche nach § 8 UWG

Der Unterlassungsanspruch des UWG dient der Abwehr künftiger Beeinträchtigungen.[116] Er ist ein zum Beseitigungsanspruch wesensverschiedener Anspruch mit einer grundsätzlich anderen Zielrichtung.[117] Er unterscheidet sich zum Beseitigungsanspruch darin, dass die Beeinträchtigung noch nicht eingetreten zu sein braucht, jedoch einzutreten droht.[118] Für seine Geltendmachung genügt bereits die Erstbegehungsgefahr, die Durchführung des Eingriffs braucht nicht abgewartet zu werden.[119] Ein solcher vorbeugender Unterlassungsanspruch unterscheidet sich von einem Verletzungsunterlassungsanspruch, bei dem bereits ein Eingriff stattgefunden hat und Wiederholungsgefahr besteht.[120]

Teilweise ist jedoch auch ein Gleichlauf von Beseitigungs- und Unterlassungsanspruch gegeben.[121] Dann nämlich, wenn in der Nichtbeseitigung einer Störungsquelle eine fortdauernde Verletzungshandlung zu sehen ist.[122] Die

115 MüKoUWG/Fritzsche § 8 Rn. 196; Fezer/Büscher/Obergfell/Büscher § 8 Rn. 41.

116 Köhler/Bornkamm/Feddersen/Bornkamm UWG § 8 Rn. 1.7; MüKoUWG/Fritzsche § 8 Rn. 24; Fritzsche/Münker/Stollwerk/Haertel § 8 Rn. 50; Harte-Bavendamm/Henning-Bodeweig/Goldmann § 8 Rn. 5; Fezer/Büscher/Obergfell/Büscher § 8 Rn. 46.

117 Köhler/Bornkamm/Feddersen/Bornkamm UWG § 8 Rn. 1.101; MüKoUWG/Fritzsche § 8 Rn. 136; Fritzsche/Münker/Stollwerk/Haertel § 8 Rn. 74; Harte-Bavendamm/Henning-Bodeweig/Goldmann § 8 Rn. 46.

118 Köhler/Bornkamm/Feddersen/Bornkamm UWG § 8 Rn. 1.7; MüKoUWG/Fritzsche § 8 Rn. 24; Fritzsche/Münker/Stollwerk/Haertel § 8 Rn. 66.

119 Köhler/Bornkamm/Feddersen/Bornkamm UWG § 8 Rn. 1.7 m.V.a. st. Rspr. BGHZ 2, 394 (395 f.); Fritzsche/Münker/Stollwerk/Haertel § 8 Rn. 66.

120 Köhler/Bornkamm/Feddersen/Bornkamm UWG § 8 Rn. 1.11; MüKoUWG/Fritzsche § 8 Rn. 26; Fritzsche/Münker/Stollwerk/Haertel § 8 Rn. 51.

121 Köhler/Bornkamm/Feddersen/Bornkamm UWG § 8 Rn. 1.102; MüKoUWG/Fritzsche § 8 Rn. 137; Fritzsche/Münker/Stollwerk/Haertel § 8 Rn. 74.

122 Köhler/Bornkamm/Feddersen/Bornkamm UWG § 8 Rn. 1.102; MüKoUWG/Fritzsche § 8 Rn. 137; Fritzsche/Münker/Stollwerk/Haertel § 8 Rn. 74.

Unterlassungspflicht erschöpft sich nicht in bloßem Nichtstun - der Schuldner ist aus dem Unterlassungstitel regelmäßig neben der Unterlassung auch zur Beseitigung der von ihm geschaffenen Störungsquelle verpflichtet.[123]

Wie auch der Beseitigungsanspruch setzt der Unterlassungsanspruch kein Verschulden voraus.[124]

III. Schadensersatzansprüche nach § 9 UWG

Der in § 9 UWG normierte Anspruch auf Schadensersatz dient einerseits dem Ausgleich erlittener Vermögenseinbußen sowie im Rahmen der Präventionsfunktion zugleich dem Schutz eines unverfälschten Wettbewerbs, indem er den Verletzer von weiteren Wettbewerbsverstößen abhalten soll.[125]

Anders als die Ansprüche aus § 8 UWG ist der lauterkeitsrechtliche Schadensersatzanspruch grundsätzlich verschuldensabhängig. Denn er setzt voraus, dass die vorgenommene unzulässige geschäftliche Handlung vorsätzlich oder fahrlässig begangen wurde.

Der Anspruch auf Schadensersatz ist in seiner Geltendmachung im Gegensatz zu den Ansprüchen auf Beseitigung und Unterlassen aus § 8 Abs. 1 UWG zunächst beschränkt auf Mitbewerber. Die im Rahmen des § 8 UWG anspruchsberechtigten qualifizierten Einrichtungen nach Abs. 3 Nr. 3, also u.a. Verbraucherverbände und -zentralen, können den Schadensersatzanspruch aus § 9 UWG nicht geltend machen.

Mit Wirkung zum 28. Mai 2022[126] wurde § 9 UWG jedoch um einen weiteren Absatz ergänzt und normiert nunmehr, neben einer Verpflichtung gegenüber den Mitbewerbern auf Schadensersatz, auch einen Anspruch der Verbraucher selbst - etwaige Verbände bleiben jedoch weiterhin von der

---

123 Köhler/Bornkamm/Feddersen/Bornkamm UWG § 8 Rn. 1.102; MüKoUWG/Fritzsche § 8 Rn. 137; Fritzsche/Münker/Stollwerk/Haertel § 8 Rn. 75.

124 MüKoUWG/Fritzsche § 8 Rn. 40; Fezer/Büscher/Obergfell/Büscher § 8 Rn. 46; Harte-Bavendamm/Henning-Bodeweig/Goldmann § 8 Rn. 209.

125 MüKoUWG/Fritzsche § 9 Rn. 5; Fritzsche/Münker/Stollwerk/Eichelberger, § 9, Rn. 1; Harte-Bavendamm/Henning-Bodeweig/Goldmann § 9 Rn. 3.

126 Änderung aufgrund des Gesetzes zur Stärkung des Verbraucherschutzes im Wettbewerbs- und Gewerberecht vom 10. August 2021, Bundesgesetzblatt Jahrgang 2021 Teil I Nr. 5 vom 17. August 2021, Bl. 3504 ff., in Umsetzung der Richtlinie (EU) 2019/2161 zur Änderung der Richtlinie 93/13/EWG des Rates und der Richtlinien 98/6/EG, 2005/29/EG und 2011/83/EU des Europäischen Parlaments und des Rates zur besseren Durchsetzung und Modernisierung der Verbraucherschutzvorschriften der Union.

Anspruchsgeltendmachung ausgeschlossen. Die Norm verpflichtet denjenigen zum Schadensersatz, der vorsätzlich oder fahrlässig eine nach § 3 UWG unzulässige geschäftliche Handlung vornimmt und hierdurch Verbraucher zu einer geschäftlichen Entscheidung veranlasst, die sie andernfalls nicht getroffen hätten, vgl. § 9 Abs. 2 Satz 1 UWG. Nach der Gesetzesbegründung soll durch die Schaffung dieses die Verbraucher unmittelbar berechtigenden Schadensersatzanspruchs „der Schutz der Verbraucherinnen und Verbraucher vor unlauteren geschäftlichen Handlungen, wie er in der Schutzzwecktrias des § 1 UWG niedergelegt wird, {...} auf diese Weise vervollständigt {werden}, indem das UWG in der Zukunft auch den Ausgleich der individuellen Nachteile von unlauteren geschäftlichen Handlungen bei der einzelnen Verbraucherin oder dem einzelnen Verbraucher sicherstellt."[127] Die Umsetzung erfolgte auf der Grundlage von Artikel 11a Abs. 1 2005/29/EG, der im Wege von Artikel 3 Nummer 5 der Modernisierungs-Richtlinie (EU) 2019/2161 als Teil des europäischen „New Deal for Consumers" neu aufgenommen wurde.

In der Literatur wird diese Neuerung in Teilen als „Umwälzung im Wettbewerbsrecht""[128] verstanden. Zwar steht dem Verbraucher mit § 9 Abs. 2 UWG erstmalig ein wettbewerbsrechtlicher Schadensersatzanspruch zu, die Probleme der Rechtsdurchsetzung bei Streuschäden blieben jedoch weiterhin bestehen, denn „an einer gerichtlichen Durchsetzung des Anspruchs wird der durchschnittliche Verbraucher bei geringfügigen Schäden angesichts des damit verbundenen Zeit- und Kostenaufwands und des Prozessrisikos schwerlich interessiert sein („rationales Desinteresse")"[129].

IV. Gewinnabschöpfung nach § 10 UWG

Neben den Ansprüchen auf Beseitigung, Unterlassen und Schadensersatz enthält das UWG in § 10 zudem die Möglichkeit der Gewinnabschöpfung. Der abzuschöpfende Gewinn muss durch eine unzulässige geschäftliche Handlung und zu Lasten einer Vielzahl von Abnehmern erfolgt sein. Der Anspruch setzte bis zum Inkrafttreten der im Rahmen des Verbandsklagenrichtlinienumsetzungsgesetzes (VRUG) vorgenommenen Änderungen am UWG mit Wirkung zum 13.10.2023[130] vorsätzliches Handeln auf Seiten des Verletzers voraus. Eine

127 BT-Drucks. 19/27873, S. 20.

128 Vgl. Kalbfus/Uhlenhut/Feilke in CCZ 2022, 99 ff..

129 Köhler in GRUR 2022, 435 (445).

130 BGBl. 2023 Teil I Nr. 272 vom 12.10.2023: Gesetz zur Umsetzung der Richtlinie (EU) 2020/1828 über Verbandsklagen zum Schutz der Kollektivinteressen der Verbraucher und zur Aufhebung der Richtlinie 2009/22/EG sowie zur Änderung

fahrlässige Zuwiderhandlung war nicht erfasst. Infolge der erfolgten Änderung des UWG in Umsetzung der Verbandsklagen-RL[131] ist nunmehr auch eine grob fahrlässige Vornahme der geschäftlichen Handlung für die Anspruchsgewährung ausreichend.

Die Geltendmachung des Anspruchs obliegt den in § 8 Abs. 3 Nr. 2-4 UWG genannten Berechtigten, mithin u.a. den qualifizierte Einrichtungen, also auch den entsprechenden Verbraucherverbänden und -zentralen, nicht jedoch den Mitbewerbern, denn auf § 8 Abs. 3 Nr. 1 wird nicht verwiesen.

Die Rechtsfolge des Anspruchs ist die Herausgabe des erzielten Gewinns an den Bundeshaushalt und nicht etwa unmittelbar an die geschädigten Abnehmer. „Der Gewinn errechnet sich aus den Umsatzerlösen abzüglich der Herstellungskosten der erbrachten Leistungen sowie abzüglich eventuell angefallener Betriebskosten."[132] Zudem sind auf den herauszugebenden Gewinn die Leistungen anzurechnen, die der Schuldner auf Grund der Zuwiderhandlung an Dritte oder an den Staat erbracht hat, vgl. § 10 Abs. 2 Satz 1 UWG. Dies umfasst insbesondere erbrachte Schadensersatzleistungen nach § 9 UWG.[133]

Mit Schaffung der Norm sollte eine Rechtsschutzlücke geschlossen werden, nämlich die früheren wettbewerbsrechtlichen Durchsetzungsdefizite bei Streuschäden, eine „Fallkonstellation, in der durch wettbewerbswidriges Verhalten eine Vielzahl von Abnehmern geschädigt wird, die Schadenshöhe im Einzelnen jedoch gering ist".[134] Die mit der Schaffung des Gewinnabschöpfungsanspruchs zu schließende Rechtsdurchsetzungslücke bestand im Rahmen von Bagatellschäden, da „der Betroffene regelmäßig von einer Rechtsverfolgung ab{sieht}, weil der Aufwand und die Kosten hierfür in keinem Verhältnis zu seinem Schaden stehen. Mitbewerbern steht ein Schadensersatzanspruch in diesen Fällen nicht zwangsläufig zu. Daher sind Fälle denkbar, in denen der Zuwiderhandelnde den – bis zum Erlass einer einstweiligen Verfügung auf Unterlassung erzielten – Gewinn behalten darf. "[135]

---

des Kapitalanleger-Musterverfahrensgesetzes (Verbandsklagenrichtlinienumsetzungsgesetz — VRUG).

131 RICHTLINIE (EU) 2020/1828 DES EUROPÄISCHEN PARLAMENTS UND DES RATES vom 25. November 2020 über Verbandsklagen zum Schutz der Kollektivinteressen der Verbraucher und zur Aufhebung der Richtlinie 2009/22/EG.

132 BT-Drucks. 15/1487, S. 24.

133 BT-Drucks. 15/1487, S. 24.

134 BT-Drucks. 15/1487, S. 23.

135 BT-Drucks. 15/1487, S. 23.

In der Gesetzesbegründung ist zudem niedergelegt, dass „im Gegensatz zum Schadensersatzanspruch{, ...} der Gewinnabschöpfungsanspruch nicht dem individuellen Schadensausgleich {dient}. Der Abnehmer, der durch das wettbewerbswidrige Verhalten Nachteile erlitten hat, erhält den Anspruch gerade nicht. Vielmehr sollen die Fälle erfasst werden, in denen die Geschädigten den Anspruch nicht geltend machen. Der Anspruch dient demnach weniger dem Interessenausgleich, sondern vielmehr einer wirksamen Abschreckung. "[136] Die gesetzgeberische Entscheidung, den abgeschöpften Gewinn dem Bundeshaushalt zukommen zu lassen und ihn nicht den Anspruchsberechtigten - mithin u.a. den geschädigten Verbrauchern - zukommen zu lassen, wird damit begründet, dass im Falle des Verbleibs bei den Anspruchsberechtigten „der Anspruch aus dem letztlich sachfremden Motiv der Einnahmeerzielung heraus geltend gemacht würde"[137].

V. Zusammenfassung

Dem Folgenbeseitigungsanspruch wohnen mehrere Elemente inne, die ihrerseits einem der zuvor betrachteten Ansprüche des UWG entstammen. So wird der Folgenbeseitigungsanspruch argumentativ auf § 8 Abs. 1 UWG gestützt. Der auf die Beendigung des Störungszustands gerichtete Beseitigungsanspruch wirkt jedoch in die Zukunft und soll gerade nicht dem Ausgleich des durch die Störung bereits entstandenen Schadens dienen. Die gegebenenfalls anzustellende Überlegung, die fortdauernde Störung könne in der erfolgten Zahlung selbst und der daraus resultierenden Vermögensverschiebung liegen, soll im weiteren Verlauf der Untersuchung noch Betrachtung finden.

Zugleich führt der Folgenbeseitigungsanspruch, da er einen Ausgleich zwischen dem Anspruchsschuldner und den geschädigten Verbrauchern schafft, zu der Rechtsfolge des Schadensersatzanspruchs nach § 9 Abs. 1 UWG, nämlich dem Ausgleich erlittener Vermögenseinbußen. Dies ist deshalb bemerkenswert, weil der Beseitigungsanspruch nach § 8 Abs. 1 UWG verschuldensunabhängig ist, während der Schadensersatzanspruch nach § 9 Abs. 1 UWG mindestens fahrlässiges Handeln voraussetzt. Der Folgenbeseitigungsanspruch schafft auf der Grundlage des § 8 Abs. 1 UWG mithin eine Rechtsfolge, die nach der gesetzlichen Regelung regelmäßig Verschulden seitens des Schädigers voraussetzt. Zudem besteht im Rahmen des Schadensersatzanspruchs nur die Möglichkeit, dass der Geschädigte seinen Anspruch selbst geltend macht. Die im

---

136 BT-Drucks. 15/1487, S. 24.
137 BT-Drucks. 15/1487, S. 25.

Rahmen des Beseitigungsanspruchs anspruchsberechtigten Verbraucherverbände sind dagegen gerade nicht befugt, den Schadensersatzanspruch nach § 9 Abs. 1 UWG geltend zu machen. Dies oblag bis zur Änderung im Mai 2022 zunächst den Mitbewerbern, in Folge der vorgenommenen Änderung nun auch den geschädigten Verbrauchern selbst.

Als Anspruchsgrundlage für einen Folgenbeseitigungsanspruch taugt der so eingefügte und nun die Verbraucher unmittelbar berechtigende § 9 Abs. 2 UWG jedoch auch nicht, da schließlich weiterhin keine „Verbandsklage" möglich ist. Der geschädigte Verbraucher muss weiterhin auf Individualrechtsstreitigkeiten, unechte Sammelklagen oder die übrigen Instrumente des kollektiven Rechtsschutzes, bspw. die Musterfeststellungsklage, zurückgreifen. Hierauf soll im weiteren Verlauf der Untersuchung eingegangen werden.

Zuletzt erfüllt der Folgenbeseitigungsanspruch auch die Rechtsfolge des Gewinnabschöpfungsanspruchs des § 10 UWG, allerdings nur im Hinblick auf die Abschöpfung des Gewinns, nicht jedoch in der darin vorgesehenen Zuführung des Gewinns an den Bundeshaushalt, sondern stattdessen unmittelbar an die geschädigten Verbraucher. Betrachtet man die zuvor aufgezeigte Gesetzesbegründung, so stellt man jedoch fest, dass der Gesetzgeber mit dem Anspruch nach § 10 UWG gerade jene Streu- bzw. Bagatellschäden erfassen wollte, für die nun der Folgenbeseitigungsanspruch herangezogen wird. Ausweislich der Gesetzesbegründung wollte der Gesetzgeber zudem gerade keinen individuellen Schadensausgleich schaffen, da er das sachfremde Motiv der Einnahmeerzielung bei der Anspruchsgeltendmachung fürchtete. Die gesetzgeberische Entscheidung war, eine wirksame Abschreckung vor wettbewerbswidrigem Verhalten zu schaffen und gerade keinen Anspruch auf individuellen Schadensausgleich.

Darüber hinaus ist für den Anspruch nach § 10 UWG mindestens grob fahrlässiges Handeln erforderlich. Mithin ist er, von all den zuvor betrachteten Ansprüchen, derjenige mit der höchsten Hürde in den Anspruchsvoraussetzungen. Führt man sich nun noch vor Augen, dass die Rechtsfolge lediglich die Abschöpfung des Gewinns ist, mithin der Differenzwert der eingenommenen Entgelte abzüglich der aufgewendeten Kosten, so kann der (Folgen-)beseitigungsanspruch hierüber sogar noch hinausgehen, da der soeben erwähnte Abzug der aufgewendeten Kosten hierbei außer Acht gelassen würde.

Im Ergebnis muss daher festgestellt werden, dass der Folgenbeseitigungsanspruch mithin die - aus Sicht des Berechtigten bzw. Geschädigten - Vorzüge aller Ansprüche des UWG vermischt bzw. auf sich vereint und in der Rechtsfolge sogar noch darüber hinausgeht.

C. Einordnung in das Lauterkeitsrecht und Verhältnis zum Unterlassungsklagengesetz

Das Lauterkeitsrecht bildet gemeinsam mit dem Kartellrecht das Wettbewerbsrecht und wird als Wettbewerbsrecht im engeren Sinne bezeichnet.[138] Das Gesetz gegen den unlauteren Wettbewerb (UWG) wiederum bildet den Kern des Lauterkeitsrechts und wird durch etliche Nebengesetze ergänzt.[139]

Bei der Einordnung des Folgenbeseitigungsanspruchs in das Lauterkeitsrecht ist das Ziel der Untersuchung herauszufinden, ob der zuvor dargestellte Folgenbeseitigungsanspruch überhaupt eine Grundlage im Lauterkeitsrecht findet. Dabei ist zunächst der Gesetzeszweck und der Schutzzweck des UWG und anschließend die Änderungen, die durch die Umsetzung der UGP-Richtlinie[140] in das UWG eingeflossen sind, zu untersuchen.

Abschließend ist zudem, in dem durch das Thema der Arbeit gebotenen Umfang, auf das Verhältnis zwischen dem UWG und dem Gesetz über Unterlassungsklagen bei Verbraucherrechts- und anderen Verstößen (Unterlassungsklagengesetz - UKlaG) einzugehen.

I. Gesetzeszweck und Schutzzweck des UWG

Seit der umfassenden Reform des UWG im Jahr 2004[141] findet sich in dem neu eingefügten § 1 UWG eine Legalbestimmung dessen, was der Zweck des UWG ist, nämlich der Schutz der Mitbewerber, der Verbraucherinnen und Verbraucher sowie der sonstigen Marktteilnehmer vor unlauteren geschäftlichen Handlungen sowie zugleich das Interesse der Allgemeinheit an einem unverfälschten Wettbewerb zu schützen, § 1 UWG. Der Verbraucher ist als Schutzobjekt im Zuge der Reform erstmals ausdrücklich im Gesetz erwähnt[142], er

---

138 MüKoLauterkeitsR/Sosnitza, Teil I. Grundlagen des Lauterkeitsrechts, Rn. 26.

139 MüKoLauterkeitsR/Sosnitza, Teil I. Grundlagen des Lauterkeitsrechts, Rn. 26.

140 Richtlinie 2005/29/EG des Europäischen Parlaments und des Rates vom 11. Mai 2005 über unlautere Geschäftspraktiken im binnenmarktinternen Geschäftsverkehr zwischen Unternehmen und Verbrauchern und zur Änderung der Richtlinie 84/450/EWG des Rates, der Richtlinien 97/7/EG, 98/27/EG und 2002/65/EG des Europäischen Parlaments und des Rates sowie der Verordnung (EG) Nr. 2006/2004 des Europäischen Parlaments und des Rates (Richtlinie über unlautere Geschäftspraktiken), abrufbar unter: https://eur-lex.europa.eu/legal-content/DE/TXT/?uri=uriserv:OJ.L_.2005.149.01.0022.01.DEU .

141 Siehe hierzu BT-Drucks. 15/1487.

142 BT-Drucks. 15/1487, S. 12 f..

sollte durch die Reform nicht weniger als „den ihm gebührenden Stellenwert in einem modernen Lauterkeitsrecht erhalten“[143] und „als gleichberechtigter Partner in den Schutzbereich des Gesetzes aufgenommen {werden}“[144].

Nach der Gesetzesbegründung sollen „die Marktteilnehmer, insbesondere die Verbraucher und Mitbewerber, durch das UWG gleichermaßen und gleichrangig geschützt werden“.[145] Der Zweck des UWG liegt darin, „das Marktverhalten der Unternehmen im Interesse der Marktteilnehmer, insbesondere der Mitbewerber und der Verbraucher und damit zugleich das Interesse der Allgemeinheit an einem unverfälschten Wettbewerb zu regeln“.[146] „Das Recht geht insoweit von einem integrierten Modell eines gleichberechtigten Schutzes der Mitbewerber, der Verbraucher und der Allgemeinheit aus. Der Schutz sonstiger Allgemeininteressen ist weiterhin nicht Aufgabe des Wettbewerbsrechts. “[147]

1. *Schutz der rechtmäßig handelnden Mitbewerber*

Der Schutz des rechtmäßig handelnden Mitbewerbers zielt auf unlautere Wettbewerbshandlungen, die „die Interessen der sich horizontal gegenüberstehenden Konkurrenten berühren“[148] und spiegelt die ursprüngliche Konzipierung des UWG als „reiner Individualschutz der einzelnen Mitbewerber“[149] wider. Geschützt werden soll die wettbewerbliche Entfaltungsfreiheit der Mitbewerber.[150]

Der Mitbewerber wird in § 2 Abs. 1 Nr. 3 UWG legaldefiniert als jeder Unternehmer, der mit einem oder mehreren Unternehmern als Anbieter oder Nachfrager von Waren oder Dienstleistungen in einem konkreten Wettbewerbsverhältnis steht.

Häufig beeinträchtigen unlautere Verhaltensweisen jedoch sowohl Mitbewerber als auch Verbraucher, weshalb in der Folge die Abstufung anhand der Frage erfolgt, ob sie die Interessen der Mitbewerber vorrangig oder nur mittelbar betreffen.[151]

---

143 BT-Drucks. 15/1487, S. 1.
144 BT-Drucks. 15/1487, S. 1.
145 BT-Drucks. 15/1487, S. 15.
146 BT-Drucks. 15/1487, S. 15 f..
147 BT-Drucks. 15/1487, S. 16.
148 MüKoUWG/Sosnitza § 1 Rn. 23; Harte-Bavendamm/Henning-Bodeweig/Podszun § 1 Rn. 44; Fezer/Büscher/Obergfell/Fezer § 1 Rn. 82 ff..
149 BT-Drucks. 15/1487, S. 15.
150 Köhler/Bornkamm/Feddersen/Köhler UWG § 1 Rn. 9.
151 MüKoUWG/Sosnitza § 1, Rn. 23.

2. Verbraucherschutz

Der im Zuge der UWG Reform im Jahr 2004 als Schutzsubjekt aufgenommene Verbraucher soll in seiner geschäftlichen Entscheidungsfreiheit geschützt werden[152], deren Legaldefinition sich in § 2 Abs. 1 Nr 9 UWG findet: jede Entscheidung eines Verbrauchers oder sonstigen Marktteilnehmers darüber, ob, wie und unter welchen Bedingungen er ein Geschäft abschließen, eine Zahlung leisten, eine Ware oder Dienstleistung behalten oder abgeben oder ein vertragliches Recht im Zusammenhang mit einer Ware oder Dienstleistung ausüben will, unabhängig davon, ob der Verbraucher oder sonstige Marktteilnehmer sich entschließt, tätig zu werden. Der Verbraucher soll demnach eine freie Entscheidung treffen können im Hinblick darauf, „ob er sich mit einem Angebot näher befassen will und ob, wie und unter welchen Bedingungen er mit einem Unternehmer einen Vertrag über den Erwerb einer Ware oder Dienstleistung schließt". Auch soll er frei entscheiden können, wie er sich bei Durchführung des Vertrages verhält, insbesondere "ob er Rechte aus einem Vertrag geltend macht."[153] Die Entscheidungsfreiheit des Verbrauchers soll „in jeder Phase geschützt werden, von der Anbahnung über den Abschluss bis zur Durchführung und Abwicklung eines Geschäfts".[154]

Im Zusammenhang mit dem vom Gesetzgeber im Zuge der UWG Reform im Jahr 2004 angedachten Schutzniveau des Verbrauchers ist ein Absatz aus der Gesetzesbegründung mit Blick auf die Durchsetzung eines Folgenbeseitigungsanspruchs von besonderem Interesse. Die Bundesregierung nimmt dort Stellung zu der Forderung einiger Mitglieder der die Reform vorbereitenden Arbeitsgruppe. Ein Teil der Arbeitsgruppe schlug vor, im Zuge der Reform, in der der Verbraucher als Schutzsubjekt anerkannt werde, auch individuelle Ansprüche des Verbrauchers aufzunehmen.[155] Diesem Ansinnen entsprach der Gesetzentwurf der Bundesregierung nicht und führt zur Begründung an: „Das Lauterkeitsrecht enthält {...} sehr hohe Anforderungen an das Verhalten der Unternehmer im Wettbewerb. Die Anerkennung von individuellen Rechten des Verbrauchers bei Verstößen gegen das UWG würde dieses hohe Schutzniveau, welches gerade auch im Interesse des Verbrauchers besteht, im Ergebnis in Frage stellen. Der Unternehmer müsste bei Beibehaltung des materiellen Schutzniveaus jederzeit mit einer Vielzahl von Klagen von Verbrauchern wegen

---

152 BT-Drucks. 15/1487, S. 13.

153 Köhler/Bornkamm/Feddersen/Köhler UWG § 1 Rn. 17.

154 MüKoUWG/Sosnitza § 1 Rn. 27.

155 Vgl. BT-Drucks. 15/1487, S. 22.

eines (angeblichen) Verstoßes gegen das UWG rechnen. Dies würde zu sehr hohen Belastungen für die Wirtschaft führen und hätte einen erheblichen Standortnachteil zur Folge. Diese Belastungen ließen sich nur dadurch auf ein für die Wirtschaft akzeptables Maß verringern, dass man das Schutzniveau absenkt und dadurch das Prozessrisiko für die Unternehmen verringert."[156]

Allerdings ist der einzelne Verbraucher jedoch schließlich - wie zuvor bereits dargestellt - mit Wirkung zum 28. Mai 2022[157] in § 9 Abs. 2 Satz 1 UWG erstmals als Anspruchsberechtigter eines wettbewerbsrechtlichen Schadensersatzanspruchs in das UWG aufgenommen worden, um nach dem Willen des Gesetzgebers den „Ausgleich der individuellen Nachteile von unlauteren geschäftlichen Handlungen bei der einzelnen Verbraucherin oder dem einzelnen Verbraucher {sicherzustellen}"[158].

II. Umsetzung der UGP-Richtlinie

Mit der Richtlinie 2005/29/EG des Europäischen Parlaments und des Rates vom 11. Mai 2005 über unlautere Geschäftspraktiken im binnenmarktinternen Geschäftsverkehr zwischen Unternehmen und Verbrauchern (UGP-Richtlinie) gab der europäische Gesetzgeber den Mitgliedstaaten eine vollständige Angleichung ihrer Rechts- und Verwaltungsvorschriften über unlautere Geschäftspraktiken auf. Der deutsche Gesetzgeber hat die UGP-Richtlinie sodann mit dem Ersten Gesetz zur Änderung des Gesetzes gegen den unlauteren Wettbewerb[159] mit Wirkung zum 30.12.2008 umgesetzt. Die zuvor dargestellte UWG-Reform aus dem Jahr 2004 nahm bereits einige Regelungen der UGP-Richtlinie vorweg, Änderungsbedarf am UWG bestand - aufgrund des Ziels einer vollständigen Rechtsangleichung - jedoch insoweit, als dass „das Schutzniveau des UWG über das der Richtlinie hinausgeht oder dahinter zurückbleibt".[160]

156 BT-Drucks. 15/1487, S. 22.

157 Änderung aufgrund des Gesetzes zur Stärkung des Verbraucherschutzes im Wettbewerbs- und Gewerberecht vom 10. August 2021, Bundesgesetzblatt Jahrgang 2021 Teil I Nr. 5 vom 17. August 2021, Bl. 3504 ff., in Umsetzung der Richtlinie (EU) 2019/2161 zur Änderung der Richtlinie 93/13/EWG des Rates und der Richtlinien 98/6/EG, 2005/29/EG und 2011/83/EU des Europäischen Parlaments und des Rates zur besseren Durchsetzung und Modernisierung der Verbraucherschutzvorschriften der Union.

158 BT-Drucks. 19/27873, S. 20.

159 Siehe BT-Drucks. 16/10145.

160 BT-Drucks. 16/10145, S. 11.

Vor dem Hintergrund der Frage, ob das UWG einen Folgenbeseitigungsanspruch vorsieht, muss daher, dem Gebot einer richtlinienkonformen Auslegung folgend, die UGP-Richtlinie betrachtet und daraufhin untersucht werden, ob diese Vorgaben enthält, die als Verpflichtung zur Schaffung eines solchen Folgenbeseitigungsanspruchs zu verstehen wären.

1. Schutzzweck und Regelungsinhalt der Richtlinie

Mit der UGP-Richtlinie sollen die wirtschaftlichen Interessen der Verbraucher vor Beeinträchtigungen geschützt, ein reibungsloses Funktionieren des Binnenmarktes erreicht und „zum Erreichen eines hohen Verbraucherschutzniveaus“ beigetragen werden, vgl. Art. 1 UGP-RL. In Erwägungsgrund 9 der Richtlinie wird zudem klargestellt, dass diese „individuelle Klagen von Personen, die durch eine unlautere Geschäftspraxis geschädigt wurden {nicht berührt}“.

Die Bestimmungen zur Durchsetzung der Einhaltung der in der UGP-Richtlinie getroffenen Regelungen finden sich in den Artikeln elf bis dreizehn der Richtlinie. Die Mitgliedstaaten sind demzufolge verpflichtet, „im Interesse der Verbraucher sicher {zu stellen}, dass geeignete und wirksame Mittel zur Bekämpfung unlauterer Geschäftspraktiken vorhanden sind, um die Einhaltung dieser Richtlinie durchzusetzen“, vgl. Art. 11 UGP-RL. Konkreter gibt die Richtlinie vor, die Gerichte zu ermächtigen, „die Einstellung der unlauteren Geschäftspraktiken anzuordnen“, vgl. Art. 11 Abs. 2 lit. a) UGP-RL. Im Weiteren enthält Art. 11 Abs. 2 UAbs. 3 der UGP-RL die Regelung, dass die Mitgliedstaaten „den Gerichten {…} Befugnisse übertragen {können}, die sie ermächtigen zur Beseitigung der fortdauernden Wirkung unlauterer Geschäftspraktiken, deren Einstellung durch eine rechtskräftige Entscheidung angeordnet worden ist, a) die Veröffentlichung dieser Entscheidung ganz oder auszugsweise und in der von ihnen für angemessen erachteten Form zu verlangen; b) außerdem die Veröffentlichung einer berichtigenden Erklärung zu verlangen.“

Die Richtlinie legt zudem fest, dass die Sanktionen bei Verstößen „wirksam, verhältnismäßig und abschreckend“ sein müssen, vgl. Art. 13 UGP-RL.

2. Richtlinienkonforme Auslegung

Zwar legt die Richtlinie nahe, dass der europäische Gesetzgeber im Rahmen der „Einstellung der unlauteren Geschäftspraktiken“ auch die „Beseitigung der fortdauernden Wirkung unlauterer Geschäftspraktiken“ verstanden wissen wollte, allerdings überlässt die diesen Ausdruck verwendende Regelung der UGP-Richtlinie den Mitgliedstaaten bereits die Entscheidung darüber, ob sie eine solche Möglichkeit überhaupt schaffen wollen („Außerdem können die

Mitgliedstaaten {…}“). Zudem ist die Begrifflichkeit der „fortdauernden Wirkung“ im Lichte der unter lit. a und lit. b vorgesehenen Befugnisse zu sehen. Die Veröffentlichung einer Entscheidung (lit. a) und die Veröffentlichung einer berichtigenden Erklärung (lit. b) stellen beides Maßnahmen zur weiteren Verbraucheraufklärung dar, die - in die Zukunft wirkend - eine weitere Beeinträchtigung der Verbraucher durch unlautere Geschäftspraktiken verhindern sollen und gerade nicht die bereits im Rahmen einer getroffenen geschäftlichen Entscheidung eingetretenen Beeinträchtigungen, wie etwa einen entstandenen Vermögensschaden, auszugleichen suchen.[161]

Die Begründung des Umsetzungsgesetzes enthält daher auch die zutreffende Feststellung, dass die im UWG getroffenen Sanktionssysteme - u.a. die §§ 8 bis 10 UWG - „die Anforderungen der Richtlinie {erfüllen}, so dass es keiner weiteren Umsetzungsmaßnahmen bedarf“[162].

Ein Folgenbeseitigungsanspruch kann der UGP-Richtlinie daher nicht entnommen werden. Sie berechtigt lediglich dazu, die Gerichte zu ermächtigen „die ‚Einstellung‘ des Verstoßes anzuordnen bzw. dem Verstoß ein ‚Ende zu setzen‘. Das schließt Maßnahmen ein, die auf eine Beseitigung einer eingetretenen, aber fortwirkenden Beeinträchtigung gerichtet sind, {…}. Von einer Befugnis zur Anordnung einer darüber hinausgehenden Beseitigung der Folgen eines Verstoßes, etwa in Gestalt eines Vermögensschadens bei den Verbrauchern, kann dagegen keine Rede sein“[163].

III. Unterlassungsklagengesetz als lex specialis?

In § 1 des Gesetzes über Unterlassungsklagen bei Verbraucherrechts- und anderen Verstößen (Unterlassungsklagengesetz - UKlaG) ist normiert, dass wer in Allgemeinen Geschäftsbedingungen Bestimmungen, die nach den §§ 307 bis 309 des Bürgerlichen Gesetzbuchs unwirksam sind, verwendet oder für den rechtsgeschäftlichen Verkehr empfiehlt, auf Unterlassung und im Fall des Empfehlens auch auf Widerruf in Anspruch genommen werden kann. Da die Einführung und Erhebung negativer Zinsen bzw. eines Verwahrentgelts mehrheitlich durch AGB erfolgen dürfte und die Frage, ob die Verwendung

---

161 So auch Köhler in WRP 2019, 269 (272 f.), der in seiner Argumentation zudem vertiefend auf die Unterscheidung zwischen der geschäftlichen Handlung eines Unternehmers (§ 2 Abs. 1 Nr. 1 UWG) und der geschäftlichen Entscheidung eines Verbrauchers (§ 2 Abs. 1 Nr. 9 UWG) eingeht.

162 BT-Drucks. 16/10145, S. 18.

163 Köhler in WRP 2019, 269 (274).

unzulässiger AGB einen Folgenbeseitigungsanspruch nach dem UWG auslösen kann, Gegenstand dieser Arbeit ist, stellt sich nach der Betrachtung von § 1 UKlaG die Frage, wie es um das Verhältnis des Unterlassungsklagengesetzes zum UWG bestellt ist. Sollte es sich bei dem UKlaG um das Spezialgesetz im Verhältnis zum UWG handeln, wäre der Anwendungsbereich des UWG bei Eröffnung des Anwendungsbereichs des UKlaG gemäß der Kollisionsregel lex specialis derogat legi generali bereits versperrt. Eine Anwendung des auf § 8 Abs. 1 UWG gestützten Folgenbeseitigungsanspruch käme dann bereits aus diesem Grund nicht mehr in Betracht.

1. *Schutzrichtung und Schutzobjekt des Unterlassungsklagengesetzes*

§ 1 UKlaG entspricht in seinem Wortlaut und Regelungsgehalt dem vor Einführung des UKlaG geltenden § 13 Abs. 1 des Gesetzes zur Regelung des Rechts der Allgemeinen Geschäftsbedingungen (AGB-Gesetz).[164] Zu dem darin geregelten Verfahren stellte der BGH fest, dass dieses den Zweck verfolge, "den Rechtsverkehr von sachlich unangemessenen Klauseln freizuhalten. Insb. soll die den Verbänden eingeräumte Klagebefugnis verhindern, daß sich eine rechtsunkundige Vertragspartei, wenn ihr von dem Verwender eine nach §§ 9 ff. AGBG unwirksame Klausel entgegengehalten wird, von vornherein von einer Geltendmachung und Durchsetzung ihrer Rechte abhalten läßt."[165]

An dieser Rechtsprechung hält der BGH weiter fest und führt zur Begrenzung des Anspruchs aus: „Deshalb darf der Anspruchsverpflichtete die unwirksamen Allgemeinen Geschäftsbedingungen nicht mehr verwenden; er darf nicht mehr erklären, dass diese für künftige Verträge gelten sollen, und er darf sich bei der Abwicklung bereits geschlossener Verträge nicht mehr auf diese berufen {...}. Indem der Rechtsverkehr nicht nur vor der weiteren neuerlichen Verwendung einer unwirksamen Klausel in neu abzuschließenden Verträgen bewahrt wird, sondern auch vor einer Berufung auf eine solche Klausel in bereits bestehenden Verträgen, wird zugleich der durch die Regelung des § 11 UKlaG verfolgte Zweck erreicht, widersprüchliche Entscheidungen über die Unwirksamkeit derselben Klausel zu vermeiden {...}. Auf diesen Anspruchsinhalt ist der Unterlassungsanspruch aus § 1 UKlaG indes auch begrenzt. Eine

---

164 Köhler/Bornkamm/Feddersen/Köhler/Alexander UKlaG § 1 Rn. 1; vgl. zur Fassung des § 13 Abs. 1 des AGB-Gesetzes: BGBl. 2000 Teil I Nr. 29, S. 950.

165 BGH, Urteil vom 13. Juli 1994 – IV ZR 107/93 –, in: NJW 1994, 2693 (2693).

Richtigstellung des Verwenders gegenüber seinen Vertragspartnern ist für das gesetzlich angestrebte Verwendungsverbot nicht erforderlich."[166]

Die Kritik an diesem vom BGH vertretenen „beschränkten Gesetzeszweck des § 1 UKlaG" meint, dass es entgegen der Ansicht des BGH mehr brauche „als die bloße Abstandnahme von der Berufung auf die inkriminierte Klausel, um effektiv dafür zu sorgen, dass die Betroffenen nicht von der Geltendmachung und Durchsetzung ihrer Rechte abgehalten werden", und zwar „eine Verpflichtung des Verwenders zur Versendung einer Richtigstellungsinformation".[167] Entgegen der Regelung in § 2 Abs. 1 UKlaG bei einer Zuwiderhandlung in anderer Weise als durch Verwendung oder Empfehlung von Allgemeinen Geschäftsbedingungen, sieht § 1 UKlaG dem Wortlaut nach jedoch keinen Beseitigungsanspruch vor.[168] Einer Anerkennung eines solchen Beseitigungsanspruchs auch bei der Verwendung oder Empfehlung von AGB - im Wege einer Analogie - „stehen die Entstehungsgeschichte, der systematische Zusammenhang und der Zweck der Norm entgegen".[169]

Der BGH hat zudem eine unionsrechtskonforme Auslegung des § 1 UKlaG im Sinne einer Folgenbeseitigung bzw. einer „Pflicht zur Unterrichtung über die Unwirksamkeit von Allgemeinen Geschäftsbedingungen" als nicht geboten erachtet.[170] Die Kritik hieran vertritt, dass der BGH diese Frage dem EuGH zur Vorabentscheidung hätte vorlegen müssen, gesteht jedoch zu, dass der BGH sich insoweit „auf die Schlussanträge der Generalanwältin Trstenjak im Invitel-Verfahren berufen" konnte.[171] Denn Art. 7 der Richtlinie 93/13/EWG sieht lediglich vor, dass „der Verwendung mißbräuchlicher Klauseln {...} ein Ende gesetzt wird"[172] und somit unionsrechtlich nicht auch eine Umkehrung

166 BGH, Urteil vom 14. Dezember 2017 – I ZR 184/15 –, juris, Rn. 34.

167 Gsell/Rübbeck in ZfPW 2018, 409 (417).

168 Gegen das Wortlaut-Argument: MüKoUWG/Fritzsche § 8 Rn. 14.

169 Köhler/Bornkamm/Feddersen/Köhler/Alexander UKlaG § 1 Rn. 18, m.w.N., insb. der Rechtsprechung des BGH; a.A. Halfmeier in VuR 2018, 188 (196), der die Rechtsprechung insb. aus systematischen Gründen für falsch hält: „In systematischer Hinsicht besteht zwischen der Unterlassung rechtswidrigen Handelns und der Beseitigung der dadurch hervorgerufenen Folgen ein untrennbarer Zusammenhang".

170 BGH, Urteil vom 14. Dezember 2017 – I ZR 184/15 –, juris, Rn. 35.

171 Gsell/Rübbeck in ZfPW 2018, 409 (417 f.), dort Fn. 55 bzgl. der erwähnten Schlussanträge.

172 Richtlinie 93/13/EWG des Rates vom 5. April 1993 über missbräuchliche Klauseln in Verbraucherverträgen.

der bereits aufgrund der Verwendung eingetretenen Vermögensverhältnisse erfolgen müsse.[173]

Mithin ist festzuhalten, dass „das Schutzobjekt des UKlaG {…} nicht der einzelne Kunde des Verwenders {ist}, sondern der Rechtsverkehr, der allgemein von der Verwendung unzulässiger Klauseln freigehalten werden soll.“[174]

2. Keine Sperrwirkung des Unterlassungsklagengesetzes

Die Diskussion um einen auf § 8 Abs. 1 UWG gestützten Folgenbeseitigungsanspruch wäre obsolet, würde die Eröffnung des Anwendungsbereichs des UKlaG, welches seinerseits wie zuvor gezeigt bei der Verwendung von AGB selbst lediglich einen Unterlassungs- und Widerrufsanspruch, jedoch keinen Beseitigungsanspruch begründet, eine Anwendung des UWG versperren.

Das OLG Stuttgart vertrat diesbezüglich, dass „das UKlaG als spezialgesetzliches Normwerk die Vorschriften des UWG zwar nicht verdrängt, aber Einfluss auf deren Auslegung gewinnt. Es wäre systemwidrig, anzunehmen, dass {…} Beschränkungen, die der Gesetzgeber in einem Spezialgesetz vorgegeben hat, nach seinem Willen unter Zuhilfenahme eines allgemeineren Gesetz sollten unterlaufen werden können.“[175] Das OLG ging insoweit davon aus, dass gemäß dem Grundsatz lex specialis derogat legi generali das UKlaG dem UWG insoweit vorgeht, als dass das im Rahmen der Prüfung des spezielleren Gesetzes, des UKlaG, gefundene Ergebnis - das Nichtbestehen eines Folgenbeseitigungsanspruchs - nicht durch die Anwendung des allgemeineren Gesetzes, des UWG, umgangen werden könne.[176]

Dem ist der BGH in der Revision jedoch entgegengetreten und hat festgestellt, dass „die Vorschriften über die Kontrolle unwirksamer Allgemeiner Geschäftsbedingungen gemäß § 1 UKlaG und des Lauterkeitsrechts {…} nebeneinander anwendbar {sind}“.[177] Das UKlaG stellt insoweit „kein in sich geschlossenes Rechtsschutzsystem dar {…} und kann daher nicht als spezialgesetzliche Regelung die vom Gesetz gegen unlauteren Wettbewerb gewährten Ansprüche beschränken“.[178]

---

173 Vgl. hierzu auch Köhler in WRP 2019, 269 (273).

174 Bunte in ZIP 2016, 956 (957) m.V.a. ständige Rspr. des BGH.

175 OLG Stuttgart, Urteil vom 07.August 2015 – 2 U 107/14 –, juris, Rn. 215.

176 Der Begründung des OLG Stuttgart zustimmend: Bunte in ZIP 2016, 956 (958).

177 BGH, Urteil vom 14. Dezember 2017 – I ZR 184/15 –, juris, Rn. 46, m.w.N..

178 BGH, Urteil vom 14. Dezember 2017 – I ZR 184/15 –, juris, Rn. 47; MüKoUWG/Fritzsche § 8 Rn. 14; Köhler/Bornkamm/Feddersen/Köhler/Alexander UKlaG § 1 Rn. 18a.

Der BGH führt zur Begründung an, dass sich ein Vorrang keinem der beiden Gesetze entnehmen lasse und sich aus § 8 Abs. 3 UWG „vielmehr zweifelsfrei" ergebe, „dass die Ansprüche aus Absatz 1 dieser Vorschrift und damit auch der Beseitigungsanspruch den qualifizierten Verbänden im Sinne des § 8 Abs. 3 Nr. 3 UWG zustehen".[179] Zudem umfasst die RL 2009/22/EG (Unterlassungsklagen-RL)[180] „auch Maßnahmen zur Beseitigung von fortdauernden Wirkungen eines Verstoßes gegen verbraucherschützende Vorschriften".[181]

Während nach der Entscheidung des BGH einerseits vertreten wird, dass ein Nebeneinander von UKlaG und UGW „inzwischen nicht mehr ernstlich bestritten werden" kann[182], wird andererseits angeführt, dass es bei einem wie vom BGH vertretenen Nebeneinander der beiden Gesetze keiner Änderung des § 2 Abs. 1 UKlaG - der Schaffung eines Anspruchs auf Beseitigung - durch den Gesetzgeber bedurft hätte, da doch „ein vergleichbarer Anspruch auf Beseitigung bereits aus § 8 Abs. 1 Satz 1 UWG abgeleitet werden konnte"[183]. Der BGH erkennt in der Schaffung des Anspruchs in § 2 Abs. 1 UKlaG jedoch gerade „das vom Gesetzgeber grundsätzlich anerkannte Bedürfnis nach einem den Verbraucherverbänden zustehenden Folgenbeseitigungsanspruch".[184] Weiter führt der BGH aus, dies gelte „vielmehr für alle verbraucherschützenden Vorschriften gleichermaßen und damit auch für den Regelungsbereich des § 1 UKlaG. Dem steht nicht entgegen, dass der Bestimmung des § 1 UKlaG ein Beseitigungsanspruch de lege lata nicht entnommen werden kann {...}. Die ausdrückliche Regelung eines solchen Anspruchs bleibt vielmehr - wie nunmehr in § 2 UKlaG geschehen - dem Gesetzgeber vorbehalten {...}. Von der Frage der ausdrücklichen Regelung eines Beseitigungsanspruchs in den §§ 1, 2 UKlaG ist aber die vorliegend maßgebliche und aus den vorstehenden Gründen zu verneinende Frage zu unterscheiden, ob § 1 UKlaG eine Sperrwirkung in Bezug auf die Vorschrift des § 8 UWG entnommen werden kann".[185] Die Gegenansicht vertritt diesbezüglich freilich, dass der Gesetzgeber bewusst einen Beseitigungsanspruch nur im von § 2 Abs. 1 UKlaG erfassten Rahmen habe schaffen wollen, weil er einen solchen Anspruch im Anwendungsbereich von § 1 UKlaG

179 BGH, Urteil vom 14. Dezember 2017 – I ZR 184/15 –, juris, Rn. 46.

180 Richtlinie 2009/22/EG des Europäischen Parlaments und des Rates vom 23. April 2009 über Unterlassungsklagen zum Schutz der Verbraucherinteressen.

181 Köhler/Bornkamm/Feddersen/Köhler/Alexander UKlaG § 1 Rn. 18a.

182 Meller-Hannich in JZ 2018, 629 (631).

183 Baldus/Siedler in BKR 2018, 412 (416).

184 BGH, Urteil vom 14. Dezember 2017 – I ZR 184/15 –, juris, Rn. 50.

185 BGH, Urteil vom 14. Dezember 2017 – I ZR 184/15 –, juris, Rn. 50.

und somit auch mittels einer Anwendung von § 8 Abs. 1 UWG gerade nicht wollte.[186]

Der BGH hat seine Rechtsprechung in einem späteren Urteil bestätigt und begründet dies abermals damit, dass „der Gesetzgeber das grundsätzliche Bedürfnis nach einem den Verbraucherverbänden zustehenden Anspruch auf Beseitigung fortdauernder Wirkungen eines Verstoßes gegen verbraucherschützende Vorschriften grundsätzlich anerkannt habe“ und „den Gesetzesmaterialien die Annahme einer Sperrwirkung des § 1 UKlaG gegenüber der Vorschrift des § 8 UWG nicht entnommen werden kann“.[187]

Daher ist trotz der gewichtigen Argumente gegen das von der herrschenden Meinung vertretene Nebeneinander der Ansprüche des UKlaG und des UWG von selbigem auszugehen und eine Sperrwirkung des UKlaG bezüglich der Ansprüche des UWG abzulehnen.

IV. Zusammenfassung

Dem Lauterkeitsrecht lässt sich keine Grundlage für das Bestehen eines Folgenbeseitigungsanspruchs entnehmen. Das UWG bezweckt das Marktverhalten der Unternehmen im Interesse der Marktteilnehmer, insbesondere der Mitbewerber und der Verbraucher und damit zugleich das Interesse der Allgemeinheit an einem unverfälschten Wettbewerb zu regeln. Der Verbraucher ist zwar Schutzobjekt des UWG und soll in seiner geschäftlichen Entscheidungsfreiheit geschützt werden. Das Ziel des UWG ist es jedoch zu verhindern, dass geschäftliche Entscheidungen von Verbrauchern unlauter beeinflusst werden, nicht aber die bereits eingetretenen wirtschaftlichen Folgen rückgängig zu machen.

Insbesondere bestanden bis zur Einführung des Schadensersatzanspruchs in § 9 Abs. 2 Satz 1 UWG im Rahmen des europäischen „New Deal for Consumers“ auch keine individuellen Rechte des Verbrauchers bei Verstößen gegen das UWG. Solche individuellen Ansprüche wurden zudem abgelehnt, da andernfalls das hohe Schutzniveau, welches in den hohen Anforderungen des UWG an das Verhalten der Unternehmer im Wettbewerb besteht und gerade auch im Interesse der Verbraucher ist, im Ergebnis in Frage gestellt würde.

Eine Vertiefung des Verbraucherschutzes hat das UWG ebenfalls bereits durch die Umsetzung der UGP-Richtlinie erfahren. Die Annahme eines Folgenbeseitigungsanspruchs ist jedoch ebenfalls nicht durch eine richtlinienkonforme Auslegung geboten. Denn Ziel der Richtlinie sind lediglich Maßnahmen

---

186 Baldus/Siedler in BKR 2018, 412 (416).

187 BGH, Urteil vom 31. März 2021 – IV ZR 221/19 –, juris, Rn. 53.

zur weiteren Verbraucheraufklärung, die - in die Zukunft wirkend - eine weitere Beeinträchtigung der Verbraucher durch unlautere Geschäftspraktiken verhindern sollen und gerade nicht die bereits im Rahmen einer getroffenen geschäftlichen Entscheidung eingetretenen Beeinträchtigungen, wie etwa einen entstandenen Vermögensschaden, auszugleichen suchen.

Des Weiteren ist auch dem UKlaG, dessen Zweck es ist, den Rechtsverkehr von sachlich unangemessenen Klauseln freizuhalten, kein Folgenbeseitigungsanspruch bei der Verwendung unwirksamer AGB zu entnehmen. Die Regelung des § 1 UKlaG sieht in solchen Fällen lediglich einen Unterlassungs- und Widerrufsanspruch, nicht jedoch einen (Folgen-)Beseitigungsanspruch vor.

Die Anwendung der Ansprüche des UWG ist allerdings nicht durch die Eröffnung des Anwendungsbereichs des UKlaG versperrt. Das UKlaG steht insoweit nicht in Konkurrenz zum UWG. Beide Gesetze sind nebeneinander anwendbar.

D. Möglichkeiten der Anspruchsdurchsetzung und Einordnung in das System des kollektiven Rechtsschutzes

Nachdem die vorliegende Arbeit aufgezeigt hat, dass der Folgenbeseitigungsanspruch keine Grundlage im Lauterkeitsrecht findet, erfordert die Frage, ob insoweit tatsächlich ein Rechtsschutzdefizit besteht, im weiteren Verlauf die Betrachtung und Einordnung der übrigen in Betracht kommenden Möglichkeiten der Anspruchsdurchsetzung.

Neben der Möglichkeit des geschädigten Verbrauchers, seinen Anspruch im Wege einer Individualrechtsstreitigkeit oder eines Schlichtungsverfahrens durchzusetzen, erscheinen insbesondere die Instrumente des kollektiven Rechtsschutzes, bspw. der Musterfeststellungsklage, für den Verbraucher geeignet, sein Recht durchzusetzen und eine Erstattung der zu Unrecht gezahlten Entgelte zu erreichen. Ob diese Vorgehensweisen jedoch ebenfalls als Instrumente bei dem bereits erörterten und als Streuschäden bezeichneten Phänomen zum Einsatz kommen können, die dadurch gekennzeichnet sind, dass eine Vielzahl von Verbrauchern betroffen ist, der Schaden jedes Einzelnen jedoch recht gering ist, soll nachfolgend untersucht werden.

I. Individualrechtsschutz

Dem geschädigten Verbraucher steht es selbstredend frei, sich selbst, d.h. individuell, um die Durchsetzung seiner Rechte zu bemühen. Er kann den Verwender unzulässiger allgemeiner Geschäftsbedingungen - seinen Vertragspartner

- vor den Zivilgerichten auf Rückzahlung der bereits geleisteten Zahlung aus ungerechtfertigter Bereicherung verklagen. Sollte der Verwender noch keine Zahlung erhalten haben, diese jedoch fordern, stünde es dem geschädigten Verbraucher zu, im Wege einer negativen Feststellungsklage nach § 256 Abs. 1 ZPO auf Feststellung des Nichtbestehens eines Rechtsverhältnisses zu klagen. Der BGH bestätigte diesbezüglich zuletzt mit Urteil vom 22.07.2021, dass die negative Feststellungsklage zulässig ist, „wenn sich der Beklagte eines Anspruchs gegen den Kläger berühmt".[188]

Der Verbraucher erhält so entweder die Feststellung, dass er die vom Verwender geforderten Entgelte nicht schuldet, oder im Wege der Leistungsklage eine Erstattung der bereits gezahlten Entgelte. Voraussetzung für beide Ansprüche ist dabei naturgemäß die Unwirksamkeit der Klausel, die in beiden Fällen als Vorfrage des Bestehens bzw. Nichtbestehens des Anspruchs im Verfahren geprüft würde.

Es bleibt jedoch im Rahmen des Individualrechtsschutzes dabei, dass der Verbraucher selbst tätig werden müsste und das mit der Klageerhebung einhergehende Prozess(kosten)risiko allein zu tragen hätte. Hiervor dürfte der Verbraucher regelmäßig wegen der in Rede stehenden, häufig individuell geringen Beträge bei Gebühren und Entgelten zurückschrecken. Es bleibt dem einzelnen Verbraucher somit zwar der Weg der Individualklage, von der eine Vielzahl von Verbrauchern aufgrund rationalen Desinteresses jedoch zumeist keinen Gebrauch machen dürften. In der Folge verbleiben im Massengeschäft die zu Unrecht vereinnahmten Entgelte daher dem Verwender missbräuchlicher Klauseln.

II. Schlichtungsverfahren

Die Durchsetzung ihrer Ansprüche ermöglicht den Verbrauchern auch das Ombudsmannverfahren der privaten Banken des Bundesverband deutscher Banken e.V..[189] In diesem Schlichtungsverfahren können sich Verbraucher mit ihrer Beschwerde unmittelbar und kostenfrei, vgl. § 10

188 BGH, Urteil vom 22.7.2021 – VII ZR 113/20 –, juris.

189 Der Bundesverband deutscher Banken e.V. (Bankenverband) hat für die ihm angeschlossenen Banken ein Schlichtungsverfahren zur Beilegung von Streitigkeiten zwischen Banken und Verbrauchern geschaffen; Präambel der Verfahrensordnung des Ombudsmanns der privaten Banken, abrufbar unter: https://bankenombudsmann.de/geschaeftsstelle/verfahrensordnung/ .

Abs. 1 der Verfahrensordnung des Ombudsmanns der privaten Banken[190], an den Ombudsmann wenden. Dieser unterbreitet nach Durchführung des Verfahrens einen Schlichtungsvorschlag, vgl. § 6 Abs. 4 der Verfahrensordnung, welcher für die Bank bindend ist, wenn der Beschwerdewert des Schlichtungsantrags den Betrag von 10.000 Euro nicht übersteigt, vgl. § 6 Abs. 5 lit. a) der Verfahrensordnung.

Das Schlichtungsverfahren hat mithin eine deutlich niedrigere Hemmschwelle des Tätigwerdens für den Verbraucher als die Durchsetzung seiner Ansprüche auf dem Rechtsweg, erfordert aber immer noch - so im Unterschied zu einem Folgenbeseitigungsanspruch - das individuelle Tätigwerden des Verbrauchers. Es ist jedoch deutlich weniger aufwendig als ein Klageverfahren und setzt den beschwerdeführenden Verbraucher auch keinem (Prozess-)Kostenrisiko aus. Für Ansprüche unter 10.000 Euro - worunter das als Streuschäden dargestellte Phänomen fällt - ist der Schlichtungsvorschlag für Banken auch bindend.

Jedoch ist der Ombudsmann der privaten Banken, da der Bankenverband als privatwirtschaftlicher Verein organisiert ist, lediglich zuständig für Streitigkeiten zwischen Banken, die dem Schlichtungsverfahren beigetreten sind (Banken bzw. Bank), und Verbrauchern über sämtliche von der Bank angebotene Produkte und Dienstleistungen, vgl. § 3 Abs. 1 der Verfahrensordnung.[191] Gehört die betreffende Bank des Verbrauchers nicht dem Bundesverband deutscher Banken e.V. an oder ist dem Schlichtungsverfahren nicht beigetreten, kann sich der Verbraucher zur Durchsetzung seiner Ansprüche auch nicht des Ombudsmannverfahrens bedienen. Er ist sodann auf eines der vielen anderen außergerichtlichen Streitschlichtungssystemen im Bereich der Finanzwirtschaft angewiesen.[192] Für die genossenschaftlichen Banken und die Sparkassen bestehen insoweit eigene Schlichtungsstellen.[193] Ist keine der Schlichtungsstellen für den betroffenen Verbraucher zuständig, bleiben ihm

190 Die Verfahrensordnung des Ombudsmanns der privaten Banken ist abrufbar unter: https://bankenombudsmann.de/geschaeftsstelle/verfahrensordnung/ .

191 Eine Übersicht der am Schlichtungsverfahren teilnehmenden Banken ist abrufbar unter: https://bankenombudsmann.de/ombudsmannverfahren/teilnehmende-ban ken/ .

192 Ein Übersicht der weiteren Schlichtungsstellen ist abrufbar unter: https://banke nombudsmann.de/ombudsmannverfahren/verbraucherschlichtungsstellen/ .

193 Vgl. insoweit für die genossenschaftlichen Banken: https://www.bvr.de/Service/ Kundenbeschwerdestelle und für die Sparkassen: https://www.s-schlichtungsste lle.de/ .

noch die Verbraucherschlichtungsstellen bei der Deutschen Bundesbank und bei der BaFin. Beide sind als sog. Auffangschlichtungsstellen nach § 14 Abs. 1 S. 3 UKlaG zuständig, wenn es für die Streitigkeit keine zuständige anerkannte Verbraucherschlichtungsstelle gibt. Der durch diese Schlichtungsstellen ausgesprochene Schlichtungsvorschlag ist jedoch lediglich ein Vorschlag, vgl. § 9 Abs. 2 S. 1 Finanzschlichtungsstellenverordnung (FinSV), der von den Beteiligten des Schlichtungsverfahrens angenommen werden muss, vgl. § 9 Abs. 3 S. 1 FinSV. Die betroffenen Verbraucher wären so - für den Fall, dass der Schlichtungsspruch von dem beteiligten Institut nicht angenommen würde - wiederum auf die Durchsetzung ihrer Ansprüche auf dem Rechtsweg angewiesen.

III. Unechte Sammelklage

Die unechte Sammelklage zeichnet sich dadurch aus, dass der Kläger - dies kann bspw. eine natürliche Person oder ein Verband sein, oder auch eine gewerblich handelnde Gesellschaft - mehrere gleichlautende Ansprüche durch Abtretung auf seine Person versammelt. Er lässt sich so von einer Vielzahl Geschädigter deren Erstattungsansprüche abtreten und klagt diese sodann gesammelt im eigenen Namen ein. Im Obsiegensfalle kehrt er die erstrittenen Erstattungen sodann gegen eine Gebühr oder lediglich gegen einen Kostenbeitrag an die Geschädigten aus.

Der Nachteil dieses Vorgehens liegt auf der Hand: Es ist umständlich. Denn jeder einzelne Betroffene muss im Vorfeld des Prozesses seinen Anspruch individuell abtreten. Der Kläger muss sich demnach darum bemühen, zunächst jeden einzelnen Betroffenen zu erreichen und mit ihm individuell die Abtretung seiner Ansprüche vereinbaren. Dies ist ggf. noch denkbar bei einigen hundert Betroffenen, bei einigen tausend oder gar hunderttausend Betroffenen gestaltet sich dies jedoch bereits als organisatorische und logistische Herausforderung. Hinzu kommt, dass dem Kläger die Gesamtheit der Betroffenen nicht bekannt sein dürfte. Er ist somit in einem ersten Schritt darauf angewiesen herauszufinden, wer überhaupt einen Erstattungsanspruch haben könnte. Naturgemäß werden bei diesem Vorgehen nur einige, nicht annähernd jedoch alle Geschädigten erfasst. Auch obliegt es ihm, im Obsiegensfalle die erstrittenen Erstattungen an die Betroffenen auszukehren. Denn infolge der Geltendmachung der Ansprüche im eigenen Namen erfolgt auch die Leistung durch den Schuldner gesammelt an ihn.

Eine Rückzahlung eines bestimmten Betrages unmittelbar an eine Vielzahl von Bank- oder Versicherungskunden, wie es der Folgenbeseitigungsanspruch zu bewirken vermag, wird mit dem Vorgehen im Rahmen einer unechten Sammelklage nicht erreicht.

IV. Verhältnis zur allgemeinen Musterfeststellungsklage

Dem Zivilprozessrecht ist im Jahr 2018 in den §§ 606 ff. das Instrument des Musterfeststellungsverfahrens neu hinzugefügt worden.[194] Gemäß § 606 Abs. 1 ZPO können mit der Musterfeststellungsklage qualifizierte Einrichtungen die Feststellung des Vorliegens oder Nichtvorliegens von tatsächlichen und rechtlichen Voraussetzungen für das Bestehen oder Nichtbestehen von Ansprüchen oder Rechtsverhältnissen (Feststellungsziele) zwischen Verbrauchern und einem Unternehmer begehren.

Im Weiteren wurden in § 606 Abs. 1 S. 2 ZPO freilich recht hohe Voraussetzungen aufgestellt, welche die qualifizierten Einrichtungen erfüllen müssen, um zur Anstrengung einer Musterfeststellungsklage berechtigt zu sein. Der Gesetzgeber wollte hierbei sicherstellen, „dass sich Einrichtungen {nicht} aus verbraucherschutzfremden Motiven gründen, nur um für einen bestimmten Einzelfall kurzfristig die Klagebefugnis zu erlangen {… und} dass der Verband nicht vorwiegend Musterfeststellungsklagen erhebt, sondern vielmehr im Einklang mit seiner Satzung im Verbraucherinteresse nicht gewerbsmäßig und weit überwiegend aufklärend und/oder beratend tätig wird. {…} Ferner soll gewährleistet sein, dass der Verband eine Musterfeststellungsklage nicht zum Zwecke der Gewinnerzielung erhebt {…}. Durch dieses zusätzliche Erfordernis soll eine kommerzielle Klageindustrie oder missbräuchliche Klageerhebung zur Gewinnerzielung verhindert werden“[195].

In Abgrenzung zum Folgenbeseitigungsanspruch ist hervorzuheben, dass mit der Musterfeststellungsklage gerade keine unmittelbare Leistung, bspw. in Form einer Rückzahlung zu Unrecht erhobener Entgelte, an die klagende qualifizierte Einrichtung oder die betroffenen Verbraucher verlangt werden kann. Das „Ziel der Musterfeststellungsklage ist es, ein Feststellungsziel oder mehrere Feststellungsziele einheitlich mit Breitenwirkung feststellen zu lassen“[196]. Sie weist somit eine Nähe zur Feststellungsklage nach § 256 ZPO auf, geht jedoch insoweit darüber hinaus, als „dabei auch einzelne Elemente oder Vorfragen eines Rechtsverhältnisses oder einer Anspruchsgrundlage festgestellt werden

194 Gesetz zur Einführung einer zivilprozessualen Musterfeststellungsklage vom 12. Juli 2018: BGBl. 2018 Teil I Nr. 26, S. 1151.

195 BT-Drucks. 19/2439, S. 23.

196 BT-Drucks. 19/2439, S. 22.

{können}. Des Weiteren können reine Rechtsfragen mit Bedeutung für eine Vielzahl von betroffenen Rechtsverhältnissen geklärt werden. "[197]

Zur Einordnung des Musterfeststellungsverfahrens vor dem Hintergrund eines Folgenbeseitigungsanspruchs und der Frage nach einem möglichen Rechtsschutzdefizits ist jedoch die in der Gesetzesbegründung[198] getroffene Zielsetzung von besonderem Interesse. Der Gesetzgeber wollte mit Einführung des Musterfeststellungsverfahrens in „verbraucherrechtlichen Angelegenheiten allgemein"[199] das Problem des rationalen Desinteresses angehen[200]. Der Gesetzgeber hatte bei der Schaffung des Gesetzes gerade das durch das „standardisierte Massengeschäfte geprägte{...} Wirtschaftsleben" im Blick, welches „eine Vielzahl gleichartig geschädigter Verbraucherinnen und Verbraucher" zur Folge haben kann, für die jedoch „der erlittene Nachteil im Einzelfall gering ist" und so „Schadensersatz- oder Erstattungsansprüche oft nicht individuell verfolgt {werden}, da der erforderliche Aufwand aus Sicht des Geschädigten unverhältnismäßig erscheint".[201]

Bereits bei Einführung der Musterfeststellungsklage wurde kritisiert, dass der Gesetzgeber mit demselben Instrument die zuvor erwähnte Problematik der Streuschäden, als auch der Massenschäden - wie etwa im Dieselskandal - angehen wollte.[202] Zudem wurde bezweifelt, dass eine durch einen Verband erreichte Feststellung ausreichen würde, das rationale Desinteresse zu überwinden und die Musterfeststellungsklage keine „effektive Liquidation von Streuschäden" bewirken werde.[203]

V. Einziehungsklage nach § 79 Abs. 2 Nr. 3 ZPO

Die Einziehungsklage nach § 79 Abs. 2 Nr. 3 ZPO ermöglicht Verbraucherzentralen und -verbänden die Einziehung von Forderungen von Verbrauchern im Rahmen ihres Aufgabenbereichs. Die nach Abs. 2 Nr. 3 prozessvertretungsbefugten Verbraucherzentralen und -verbände lassen sich hierbei die Forderungen der Verbraucher abtreten oder eine entsprechende Einzugsermächtigung erteilen. Sodann sind sie zur Geltendmachung der Forderungen im Wege der

197 BT-Drucks. 19/2439, S. 22.
198 BT-Drucks. 19/2439, S. 1 ff..
199 BT-Drucks. 19/2439, S. 16.
200 BT-Drucks. 19/2439, S. 1 und S. 14.
201 BT-Drucks. 19/2439, S. 1 und S. 14.
202 Vgl. Waclawik in NJW 2018, 2921 (2921).
203 Balke/Liebscher/Steinbrück in ZIP 2018, 1321(1325).

Einziehungsklage ermächtigt. Im Unterschied zu der zuvor thematisierten unechten Sammelklage führt ein Obsiegen im Verfahren nach § 79 Abs. 2 Nr. 3 ZPO zu einer Auskehr der ausgeurteilten Forderungen an die betroffenen Verbraucher selbst. Dem klagenden Verband verbleibt letztlich das Kostenrisiko - nicht jedoch den Verbrauchern.

Der größte Nachteil eines solchen Vorliegens - zumindest aus Sicht der Befürwortung eines umfassenden Verbraucherschutzes und einer niedrigschwelligen Rückzahlungsmöglichkeit zu Unrecht entrichteter Entgelte - liegt, wie im Fall der unechten Sammelklage, in dem Aufwand, der im Vorfeld des Prozesses bei der Zusammentragung der Forderungen von den Anspruchsinhabern entsteht. Auch hier muss jeder einzelne Betroffene im Vorfeld des Prozesses seinen Anspruch individuell abtreten, resp. zur Geltendmachung der Forderung im Wege der Einziehungsklage ermächtigen. Die Einziehungsklage stellt sich daher als ein „schwerfälliges, wenig schlagkräftiges Instrument zur kollektiven Geltendmachung von Streu- und Bagatellschäden dar“[204]. Zudem droht mit der Möglichkeit einer Prozesstrennung nach § 145 Abs. 1 ZPO ein erhebliches Kostenrisiko.

VI. Rechtsschutzdefizit

Die vorangegangene Betrachtung hat gezeigt, dass bereits eine Vielzahl an Möglichkeiten zur Anspruchsdurchsetzung bei den sog. Streuschäden bestehen, jede einzelne dieser Möglichkeiten jedoch gewisse Nachteile gegenüber dem diskutierten Folgenbeseitigungsanspruch hat.

Der Verbraucher wird vor einem selbstständigen Tätigwerden regelmäßig wegen des hohen Aufwands und des Prozesskostenrisikos zurückschrecken (= rationales Desinteresse). Das Schlichtungsverfahren bietet insoweit Abhilfe, stellt aber nicht in jedem Fall einen verbindlichen und damit durchsetzbaren Anspruch sicher. Mittels einer unechten Sammelklage oder einer Einziehungsklage wäre zwar eine gesammelte Durchsetzung vieler Ansprüche möglich, wegen der zuvor notwendigen Abtretung sämtlicher geltend zu machender Ansprüche ist dieses Vorgehen jedoch mit einem erhöhten Aufwand verbunden, was es in der Praxis zu einem untauglichen Instrument bei der Durchsetzung von Streuschäden macht. Die zuletzt eingeführte allgemeine Musterfeststellungsklage bietet gerade nicht die Möglichkeit, eine unmittelbare Leistung, bspw. in Form einer Rückzahlung zu Unrecht erhobener Entgelte an die klagende qualifizierte Einrichtung oder die betroffenen Verbraucher zu

204 Gsell/Rübbeck in ZfPW 2018, 409 (412).

verlangen, sondern lediglich „ein Feststellungsziel oder mehrere Feststellungsziele einheitlich mit Breitenwirkung feststellen zu lassen“[205].

Alle übrigen Instrumente des kollektiven Rechtsschutzes lösen somit das bei Streuschäden auftretende Problem des rationalen Desinteresses nicht - zumindest nicht in der weitgehenden Form, wie die Vertreter des Folgenbeseitigungsanspruchs es sich wünschen.

Daher stellt sich die Frage, ob trotz all der Vielzahl an bestehenden Möglichkeiten der Anspruchsdurchsetzung wegen der zuvor beschriebenen Nachteile in der Praxis dennoch ein Rechtsschutzdefizit besteht.

Insoweit werden jedoch eher allgemeine und eher rechtspolitische Argumente vorgebracht. So wird vertreten, dass sich wegen der „geringe{n} Wahrscheinlichkeit der gerichtlichen Geltendmachung“ der Rechtsbruch lohne, weswegen „ein überindividuelles Interesse an der Sanktionierung und Prävention des Rechtsbruchs“ bestünde.[206] Als Indiz für ein bestehendes Rechtsschutzdefizit soll auch „die relativ geringe Anzahl von Gerichtsentscheidungen“ gelten.[207] Auch sei es aufgrund der „stark eingeschränkte{n} und schwerfällige{n} Möglichkeiten für Verbraucherverbände“[208] von Bedeutung und um „das Missverhältnis zwischen Unrecht und Durchsetzung des Rechts zu minimieren, geboten“[209] einen weitergehenden Anspruch, namentlich den Folgenbeseitigungsanspruch, zu begründen.

Vor dem Hintergrund der Frage eines Rechtsschutzdefizits ist auch ein Blick in § 32 Abs. 2a GWB von Interesse, welcher der Kartellbehörde die Möglichkeit eröffnet, eine Rückerstattung der aus dem kartellrechtswidrigen Verhalten erwirtschafteten Vorteile anzuordnen. Die erst im Juni 2013 eingefügte Regelung[210] zeigt, „dass der Gesetzgeber eine solche Regelung treffen kann, wenn er meint, dass diese zur effektiven Rechtsdurchsetzung erforderlich ist“[211]. Für eine Analogie fehle es aber an einer gesetzlichen Regelungslücke, denn der Gesetzgeber könnte, ginge er insoweit von einem Rechtsschutzdefizit aus, eine entsprechende Regelung treffen.[212] Zudem werde mittels eines

205 BT-Drucks. 19/2439, S. 22.

206 Meller-Hannich in NJW-Beilage 2018, 29 (30).

207 Henning-Bodewig in WRP 2019, 537 (541).

208 Gsell/Rübbeck, ZfPW 2018, 409 (414).

209 Singbartl/Zintl in VuR 2016, 14 (18).

210 § 32 Abs. 2a wurde eingeführt durch die Neufassung des Gesetzes gegen Wettbewerbsbeschränkungen vom 26. Juni 2013, siehe BGBl. Jahrgang 2013 Teil I Nr. 3 vom 29. Juni 2013, Seite 1759.

211 Bunte in ZIP 2016, 956 (960).

212 Bunte in ZIP 2016, 956 (960).

Folgenbeseitigungsanspruchs auch die Selbstverantwortung der Geschädigten geschwächt.[213]

Den Vertretern eines auf § 8 Abs. 1 UWG gestützten Folgenbeseitigungsanspruchs ist insoweit zuzustimmen, als dass bei der Rückforderung von Streuschäden weiterhin ein Problem bei der Anspruchsdurchsetzung besteht. Denn die übrigen Möglichkeiten der Rechtsdurchsetzung taugen nur bedingt und das grundsätzliche Problem bleibt ungelöst, womit die erzielten „Unrechtsgewinne" häufig bei den Verursachern verbleiben. Dabei wird jedoch übersehen, dass der Anwendung eines Folgenbeseitigungsanspruchs eine bewusste und recht deutliche Entscheidung des Gesetzgebers entgegensteht.[214] Der Gesetzgeber hat sich zuletzt mit der Einführung der zivilprozessualen Musterfeststellungsklage ausdrücklich mit dem Problem der Streuschäden und einer diesbezüglichen Lösung befasst.

Im Rahmen der Problemanalyse und Zielsetzung des Gesetzgebungsverfahrens zur Musterfeststellungsklage stellte der Gesetzgeber fest, dass „wenn der erlittene Nachteil im Einzelfall gering ist, {...} Schadensersatz- oder Erstattungsansprüche oft nicht individuell verfolgt {werden}, da der erforderliche Aufwand aus Sicht des Geschädigten unverhältnismäßig erscheint („rationales Desinteresse")"[215]. Zudem verbliebe „der unrechtmäßig erlangte Gewinn bei dem Anbieter, der hierdurch einen Wettbewerbsvorteil gegenüber rechtstreuen Wettbewerbern erzielt"[216].

Dem sollte mit Einführung der Musterfeststellungsklage entgegen getreten werden. Mit der Musterfestellungklage sollten „die betroffenen Verbraucherinnen und Verbraucher {...} die Möglichkeit erhalten, ihre Ansprüche gegen die beklagte Partei mit verjährungshemmender Wirkung und ohne Anwaltszwang zu einem Klageregister anzumelden"[217]. Durch die Bindungswirkung des Urteils soll zudem „die Wahrscheinlichkeit einer einvernehmlichen Regelung aufgrund einer erfolgreichen Musterentscheidung {steigen}, insbesondere als Grundlage für Einigungen der Parteien im Rahmen der außergerichtlichen Streitschlichtung"[218].

Der Gesetzgeber entschied sich somit im vollen Bewusstsein der bestehenden Problematik für die Einführung der Musterfeststellungsklage als Lösung eben

213 Bunte in ZIP 2016, 956 (960).
214 Vgl. auch Kruis in ZIP 2019, 393 (402).
215 BT-Drucks. 19/2439, S. 1.
216 BT-Drucks. 19/2439, S. 1.
217 BT-Drucks. 19/2439, S. 1 f..
218 BT-Drucks. 19/2439, S. 2.

jenes Problems und stellte hierbei zudem heraus, dass „die effektive Rechtsdurchsetzung {...} wirksame Instrumente des zivilprozessualen Rechtsschutzes {erfordert}, die so ausgestaltet sind, dass sie von Verbraucherinnen und Verbrauchern auch tatsächlich in Anspruch genommen werden"[219]. Erforderlich sei „die Stärkung zivilprozessualer Möglichkeiten des Rechtsschutzes, um die Durchsetzung bestehender Ansprüche und Rechtsverhältnisse für Bürgerinnen und Bürger zu vereinfachen"[220].

Zudem hob der Gesetzgeber zur Notwendigkeit der Einführung der Musterfeststellungsklage hervor, dass „die zur Überwindung des rationalen Desinteresses notwendige Bündelung der Rechtsverfolgung in Verbraucherstreitverfahren mit Breitenwirkung {...} nach der bisherigen Rechtslage noch nicht ausreichend möglich {ist und} die beabsichtigte Musterfeststellungsklage {...} damit die bereits etablierten Verfahren außergerichtlicher Streitbeilegung um den Aspekt prozessualer Durchsetzung {ergänzt}, ohne die etablierten Verfahren zu beschränken oder zu verdrängen"[221]. Zudem seien „die bestehenden zivilprozessualen Möglichkeiten der Bündelung von Ansprüchen sowie des kollektiven Rechtsschutzes bislang nicht ausreichen{d}, um die gerichtliche Rechtsverfolgung der Ansprüche einer Vielzahl gleichartig geschädigter Verbraucherinnen und Verbraucher wirksam auszugestalten"[222].

VII. Zusammenfassung

Die vorangegangene Betrachtung hat gezeigt, dass für den geschädigten Verbraucher eine Vielzahl an Möglichkeiten zur Rechtsdurchsetzung bestehen. Diese haben - unstreitig - Nachteile gegenüber dem diskutierten Folgenbeseitigungsanspruch, denn sie sind in der Durchsetzung des Anspruchs aufwendiger oder weniger weitgehend als der Folgenbeseitigungsanspruch. Die übrigen Instrumente des kollektiven Rechtsschutzes lösen das bei Streuschäden auftretende Problem des rationalen Desinteresses nicht - zumindest nicht in der weitgehenden Form, wie die Vertreter des Folgenbeseitigungsanspruchs es sich wünschen. Vom Vorhandensein eines echten Rechtsschutzdefizit kann dennoch nicht gesprochen werden. Denn die übrigen Instrumente mögen in ihrer Effektivität begrenzt sein und somit die Möglichkeit zur Rechtsdurchsetzung nicht so weitgehend erleichtern, wie es mitunter gewünscht wird, aber weder erschweren sie die Rechtsverfolgung, noch ist diese ausgeschlossen. Die

219 BT-Drucks. 19/2439, S. 14.
220 BT-Drucks. 19/2439, S. 14.
221 BT-Drucks. 19/2439, S. 14.
222 BT-Drucks. 19/2439, S. 15.

vorhandenen Durchsetzungsdefizite begründen daher nicht zwangsläufig ein Rechtsschutzdefizit.

Zudem hat der Gesetzgeber spätestens mit Einführung der Musterfeststellungsklage das Problem der Streuschäden und der Überwindung des rationalen Desinteresses ausdrücklich adressiert und mit der Musterfeststellungsklage eine aus seiner Sicht praktikable Lösung hierfür geschaffen.[223] Hierbei dürfte in die Bewertung ebenfalls eingeflossen sein, dem Verbraucher weiterhin die Hoheit über die Entscheidung zu belassen, ob er den Anspruch überhaupt verfolgen möchte und ihn nicht unnötig in seiner Privatautonomie einzuschränken und zu bevormunden.[224] So stellt der Gesetzentwurf heraus, dass durch die Musterfeststellungsklage „der Anspruch des angemeldeten Verbrauchers auf rechtliches Gehör {...} nicht verletzt {wird}, weil er selbst entscheidet, ob er sich an der Musterfeststellungsklage beteiligen möchte und hierdurch seine prozessualen Möglichkeiten der Rechtsverfolgung erweitert werden. Es steht jedem angemeldeten Verbraucher weiterhin frei, seine Ansprüche oder Rechtsverhältnisse selbst gerichtlich geltend zu machen.“[225]

Die Durchsetzungsdefizite bei den vorhandenen Möglichkeiten des kollektiven Rechtsschutzes sind daher auch durch die Privatautonomie des geschädigten Verbrauchers bedingt und stellen kein Rechtsschutzdefizit dar.

E. Zwischenergebnis

Der als Lösung des Problems der Streuschäden und des rationalen Desinteresses von Verbrauchern in Literatur und Rechtsprechung diskutierte Folgenbeseitigungsanspruch findet seine Grundlage nicht im Gesetz. Er wird zumeist auf § 8 Abs. 1 UWG gestützt, wobei der in § 8 Abs. 1 UWG kodifizierte

---

223 Vgl. hierzu auch OLG Rostock, Urteil vom 15. November 2023 – 2 U 15/21 –, juris, Rn. 73: Das „Argument der Effektivität des Rechtsschutzes {wurde} vom Gesetzgeber durchaus gesehen, dies aber gerade zugunsten der ‚staatlichen Gewinnabschöpfung‘ entschieden“.

224 Vgl. hierzu auch OLG Rostock, Urteil vom 15. November 2023 – 2 U 15/21 –, juris, Rn. 73: „Die Effektivität des Rechtsschutzes {...} kann aber nicht dazu führen, dass nunmehr über den Beseitigungsanspruch in § 8 Abs. 1 S. 1 UWG die Möglichkeit eröffnet wird, unter Umgehung der im Grundsatz allein den Verbrauchern zustehenden individuellen Rückerstattungsansprüche nach dem BGB, durch den Verbraucherverband bestimmenden Einfluss auf die individuelle Vertragssituation zwischen Verbraucher und Unternehmer zu nehmen und eine vertragliche Rückabwicklung herbeizuführen.“.

225 BT-Drucks. 19/2439, S. 17.

Beseitigungsanspruch eine fortbestehende Störungsquelle beseitigen soll und somit auf die Sicherung der Zukunft gerichtet ist, nicht auf die Bewältigung der Vergangenheit, wie der Folgenbeseitigungsanspruch, der den Ausgleich des durch die Störung entstandenen Schadens bezweckt. Der Folgenbeseitigungsanspruch ist demnach vom Beseitigungsanspruch des UWG zu trennen.

Der Folgenbeseitigungsanspruch unterscheidet sich auch zu den übrigen Ansprüchen des UWG und vermischt bzw. vereint - aus Sicht des Berechtigten bzw. Geschädigten - die Vorzüge aller Ansprüche des UWG auf sich. Da eine unmittelbare Zahlung an den geschädigten Verbraucher in keinem der Ansprüche vorgesehen ist, geht der Folgenbeseitigungsanspruch in der Rechtsfolge sogar noch über die Ansprüche des UWG hinaus.

Zudem ist der Folgenbeseitigungsanspruch dem Gedanken des Lauterkeitsrechts fremd. Denn der Schutzzweck des Lauterkeitsrechts ist es, zu verhindern, dass geschäftliche Entscheidungen von Verbrauchern unlauter beeinflusst werden, nicht die wirtschaftlichen Folgen rückgängig zu machen und die zu Unrecht erlangten Gewinne an die betroffenen Verbraucher rückabzuwickeln - mit Ausnahme des mit Wirkung zum 28. Mai 2022 in § 9 Abs. 2 Satz 1 UWG eingeführten Verbraucher-Schadensersatzanspruchs.

Schließlich bestehen mit der Möglichkeit der individuellen Rechtsverfolgung, Schlichtungsverfahren, der Einziehungsklage und der neu eingeführten allgemeinen Musterfeststellungsklage bereits Möglichkeiten der Rechtsverfolgung. Dass diese das Problem der Streuschäden und des rationalen Desinteresses nicht vollends lösen, und die Möglichkeit zur Rechtsdurchsetzung erschwert bleibt, begründet lediglich ein Durchsetzungsdefizit, nicht jedoch ein Rechtsschutzdefizit. Denn die Rechtsdurchsetzung ist mitunter weniger effektiv, nicht jedoch ausgeschlossen.

Zuletzt ist festzuhalten, dass sich der Gesetzgeber bei Schaffung der allgemeinen Musterfeststellungsklage auch aus Gründen der Privatautonomie bewusst gegen eine weitergehende, auf unmittelbaren Ausgleich der wirtschaftlichen Folgen gerichtete Lösung entschieden hat. Er wollte durch die Musterfeststellungsklage den „Ausgleich individueller Ansprüche erheblich vereinfach{en}".[226] Die weitergehende Anspruchsverfolgung in Form einer Leistungsklage soll jedoch weiterhin dem betroffenen Verbraucher vorbehalten sein. Der Verbraucher behält insoweit die Hoheit über seine Forderung. Er kann sich an der Musterfeststellungsklage beteiligen oder entscheiden, seinen Anspruch unmittelbar individuell durchsetzen.

226 BT-Drucks. 19/2439, S. 17.

2. Kapitel: Der Folgenbeseitigungsanspruch als Produkt der richterlichen Rechtsfortbildung

A. Folgenbeseitigungsanspruch als richterliche Rechtsfortbildung

Bei dem Folgenbeseitigungsanspruch handelt es sich wie zuvor gezeigt nicht um einen gesetzlich kodifizierten Anspruch. Er findet seine Grundlage nicht im Gesetz, wird jedoch zumeist auf § 8 Abs. 1 UWG gestützt. Nachfolgend soll im weiteren Verlauf der Untersuchung daher betrachtet werden, inwieweit es sich bei dem Folgenbeseitigungsanspruch um ein Produkt der richterlichen Rechtsfortbildung auf der Grundlage der gesetzlich normierten Ansprüche handelt.

Dabei sind die Voraussetzungen für eine solche Rechtsfortbildung aufzuzeigen und zu evaluieren, ob diese im konkreten Fall vorliegen. Zudem soll ebenfalls eine Betrachtung der diesbezüglich vorgebrachten Argumente und Gegenargumente erfolgen.

I. Voraussetzungen für richterliche Rechtsfortbildung

Bereits die grundsätzliche Zulässigkeit richterlicher Rechtsfortbildung ist umstritten.[227] Die herrschende Meinung[228] sieht jedoch „die Pflicht der rechtsprechenden Gewalt zur Gewährung von Individualrechtsschutz {...} untrennbar mit ihrer Aufgabe und Befugnis zur Rechtsfortbildung verbunden."[229] Die Verfassungsmäßigkeit der Rechtsfortbildung ergebe sich aus Art. 20 Abs. 2 Satz 2 GG, Art. 92 Halbs. 1 GG.[230] Das Bundesverfassungsgericht zählt in ständiger Rechtsprechung[231] „angesichts des beschleunigten Wandels der

---

227 Vgl. zum Meinungsstand und als Vertreter der „eine Befugnis des Richters zur Gesetzesfortbildung" verneinenden Ansicht: Dürig/Herzog/Scholz/Hillgruber GG Art. 97 Rn. 65.

228 BVerfG, Beschl. v. 31.10.2016 – 1 BvR 871/13 und 1 BvR 1833/13 - in NVwZ 2017, 617 f.; Dürig/Herzog/Scholz/Jachmann-Michel GG Art. 95 Rn. 13 m.w.N., dort Fn. 1.

229 Dürig/Herzog/Scholz/Jachmann-Michel GG Art. 95 Rn. 13.

230 Dürig/Herzog/Scholz/Jachmann-Michel GG Art. 95 Rn. 13.

231 Vgl. BVerfG, Beschl. v. 31.10.2016 – 1 BvR 871/13 und 1 BvR 1833/13 - in NVwZ 2017, 617 (617) m.w.N.: BVerfGE 49, 304 (318); BVerfGE 82, 6 (12); BVerfGE 96, 375 (394); BVerfGE 122, 248 (267); BVerfGE 128, 193 (210).

gesellschaftlichen Verhältnisse und der begrenzten Reaktionsmöglichkeiten des Gesetzgebers sowie der offenen Formulierung zahlreicher Normen {…} die Anpassung des geltenden Rechts an veränderte Verhältnisse zu den Aufgaben der Dritten Gewalt“[232]. Die Rechtsfortbildung folgt der Auslegung des Gesetzes, welche anhand der traditionellen Auslegungsmethoden erfolgt.[233] Führt dies nicht zu einem abschließenden Ergebnis, ist „die so identifizierte Regelungslücke – ihre Planwidrigkeit vorausgesetzt – angesichts des Rechtsverweigerungsverbots zwangsläufig zu schließen“.[234] Insoweit ist als Voraussetzung für die richterliche Rechtsfortbildung das Bestehen einer Regelungslücke und deren Planwidrigkeit maßgeblich.

Zudem hat die sodann anzustellende Rechtsfortbildung im Rahmen der “gesetzgeberischen Grundentscheidung”[235] zu erfolgen. Inwieweit die richterliche Rechtsfortbildung contra legem erfolgen kann, also in „bewusste{r} Abweichung von der Regelungsabsicht des Gesetzgebers“[236], ist umstritten.[237] In jedem Fall unterliegt eine solche „gesetzesübersteigende Rechtsfortbildung“ engen Grenzen und „ist den Gerichten {…} allenfalls dann gestattet, wenn infolge dauernden Versagens des Gesetzgebers ein echter Rechtsnotstand entstanden ist“.[238]

II. Bestehende gesetzliche Regelungen

Bezüglich des Folgenbeseitigungsanspruchs ist bereits fraglich, ob vorliegend überhaupt eine Regelungslücke besteht, noch dazu deren Planwidrigkeit. Die Untersuchung hat im ersten Kapitel im Rahmen der Abgrenzung des Folgenbeseitigungsanspruchs zu den übrigen Ansprüchen des UWG und in der Betrachtung der übrigen Möglichkeiten der Anspruchsdurchsetzung und der Einordnung in das System des kollektiven Rechtsschutzes aufgezeigt, dass

---

232 BVerfG, Beschl. v. 31.10.2016 – 1 BvR 871/13 und 1 BvR 1833/13 - in NVwZ 2017, 617 (617) m.w.N..

233 Dürig/Herzog/Scholz/Jachmann-Michel GG Art. 95 Rn. 14.

234 Dürig/Herzog/Scholz/Jachmann-Michel GG Art. 95 Rn. 14.

235 Dürig/Herzog/Scholz/Jachmann-Michel GG Art. 95 Rn. 14.

236 Dürig/Herzog/Scholz/Jachmann-Michel GG Art. 95 Rn. 16.

237 Dürig/Herzog/Scholz/Jachmann-Michel GG Art. 95 Rn. 14 m.w.N., dort Fn. 1.; Vgl. auch Dürig/Herzog/Scholz/Hillgruber GG Art. 97 Rn. 73, der Rechtsfortbildung contra legem unter Verweis auf die Rechtsprechung des BVerfG als verfassungswidrig erachtet und auch analoge Anwendungen vom Gesetzgeber für den Einzelfall erdachten Normen als Rechtsfortbildung contra legem bezeichnet, aaO.

238 Larenz in Methodenlehre der Rechtswissenschaft, S. 427.

durchaus bereits Instrumente der Anspruchsdurchsetzung bestehen und auch das Problem der Streuschäden durch den Gesetzgeber bereits Berücksichtigung gefunden hat.

Die nachfolgende Darstellung soll sich daher auf eine Auseinandersetzung mit der Frage beschränken, ob trotz grundsätzlicher Möglichkeit der Rechtsdurchsetzung und Nichtvorliegens eines Rechtsschutzdefizits (vgl. oben), dennoch eine Regelungslücke besteht.

1. Regelungen im UWG

Mit der Möglichkeit zur Gewinnabschöpfung, § 10 GWG, wollte der Gesetzgeber - wie zuvor bereits gezeigt, vgl. oben. Kapitel 1, B, IV - die wettbewerbsrechtlichen Durchsetzungsdefizite bei Streuschäden, eine „Fallkonstellation, in der durch wettbewerbswidriges Verhalten eine Vielzahl von Abnehmern geschädigt wird, die Schadenshöhe im Einzelnen jedoch gering ist"[239], und die nach Meinung des Gesetzgebers bis zur Einführung der Regelung bestehende Rechtsdurchsetzungslücke im Rahmen von Bagatellschäden beheben.[240] Dass die Herausgabe im Rahmen des § 10 UWG nur den Gewinn betrifft, von den vereinnahmten Geldern also die aufgewendeten Leistungen abgezogen werden können, die Zahlung nur an den Bundeshaushalt verlangt werden kann, eine Zahlung nicht jedoch an die Geschädigten selbst erfolgt, und die unzulässige geschäftliche Handlung vorsätzlich bzw. grob fahrlässig erfolgt sein muss, kann hierbei nicht als Regelungslücke angesehen werden, noch dazu als planwidrige, sondern als klarer gesetzgeberischer Wille zur Regelung der Durchsetzung von Streuschäden.[241]

Zudem stünde ein auf § 8 Abs. 1 UWG gestützter Folgenbeseitigungsanspruch, der gem. der tatbestandlichen Ausgestaltung des § 8 Abs. 1 UWG lediglich objektive Rechtswidrigkeit voraussetzt, „im Widerspruch zur Wertung des Gesetzgebers in § 10 UWG, dass nur vorsätzlich begangene Verstöße erfasst werden sollen"[242]. Eine weitergehende Auseinandersetzung mit

239 BT-Drucks. 15/1487, S. 23.

240 BT-Drucks. 15/1487, S. 23.

241 Vgl. insoweit auch Kruis in ZIP 2019, 393 (398), der die Gewinnabschöpfung nach § 10 Abs. 1 UWG als lex specialis ansieht und argumentiert, dass der Wille des Gesetzgebers, der in den besonderen Voraussetzungen von § 10 Abs. 1 UWG zum Ausdruck komme, „nicht durch die Annahme eines auf die Rückabwicklung von Zahlungen gerichteten Beseitigungsanspruch umgangen werden dürfen, durch den der betroffene Unternehmer im Einzelfall sogar noch stärker belastet werden kann als durch eine Inanspruchnahme nach § 10 Abs. 1 UWG".

242 Köhler in WRP 2019, 269 (275).

den tatbestandlichen Voraussetzungen des Folgenbeseitigungsanspruchs soll jedoch im weiteren Verlauf der Untersuchung erfolgen.

Gegen das Vorliegen einer Regelungslücke spricht zudem auch das Spannungsverhältnis, welches sich aus einem Nebeneinander von individueller Anspruchsverfolgung und einem auf § 8 Abs. 1 UWG gestützten Rückzahlungsanspruch ergäbe. Im Falle einer Gewinnabschöpfung nach § 10 Abs. 1 UWG legt dessen Abs. 2 fest, dass Zahlungen, die an den Geschädigten gezahlt worden sind, auf den abzuführenden Gewinn anzurechnen sind, oder sofern diese später erfolgt sind, entsprechend zu erstatten sind.

Bei einem auf § 8 Abs. 1 UWG gestützten Folgenbeseitigungsanspruch fehlt eine solche Regelung. Insbesondere fehlt auch eine Regelung dahingehend, wie prozessual bei gleichzeitiger Individualklage und einem auf § 8 Abs. 1 UWG gestützten Folgenbeseitigungsanspruch zu verfahren wäre. Denn mangels Identität der Parteien scheidet die Regelung bzgl. entgegenstehender Rechtshängigkeit i. S. v. § 261 Abs. 3 Nr. 1 ZPO aus.[243] Ungelöst ist auch das Vorgehen bzgl. entgegenstehender Rechtskraft nach § 325 Abs. 1 ZPO bei nacheinander durchgeführten Verfahren.[244] Gewinnt der beklagte Unternehmer gegen den im Wege der Individualklage erhobenen Anspruch, müsste er sich dennoch gegen den später erhobenen und auf § 8 Abs. 1 UWG gestützten Folgenbeseitigungsanspruch verteidigen, obwohl in beiden Fällen dieselbe Leistung, nämlich Zahlung unmittelbar an den Geschädigten verlangt würde. Auch im umgekehrten Fall - zunächst also ein Obsiegen gegen den auf § 8 Abs. 1 UWG gestützten Folgenbeseitigungsanspruch - sähe sich der Unternehmer anschließend mit der Individualklage konfrontiert. Eine Begründung entgegenstehender Rechtskraft mit den in § 325 Abs. 1 ZPO genannten Ausnahmen oder mit einer analogen Anwendung von § 407 Abs. 2 BGB scheidet aus, da „durch § 8 Abs. 1 Satz 1 UWG originär begründet wird, sich also nicht aus den Ansprüchen der einzelnen Kunden ableitet".[245] Dieses Ergebnis ist zudem allein deswegen schon zwingend, da andernfalls der Anspruch des Verbrauchers auf rechtliches Gehör

---

243 Kruis in ZIP 2019, 393 (401).

244 Siehe hierzu vertiefend auch Scherer in VuR 2019, 243 (245).

245 Kruis in ZIP 2019, 393 (401): „Vor dem Hintergrund, dass der Gesetzgeber für das wesentlich unproblematischere Zusammentreffen von Individualprozess und Unterlassungsklage in § 11 UKlaG eine eigene Regelung vorgesehen hat, vergleichbare gesetzliche Regeln für die hier untersuchte Konstellation dagegen völlig fehlen, kann nicht angenommen werden, dass die Einbeziehung von Rückzahlungsansprüchen in § 8 Abs. 1 Satz 1 UWG Vorstellung und Willen des Gesetzgebers entspricht."

verletzt würde. Denn anders als bei der Musterfeststellungsklage trifft bei dem auf § 8 Abs. 1 UWG gestützten Folgenbeseitigungsanspruch der Verbraucher in Ermangelung eines Erfordernisses zur Anmeldung der Forderung keine Entscheidung darüber, ob er seinen Anspruch überhaupt in dieser Form verfolgt wissen möchte. Diesem Umstand hat der Gesetzgeber bei Einführung der allgemeinen Musterfeststellungsklage daher ausdrücklich Rechnung getragen und festgestellt, dass durch die Schaffung der Musterfeststellungsklage „der Anspruch des angemeldeten Verbrauchers auf rechtliches Gehör {...} nicht verletzt {wird}, weil er selbst entscheidet, ob er sich an der Musterfeststellungsklage beteiligen möchte und hierdurch seine prozessualen Möglichkeiten der Rechtsverfolgung erweitert werden“[246].

Schließlich hat der Gesetzgeber bei Einführung der allgemeinen Musterfeststellungsklage in der Gesetzesbegründung ausgeführt, dass sich „eine mit dem UKlaG vergleichbare Sachlage {...} hinsichtlich der Ansprüche auf Beseitigung und Unterlassung unlauterer geschäftlicher Handlungen aus § 8 Absatz 1 UWG sowie des Anspruchs auf Gewinnabschöpfung aus § 10 Absatz 1 UWG {ergibt}. Auch insoweit können Ansprüche einzelner Betroffener bislang nicht verfolgt werden.“[247] Demnach ging also selbst der Gesetzgeber bei Einführung der Musterfeststellungsklage davon aus, dass Ansprüche einzelner bis zur Einführung der allgemeinen Musterfeststellungsklage nicht - und somit eben auch nicht über eine Anwendung von § 8 Absatz 1 UWG - verfolgt werden konnten.[248] Es wäre schlicht unlogisch gewesen, die Musterfeststellungsklage einzuführen, wäre der Gesetzgeber davon ausgegangen, dass Ansprüche einzelner bereits mittels eines auf § 8 Abs. 1 UWG gestützten Folgenbeseitigungsanspruchs verfolgt werden könnten.[249]

---

246 BT-Drucks. 19/2439, S. 17.

247 BT-Drucks. 19/2439, S. 15; BT-Drucks. 19/2507, S. 14.

248 Vgl. hierzu auch Kruis in ZIP 2019, 393 (402 f.), der jedoch zu Recht anführt, „dass aus diesen Äußerungen des ‚Gesetzgebers‘ keine zwingenden Rückschlüsse auf den Umfang des Beseitigungsanspruchs nach § 8 Abs. 1 Satz 1 UWG gezogen werden können, da diese Frage auch schon vor Schaffung der §§ 606 ff. ZPO n. F. beantwortet werden musste und die Rechtslage durch die bloße Äußerung von Normvorstellungen des aktuellen Gesetzgebers in neuen Gesetzesmaterialien keine Änderung erfahren konnte“.

249 So auch Kruis in ZIP 2019, 393 (402).

2. *Allgemeine Musterfeststellungsklage*

Bei der Einführung der Musterfeststellungsklage hat sich der Gesetzgeber davon leiten lassen, dass nach seiner Ansicht „die bestehenden zivilprozessualen Möglichkeiten der Bündelung von Ansprüchen sowie des kollektiven Rechtsschutzes bislang nicht ausreichen, um die gerichtliche Rechtsverfolgung der Ansprüche einer Vielzahl gleichartig geschädigter Verbraucherinnen und Verbraucher wirksam auszugestalten“[250]. Die Einführung der Musterfeststellungsklage sollte diesem Umstand Rechnung tragen und hierfür eine Lösung bieten, da sie „geeignet {ist}, das ‚rationale Desinteresse‘ zu überwinden, ohne berechtigten Interessen der Wirtschaft zuwiderzulaufen“[251]. Insbesondere Letzteres verdeutlicht, dass dem Gesetzgeber bzgl. der Lösung des Problems der Streuschäden und des dabei auftretenden rationalen Desinteresses an einem Ausgleich zwischen der Behebung des Durchsetzungsdefizits bei der Anspruchsverfolgung einerseits und den berechtigten Interessen der Wirtschaft andererseits gelegen war.

Von den Vertretern, die für das Bestehen eines Rechtsschutzdefizits plädieren, wird angeführt, dass die Musterfeststellungsklage ungeeignet sei, das Problem der Streuschäden und des damit verbundenen rationalen Desinteresses zu lösen, da eine Entschädigung immer noch das Tätigwerden des Geschädigten erfordert und die an die erfolgte Musterfeststellung anschließenden „Einzelprozesse mühsam und kostenträchtig {seien und daher} bei Streuschäden regelmäßig am rationalen Desinteresse der Anspruchsinhaber scheitern {würden}“[252].

So zutreffend diese Feststellung auch sein mag, eine Regelungslücke kann dies jedoch nicht begründen, da - wie zuvor gezeigt - dem Gesetzgeber eben jenes Problem bekannt war und ihm bei Einführung der Musterfeststellungsklage gerade ein Ausgleich zwischen den beiderseitigen Interessen, denen der Geschädigten und denen der Wirtschaft, wichtig war. Da der Gesetzgeber die „Feststellung und erst recht die Durchsetzung individueller Ansprüche {…} nicht zum Gegenstand eines kollektiven Verfahrens machen {wollte, würde} diese gesetzgeberische Wertentscheidung {…} in erheblichem Umfang gegenstandslos, könnte immer dann, wenn ein Anspruch im Zusammenhang mit einer unlauteren geschäftlichen Handlung in Frage steht, eine Klage auf Leistung an alle betroffenen Verbraucher erhoben werden“[253].

---

250 BT-Drucks. 19/2439, S. 15.

251 BT-Drucks. 19/2439, S. 16.

252 Meller-Hannich in NJW-Beilage 2018, 29 (31).

253 Kruis in ZIP 2019, 393 (403).

Zudem hat der Gesetzgeber mit dem Erfordernis, dass die Anspruchsberechtigten selbst aktiv werden und ihre Forderung anmelden müssen, die Wertentscheidung getroffen, die Privatautonomie hoch zu halten, da die Berechtigten so auch weiterhin Herr ihrer Forderungen bleiben und eine Entscheidung dagegen getroffen, dass ein Dritter die Möglichkeit hat, ihnen „die Verfolgung des Anspruchs quasi zu ‚oktroyieren‘ “[254].

III. Element des „Rationalen Desinteresses“ als Rechtsnotstand

Das Element des sog. „rationalen Desinteresses“ wurde bereits im Verlauf der Arbeit und im Rahmen der Frage nach dem möglichen Vorliegen eines Rechtsschutzdefizits erörtert. Es beschreibt den Umstand, dass der Verbraucher vor einem selbstständigen Tätigwerden regelmäßig wegen des damit verbundenen hohen Aufwands und des Prozesskostenrisikos zurückschrecken wird (auch als „rationale Apathie“ bezeichnet[255]).

Sähe man dieses rationale Desinteresse, welches man auch als „anerkennenswertes ökonomisches Rationalitätsprinzip“[256] hinnehmen könnte, als Rechtsnotstand an, der als rechtfertigendes Element die richterrechtliche Rechtsfortbildung eines Folgenbeseitigungsanspruchs begründen sollte, so stellte sich bereits die Frage, welche Grenze hierfür gelten würde.[257] Beliefe sich der Schaden nur auf einen kleinen Betrag, bspw. einige Cent oder Euro, würde sich wohl kaum einer der Geschädigten um die Anspruchsverfolgung bemühen. Beliefe sich der Schaden hingegen auf 20, 30, 50 oder gar 100 Euro und mehr, würde die Anzahl derjenigen Verbraucher, die ihren Anspruch selbstständig geltend machen, wohl deutlich zunehmen. Letztendlich müsste die Grenze, bis zu der man einen Notstand annehmen würde, nach dem Wert der jeweiligen Forderung im Einzelfall bestimmt werden, was einen befremdlichen Beigeschmack hätte. Eine andere Möglichkeit wäre, eine prozentuale Grenze festzulegen und den Notstand daran festzumachen, wie viele Verbraucher sich individuell beschweren. Dies würde jedoch wieder Kritik auf sich ziehen, da der - wohl begründete - Verdacht bestünde, dass sich einige Verbraucher bei Kleinstbeträgen nicht einmal die Mühe einer Beschwerde, geschweige denn der eigentlichen Anspruchsverfolgung machten und bereits diesen Aufwand infolge ihres rationalen Desinteresses scheuen würden. Zudem müssten die

254 Kruis in ZIP 2019, 393 (403).
255 Vgl. Köhler in WRP 2019, 269 (275).
256 Schultheiß in WM 2019, 9 (10).
257 Vgl. auch Köhler in WRP 2019, 269 (275).

Verbraucher überhaupt erst einmal von der Rechtsverletzung und ihrer Stellung als Geschädigte und Anspruchsinhaber erfahren. Letzteres trifft jedoch auch auf den Fall einer monetären Wertgrenze für die Annahme eines Notstands zu.

Gegen die Annahme des „rationalen Desinteresses“ als zur richterrechtlichen Rechtsfortbildung rechtfertigenden Rechtsnotstands spricht jedoch ganz klar der bei Schaffung des § 10 UWG zum Ausdruck gebrachte Wille des Gesetzgebers. Der Gesetzgeber attestierte dem bis dato bestehenden Recht „Durchsetzungsdefizite bei den so genannten Streuschäden“[258] und schuf zu dessen Abhilfe mit § 10 UWG die Möglichkeit der Gewinnabschöpfung: „Diese Rechtsdurchsetzungslücke soll durch die Regelung in § 10 geschlossen werden“[259]. Da § 10 UWG nicht völlig nutzlos bei der Verfolgung der sog. Streuschäden ist, sondern vielmehr ein durchaus brauchbares Instrument des kollektiven Rechtsschutzes darstellt - vgl. oben. Kapitel 1, B, IV sowie Kapitel 2, A, II - ist wohl kaum von einem „dauernden Versagen des Gesetzgebers“ - vgl. oben - in Bezug auf die Verfolgung von Streuschäden und einem mithin bestehenden Rechtsnotstand auszugehen.

Zuletzt hat der Gesetzgeber mit der Einführung der Musterfeststellungsklage diesem Umstand erneut Rechnung getragen und eine weitere Lösung schaffen wollen, die „geeignet {ist}, das ‚rationale Desinteresse‘ zu überwinden, ohne berechtigten Interessen der Wirtschaft zuwiderzulaufen“[260]. Die hierzu vorgebrachte Kritik, die Musterfeststellungsklage sei zur Lösung des Problems nicht geeignet, da weiterhin ein Tätigwerden des geschädigten Verbrauchers notwendig sei, mag in der Diskussion um das Vorliegen eines Rechtsschutzdefizits Beachtung finden, vgl. oben, einen echten Rechtsnotstand jedoch nicht zu begründen. Der Gesetzgeber hat mit Schaffung der Musterfeststellungsklage deutlich zum Ausdruck gebracht, dass er das Problem des „rationalen Desinteresses“ unter Berücksichtigung aller berechtigten Interessen beheben wollte, eine noch weitergehende Lösung jedoch wegen eben jenes Interessenausgleichs bewusst nicht gewollt war.

IV. Verstoß gegen das Wahlrecht des Schuldners

Ein auf § 8 Abs. 1 UWG gestützter Folgenbeseitigungsanspruch unterminiert zudem das im Rahmen des Beseitigungsanspruchs nach § 8 Abs. 1 UWG

---

258 BT-Drucks. 15/1487, S. 23.
259 BT-Drucks. 15/1487, S. 23.
260 BT-Drucks. 19/2439, S. 16.

bestehende Wahlrecht des Schuldners, vgl. oben, und liefe damit der gesetzlichen Regelung zuwider. Denn grundsätzlich hat der Anspruchsschuldner das Wahlrecht, wenn mehrere Mittel zur Beseitigung des Störungszustands geeignet sind; dem Gläubiger kommt nach herrschender Meinung insoweit keine Konkretisierungsbefugnis zu.[261] Liegt der Störungszustand in der Verwendung unzulässiger AGB, kommen grundsätzlich mehrere Möglichkeiten der Beseitigung in Betracht. So kann der Störungszustand beispielsweise durch den Versand von individualisierten Informationsschreiben und einem entsprechenden Auskunftsanspruch, der die Kontrolle der Versendung ermöglicht, beseitigt werden.[262] Sofern der begehrte Folgenbeseitigungsanspruch die „konkret geforderte Handlung enthält oder umschreibt, {nähme} dies dem Schuldner von vornherein das Wahlrecht“[263]. Letzteres wäre bei einer Verurteilung auf Rückzahlung an die betroffenen Verbraucher der Fall.

Nähme man an, dass der zu beseitigende Störungszustand in der erfolgten Zahlung selbst und der daraus resultierenden Vermögensverschiebung läge[264], käme wohl nur eine Rückzahlung zur Beendigung des Störungszustands in Betracht. Dieser Annahme liegt jedoch eine Fehlannahme zugrunde. Denn der Störungszustand ist die Verwendung unzulässiger AGB, während die hierauf gestützte Vereinnahmung der Entgelte lediglich eine Folge dieses Störungszustands sind.[265] Hierauf soll jedoch im weiteren Verlauf der Untersuchung noch vertiefend eingegangen werden.

V. Zusammenfassung

Die Untersuchung hat gezeigt, dass die Ausdehnung des Anwendungsbereichs von § 8 Abs. 1 UWG hin zu einem Folgenbeseitigungsanspruch als unzulässige richterliche Rechtsfortbildung zu qualifizieren ist, da zunächst bereits keine Regelungslücke besteht und der auf § 8 Abs. 1 UWG gestützte Folgenbeseitigungsanspruch klar dem gesetzgeberischen Willen widerspricht.

---

261 MüKoUWG/Fritzsche § 8 Rn. 204; Köhler/Bornkamm/Feddersen/Bornkamm UWG § 8 Rn. 1.116; Fritzsche/Münker/Stollwerk/Haertel § 8 Rn. 46; Harte-Bavendamm/Henning-Bodeweig/Goldmann § 8 Rn. 285; vgl. hierzu auch Fezer/Büscher/Obergfell/Büscher § 8 Rn. 41.

262 So BGH, Urteil vom 14. Dezember 2017 – I ZR 184/15 –, juris.

263 Schultheiß in WM 2019, 9 (15).

264 So OLG Dresden, Urteil vom 10. April 2018 – 14 U 82/16 –, juris.

265 So auch Bunte in ZIP 2016, 956 (960).

Der Gesetzgeber hat sowohl bei der Schaffung von § 10 UWG und abermals bei der Einführung der allgemeinen Musterfeststellungsklage das Problem der Streuschäden adressiert und eine aus seiner Sicht ausreichende Lösung schaffen wollen, die insbesondere auch die berechtigten Interessen der Wirtschaft berücksichtigt. Es fehlt zudem an einer § 10 Abs. 2 UWG entsprechenden Regelung dahingehend, wie prozessual bei gleichzeitiger Individualklage und einem auf § 8 Abs. 1 UWG gestützten Folgenbeseitigungsanspruch zu verfahren wäre.

Mit Einführung der allgemeinen Musterfeststellungsklage hat der Gesetzgeber überdies ausdrücklich bestimmt, dass er die Durchsetzung individueller Ansprüche nicht zum Gegenstand eines kollektiven Verfahrens machen wollte. Der Anspruchsinhaber sollte vielmehr auch weiterhin Inhaber seiner Forderung bleiben und allein über deren Geltendmachung bestimmen können (siehe Erfordernis der Forderungsanmeldung, Opt-in).

Ebenso liegt kein Rechtsnotstand vor, der nach mitunter vertretener Meinung eine Rechtsfortbildung contra legem rechtfertigen würde. Das oftmals diesbezüglich angeführte „rationale Desinteresse“ der Verbraucher an einer Anspruchsverfolgung genügt hierfür nicht. Denn der Gesetzgeber hat - wie bereits zuvor ausgeführt - das Problem der Streuschäden mehrfach adressiert, insb. aber auch wegen eines Ausgleichs mit den Interessen der übrigen Marktteilnehmer von einer weitergehenden Regelung abgesehen. Ein andauerndes Versagen des Gesetzgebers, welches einen Rechtsnotstand zur Folge hätte, kann daher nicht ernsthaft angenommen werden.

Zuletzt unterminiert ein auf § 8 Abs. 1 UWG gestützter Folgenbeseitigungsanspruch auch das im Rahmen des Beseitigungsanspruchs nach § 8 Abs. 1 UWG bestehende Wahlrecht des Schuldners und liefe damit der gesetzlichen Regelung zuwider.

B. Entwicklung und Stand der Rechtsprechung

Obwohl die vorangegangene Untersuchung gezeigt hat, dass die Voraussetzungen für eine richterliche Rechtsfortbildung nicht vorliegen, beschäftigt die Idee eines Folgenbeseitigungsanspruchs bei der Verwendung unwirksamer allgemeiner Geschäftsbedingungen die Rechtsprechung bereits seit etlichen Jahren und wurde mehrfach von Gerichten als Anspruchsgrundlage herangezogen. In diese Feststellung ist jedoch auch der Umstand mit einzubeziehen, dass ein beträchtlicher Teil der Rechtsprechung noch vor Einführung der allgemeinen Musterfeststellungsklage erfolgte und daher die zuvor aufgezeigte Unzulässigkeit der richterlichen Rechtsfortbildung lediglich auf die bereits vor Einführung der Musterfeststellungsklage bestehenden Argumente gestützt werden kann.

Für einen auf Folgenbeseitigung gerichteten Anspruch haben sich in der Rechtsprechung im Laufe der Zeit unterschiedliche Ansätze und Ansichten gezeigt. Für das Ziel der vorliegenden Arbeit ist es daher unerlässlich, in der gebotenen Kürze die zugrundeliegenden Sachverhalte, die Entwicklung der Rechtsprechung sowie die verschiedenen Auffassungen und Argumente, die in der Rechtsprechung vertreten wurden, darzustellen und diese sodann zu sortieren und zu analysieren. Auf dieser Grundlage soll sodann hieran anschließend die inhaltliche Ausgestaltung eines möglichen auf § 8 Abs. 1 UWG gestützten Folgenbeseitigungsanspruchs untersucht werden.

I. Entwicklung der Rechtsprechung bis 2017

Dem Urteil des Landgerichts Berlin vom 29.04.2011 lag die Versendung von „Infobriefen" durch die Beklagte, einer Anbieterin von Stromlieferungsverträgen, an deren Kunden zugrunde.[266] Der Kläger, eine Verbraucherschutzorganisation, begehrte von der Beklagten eine Auskunftserteilung dergestalt, welche Kunden von ihr das streitgegenständliche Schreiben erhalten hatten, wobei die Auskunft „zu Händen eines Angehörigen der zur Verschwiegenheit verpflichteten Berufe" erfolgen soll, sowie der Beklagten aufzugeben, den Empfängern der streitgegenständlichen Infobriefe ein individualisiertes Berichtigungsschreiben des mit dem Klageantrag zu 2. vorgegebenen Inhalts zuzusenden.[267] Das Landgericht Berlin verurteilte die Beklagte entsprechend.[268]

Das Landgericht stützte sein Urteil auf den Beseitigungsanspruch der §§ 8 Abs. 1, Abs. 3 Nr. 3, 5 Abs. 1 UWG[269] und stellte lediglich fest, dass der Kläger „in der Rechtsfolge {…} berechtigt {ist}, Beseitigung der Folgen des rechtswidrigen Handelns zu verlangen"[270].

Der maßgebliche Störungszustand sei durch die Fehlinformation der Empfänger der Infobriefe eingetreten und wirke fort.[271] Die zuvor abgegebene Unterlassungserklärung, in der die Beklagte sich verpflichtet hatte, keine Infobriefe der streitgegenständlichen Art mehr an ihre Kunden zu versenden,[272] erachtete das Gericht als nicht ausreichend, den Störungszustand zu beseitigen,

266 LG Berlin, Urteil vom 29. April 2011 – 103 O 198/10 –, juris.
267 LG Berlin, Urteil vom 29. April 2011 – 103 O 198/10 –, juris, Rn 10-23.
268 LG Berlin, Urteil vom 29. April 2011 – 103 O 198/10 –, juris, Urteilstenor.
269 LG Berlin, Urteil vom 29. April 2011 – 103 O 198/10 –, juris, Rn. 32.
270 LG Berlin, Urteil vom 29. April 2011 – 103 O 198/10 –, juris, Rn. 39.
271 LG Berlin, Urteil vom 29. April 2011 – 103 O 198/10 –, juris, Rn. 40.
272 LG Berlin, Urteil vom 29. April 2011 – 103 O 198/10 –, juris, Rn. 6-8.

denn „diese wirkt nur in die Zukunft, sorgt aber nicht dafür, dass die fehlerhafte Verbrauchervorstellung beseitigt wird".[273]

Das Gericht stellt sodann fest, dass es eben in der Natur des Beseitigungsanspruchs läge, „dass er nicht auf eine bestimmte Handlung gerichtet ist, sondern dass sich sein Inhalt stets nach der Art der Beeinträchtigung bestimmt. Was auch immer erforderlich ist, um den rechtswidrigen Störungszustand zu beseitigen, ist Gegenstand des Anspruchs."[274]

Den Auskunftsanspruch des Klägers stützt das Landgericht auf das durch den Wettbewerbsverstoß begründete gesetzliche Schuldverhältnis in Verbindung mit dem Grundsatz von Treu und Glauben gemäß § 242 BGB.[275]

In der Berufung vor dem Kammergericht hatte das zuvor dargestellte Urteil des Landgerichts Berlin weitestgehend Bestand.[276]

Das Kammergericht änderte das Urteil des Landgerichts lediglich in dem Umfang ab, soweit dieses über den Klageantrag hinausging.[277] Zudem eröffnet das Kammergericht der Beklagten die Möglichkeit, die Versendung des Berichtigungsschreibens dadurch abzuwenden, dass sie den betroffenen Kunden die überzahlten Beträge zurückerstattet.[278] Dem Grunde könne der Kläger von der Beklagten jedoch die Versendung eines Berichtigungsschreibens an deren Kunden nach § 8 UWG verlangen.[279]

Das Kammergericht stellt sodann fest, dass die Beklagte verpflichtet sei, „die Folgen ihrer unlauteren Geschäftspraktiken durch ein aufklärendes Schreiben an ihre Kunden zu beseitigen, § 8 Abs. 1 Satz 1 Alt. 1 UWG".[280]

Das Kammergericht sah ebenfalls einen fortdauernden Störungszustand in dem bei den Kunden durch das ursprüngliche Informationsschreiben ausgelösten und fortdauernden Irrtum.[281] Erst das nun erfolgende Berichtigungsschreiben löse diesen Irrtum und somit den Störungszustand auf und versetzte die Kunden in die Lage, Rückzahlungsansprüche gegenüber der Beklagten geltend zu machen.[282]

---

273 LG Berlin, Urteil vom 29. April 2011 – 103 O 198/10 –, juris, Rn. 40.
274 LG Berlin, Urteil vom 29. April 2011 – 103 O 198/10 –, juris, Rn. 41.
275 LG Berlin, Urteil vom 29. April 2011 – 103 O 198/10 –, juris, Rn. 47.
276 KG Berlin, Urteil vom 27. März 2013 – 5 U 1112/11 –, juris.
277 KG Berlin, Urteil vom 27. März 2013 – 5 U 1112/11 –, juris, Rn. 55.
278 KG Berlin, Urteil vom 27. März 2013 – 5 U 1112/11 –, juris, Urteilstenor I. 2. b).
279 KG Berlin, Urteil vom 27. März 2013 – 5 U 1112/11 –, juris, Rn. 56.
280 KG Berlin, Urteil vom 27. März 2013 – 5 U 1112/11 –, juris, Rn. 106.
281 KG Berlin, Urteil vom 27. März 2013 – 5 U 1112/11 –, juris, Rn. 108.
282 KG Berlin, Urteil vom 27. März 2013 – 5 U 1112/11 –, juris, Rn. 109.

Interessant ist zudem, dass das Kammergericht im Rahmen der Verhältnismäßigkeitsprüfung betont, dass die Beklagte den Störungszustand jedoch auch dadurch vollständig beheben könne, indem sie „allen betroffenen Kunden von sich aus den vereinbarten überhöhten Preis {...} zurückzahlt".[283]

Zudem verurteilte das Kammergericht die Beklagte zur unmittelbaren Auskunftserteilung an den Kläger, ohne den Umweg über einen Angehörigen der zur Verschwiegenheit verpflichteten Berufe, denn ein solcher Umweg diene lediglich dem Auskunftsverpflichteten, sollte dieser Bedenken hinsichtlich einer Geheimhaltung haben, und dürfe diesem daher nur nach seiner Wahl ersatzweise vorbehalten bleiben, jedoch nicht verpflichtend auferlegt werden.[284]

In einem mit Urteil vom 07.08.2014 abgeschlossenen Verfahren vor dem Landgericht Stuttgart suchte eine qualifizierte Einrichtung im Sinne von § 4 UKlaG gegen eine deutsche Versicherungsgesellschaft, die unter anderem kapitalbildende Lebens- und Rentenversicherungen anbietet[285], die Geltendmachung der Unwirksamkeit zweier Klauseln, die im Wege des Klauselersetzungsverfahrens Gegenstand Allgemeiner Versicherungsbedingungen wurden, Unterlassung wegen fehlerhafter Information von Verbrauchern im Zusammenhang mit dem Klauselersetzungsverfahren sowie einen Folgenbeseitigungsanspruch durchzusetzen.[286] Angesichts des Themas der vorliegenden Arbeit soll nachfolgend jedoch lediglich auf Sachverhalt und Entscheidungsgründe mit Bezug auf den Folgenbeseitigungsanspruch eingegangen werden.

Insoweit beantragte der Kläger, die Beklagte zur Auskunftserteilung darüber zu verurteilen, welchen Versicherungsnehmer/innen die streitgegenständlichen Bedingungen übermittelt wurden und in welcher Form die begehrte Auskunft zu erfolgen habe[287], zur Versendung einer Richtigstellung an die im Rahmen der Auskunftserteilung genannten Empfänger in dem von dem Kläger vorgegebenen Wortlaut[288] und zum Nachweis der Versendung selbiger Berichtigungsschreiben nebst einer entsprechenden Überprüfung anhand des erstellten Nachweises durch den Kläger[289].

283 KG Berlin, Urteil vom 27. März 2013 – 5 U 1112/11 –, juris, Rn. 117.
284 KG Berlin, Urteil vom 27. März 2013 – 5 U 1112/11 –, juris, Rn. 142.
285 LG Stuttgart, Urteil vom 07. August 2014 – 11 O 298/13 –, juris, Rn. 2.
286 LG Stuttgart, Urteil vom 07. August 2014 – 11 O 298/13 –, juris, Rn. 1.
287 LG Stuttgart, Urteil vom 07. August 2014 – 11 O 298/13 –, juris, Rn. 52-64.
288 LG Stuttgart, Urteil vom 07. August 2014 – 11 O 298/13 –, juris, Rn. 65-69.
289 LG Stuttgart, Urteil vom 07. August 2014 – 11 O 298/13 –, juris, Rn. 70-81.

Das Gericht kam hierbei zu dem Ergebnis, dass sich für den Kläger ein Folgenbeseitigungsanspruch aus § 8 Abs. 1 Satz 1, Abs. 3 Nr. 3 UWG (a.F.) ergebe[290], da darin bei Vorliegen einer nach den Vorschriften des UWG unzulässigen geschäftlichen Handlung neben dem Anspruch auf Unterlassung auch ein Beseitigungsanspruch vorgesehen sei, wenn der Störungszustand andauere[291]. Es verurteilt die Beklagte zur Auskunftserteilung sowie zur Richtigstellung, jedoch nicht in der von dem Kläger vorgegebenen Form, sondern lediglich die sodann getätigten Richtigstellungen „in geeigneter Form klarzustellen“[292.293] Im Übrigen wurde die Klage abgewiesen.[294]

Zur Begründung stellte das Gericht zunächst fest, dass die Ersetzung einer Klausel in allgemeinen Geschäftsbedingungen durch unzulässige neue Klauseln eine unzulässige geschäftliche Handlung im Sinne von § 4 Nr. 11 UWG darstelle[295] und zudem auch ein fortdauernder Störungszustand infolge des Schreibens der Beklagten an die betroffenen Kunden, welches die unzulässigen Klauseln zum Inhalt hatte, bestünde und dieser Zustand erst dann vollständig beseitigt sei, wenn sämtliche betroffenen Kunden entsprechend informiert worden seien, inwieweit das Schreiben unzulässige Klauseln bzw. irreführende Äußerungen enthält[296].

Das Gericht führt sodann aus, dass zur Erfüllung des Anspruchs des Klägers auf Folgenbeseitigung die Beklagte verpflichtet sei, sämtliche betroffenen Kunden „mittels geeigneter Maßnahmen“ darüber zu informieren, dass die entsprechenden Klauseln unwirksam seien.[297] Die Beklagte könne vorliegend lediglich dazu verurteilt werden, die Information den betroffenen Kunden irgendwie - „in geeigneter Form“ - zur Kenntnis zu bringen, die Vorgabe eines ganz bestimmten Berichtigungsschreibens im Urteilstenor sei dagegen nicht möglich.[298] Das Gericht argumentiert hierbei mit einem Vergleich zu § 1004 BGB für den der Grundsatz gelte, dass es dem Schuldner überlassen bleiben

---

290 LG Stuttgart, Urteil vom 07. August 2014 – 11 O 298/13 –, juris, Rn. 140.

291 LG Stuttgart, Urteil vom 07. August 2014 – 11 O 298/13 –, juris, Rn. 141.

292 LG Stuttgart, Urteil vom 07. August 2014 – 11 O 298/13 –, juris, Urteilstenor, II. 2. a).

293 LG Stuttgart, Urteil vom 07. August 2014 – 11 O 298/13 –, juris, Urteilstenor, II..

294 LG Stuttgart, Urteil vom 07. August 2014 – 11 O 298/13 –, juris, Urteilstenor, IV..

295 LG Stuttgart, Urteil vom 07. August 2014 – 11 O 298/13 –, juris, Rn. 147.

296 LG Stuttgart, Urteil vom 07. August 2014 – 11 O 298/13 –, juris, Rn. 148 u. 149.

297 LG Stuttgart, Urteil vom 07. August 2014 – 11 O 298/13 –, juris, Rn. 152.

298 LG Stuttgart, Urteil vom 07. August 2014 – 11 O 298/13 –, juris, Rn. 154.

müsse, wie er den Störungszustand beseitigt - gleiches gelte auch für den wettbewerbsrechtlichen Beseitigungsanspruch (sic!).[299]

Der tenorierte Auskunftsanspruch bestünde dabei zur Vorbereitung und Durchsetzung des Hauptanspruchs auf Folgenbeseitigung, da dem Kläger nicht bekannt sei, welche und wie viele Kunden das ursprüngliche Schreiben erhalten haben.[300]

Abgewiesen hat das Gericht die Klage jedoch in Bezug auf den Anspruch des Klägers auf Nachweis der Versendung der entsprechenden Berichtigungsschreiben. Ein solcher Nachweis diene weder der Vorbereitung noch der Durchsetzung des Hauptanspruchs auf Folgenbeseitigung, sondern betreffe die Erfüllung des Folgenbeseitigungsanspruchs beziehungsweise eben gerade den Nachweis der Erfüllung, die jedoch typischerweise nicht im Erkenntnisverfahren, sondern erst im sich hieran anschließenden Vollstreckungsverfahren geklärt werde.[301]

Das Oberlandesgericht Stuttgart bestätigte in der Berufung zwar das Urteil des LG Stuttgart insoweit, als dass die im Zuge des Klauselersetzungsverfahrens verwendeten Klauseln unwirksam seien, hob das erstinstanzliche Urteil jedoch in Bezug auf den von diesem vertretenen Folgenbeseitigungsanspruch vollumfänglich auf.[302]

So handele es sich bei den von der Beklagten verwendeten Formulierungen zwar um geschäftliche Handlungen im Sinne des § 2 Abs. 1 Nr. 1 UWG[303], diese stelle sich jedoch nicht als irreführend im Sinne des § 5 Abs. 1 UWG dar[304].

Hinsichtlich des Folgenbeseitigungsanspruchs stellte das Gericht unmissverständlich fest, dass das AGB-Recht einen solchen Anspruch des Verbandsklägers, der darauf gerichtet wäre, dass der Verwender seine Vertragspartner auf die Unwirksamkeit der AGB hinweisen müsste, nicht kenne.[305] Soweit der Kläger diesen Anspruch aus den §§ 1, 2 UKlaG geltend mache, gewährten diese Normen schon nach ihrem klaren Wortlaut nur Ansprüche auf Unterlassung.[306] So seien die §§ 1 - 3 UKlaG darauf ausgelegt, die nach materiellem Recht bestehende Unwirksamkeit von AGB nach außen hin durchzusetzen und

---

299 LG Stuttgart, Urteil vom 07. August 2014 – 11 O 298/13 –, juris, Rn. 153.
300 LG Stuttgart, Urteil vom 07. August 2014 – 11 O 298/13 –, juris, Rn. 156.
301 LG Stuttgart, Urteil vom 07. August 2014 – 11 O 298/13 –, juris, Rn. 160.
302 OLG Stuttgart, Urteil vom 07. August 2015 – 2 U 107/14 –, juris.
303 OLG Stuttgart, Urteil vom 07. August 2015 – 2 U 107/14 –, juris, Rn. 172.
304 OLG Stuttgart, Urteil vom 07. August 2015 – 2 U 107/14 –, juris, Rn. 181.
305 OLG Stuttgart, Urteil vom 07. August 2015 – 2 U 107/14 –, juris, Rn. 209.
306 OLG Stuttgart, Urteil vom 07. August 2015 – 2 U 107/14 –, juris, Rn. 207.

die Störung des Rechtsverkehrs durch den Gebrauch unzulässiger Klauseln für die Zukunft zu beseitigen.[307] Schutzobjekt in diesem Klageverfahren seien demnach nicht der Kläger, noch der einzelne Kunde des Verwenders, sondern der Rechtsverkehr, der allgemein von der Verwendung unzulässiger Klauseln freigehalten werden soll.[308]

Dieselben Erwägungen sollen ebenso für den Unterlassungsanspruch aus § 8 UWG gelten.[309] Das UKlaG als spezialgesetzliches Normwerk verdränge die Vorschiften des UWG zwar nicht, hätte jedoch Einfluss auf deren Auslegung, da es systemwidrig wäre, die zuvor bezüglich des UKlaG aufgeführten Beschränkungen, die der Gesetzgeber in einem Spezialgesetz vorgegeben habe, unter Zuhilfenahme eines allgemeineren Gesetzes zu unterlaufen.[310] Zudem schieden Folgenbeseitigungs- und Auskunftsansprüche aus, da der Kläger nicht dartun könne, einen eigenen Schaden zu haben oder selbst beeinträchtigt zu sein.[311]

Das Gericht führt weiter aus, der Kläger argumentiere denn auch im Kern rechtspolitisch, indem er ein praktisches Bedürfnis für eine wirksame Folgenbeseitigungsdurchsetzung durch ihn selbst geltend macht, da die Beklagte ihren Kunden die vollständige Folgenbeseitigung verweigere, auf Zeit spiele und versuche, weiterhin Nutzen aus ihren unwirksamen AVB-Klauseln zu ziehen.[312] Hierüber habe das Gericht jedoch ebenso nicht zu befinden, wie es sich zu enthalten habe, die gesetzliche Regelung in Bezug auf ihre Angemessenheit zu kommentieren.[313] Die Entscheidung darüber, wie weitgehende Befugnisse einem Verbandskläger eingeräumt werden und welche Rechte zu verfolgen, ihm auf welche Weise eröffnet sei, habe der Gesetzgeber zu treffen.[314] Die Gerichte hätten diese Entscheidung im Zuge der verfassungsrechtlich vorgegebenen Gewaltenteilung zu respektieren.[315]

II. Urteil des Bundesgerichtshofs vom 14.12.2017 (Az. I ZR 184/15)

Schließlich befasste sich der Bundesgerichtshof mit dem zuvor durch das Landgericht und schließlich Oberlandesgericht Stuttgart entschiedenen Sachverhalt

307 OLG Stuttgart, Urteil vom 07. August 2015 – 2 U 107/14 –, juris, Rn. 208.
308 OLG Stuttgart, Urteil vom 07. August 2015 – 2 U 107/14 –, juris, Rn. 208.
309 OLG Stuttgart, Urteil vom 07. August 2015 – 2 U 107/14 –, juris, Rn. 214.
310 OLG Stuttgart, Urteil vom 07. August 2015 – 2 U 107/14 –, juris, Rn. 215.
311 OLG Stuttgart, Urteil vom 07. August 2015 – 2 U 107/14 –, juris, Rn. 216.
312 OLG Stuttgart, Urteil vom 07. August 2015 – 2 U 107/14 –, juris, Rn. 217.
313 OLG Stuttgart, Urteil vom 07. August 2015 – 2 U 107/14 –, juris, Rn. 218.
314 OLG Stuttgart, Urteil vom 07. August 2015 – 2 U 107/14 –, juris, Rn. 218.
315 OLG Stuttgart, Urteil vom 07. August 2015 – 2 U 107/14 –, juris, Rn. 218.

und stellte fest, dass mit der vom Berufungsgericht gegebenen Begründung ein Beseitigungsanspruch (sic!) gemäß § 8 Abs. 1 Satz 1 UWG sowie ein zu dessen Vorbereitung dienender Auskunftsanspruch bestünde[316].

Zutreffend sei die Annahme des Berufungsgerichts, dass sich ein solcher Anspruch nicht aus § 1 UKlaG ergebe[317], ein auf diese Bestimmung gestützter Beseitigungsanspruch komme de lege lata nicht in Betracht[318].

So stellte der BGH allerdings heraus, dass die Begründung des OLG Stuttgart zur Verneinung eines lauterkeitsrechtlichen Beseitigungsanspruchs gemäß § 8 Abs. 1 Satz 1 UWG unzutreffend sei.[319] So sei das Berufungsgericht fälschlich von einem spezialgesetzlichen Vorrang des Unterlassungsklagengesetzes ausgegangen.[320] Das Unterlassungsklagengesetz stelle jedoch kein in sich geschlossenes Rechtsschutzsystem dar, eine Sperrwirkung des Rechtsfolgensystems des Unterlassungsklagengesetzes sei mit Blick auf einen auf § 8 Abs. 1 Satz 1 UWG gestützten Beseitigungsanspruch nicht aus systematischen Gründen anzunehmen.[321]

Ebenfalls unzutreffend sei die Annahme des Berufungsgerichts, Folgenbeseitigungs- und Auskunftsansprüche des Klägers könnten nach dem Gesetz gegen den unlauteren Wettbewerb deshalb nicht bestehen, weil der Kläger keinen eigenen Schaden geltend mache oder selbst beeinträchtigt sein könne, da den qualifizierten Einrichtungen gemäß § 8 Abs. 3 Nr. 3 UWG die in § 8 Abs. 1 geregelten Ansprüche kraft ausdrücklicher gesetzlicher Verweisung zustünden und weitere Voraussetzungen, wie die Beeinträchtigung eigener Interessen der Einrichtungen, nicht bestünden.[322]

III. Urteil des Oberlandesgerichts Dresden vom 10.04.2018 (Az. 14 U 82/16)

Dem in der Berufungsinstanz durch das Oberlandesgericht Dresden zu entscheidenden Sachverhalt ging das erstinstanzliche Verfahren vor dem Landgericht Leipzig vor, welches mit Urteile vom 10.12.2015 über die Erhebung einer

316 BGH, Urteil vom 14. Dezember 2017 – I ZR 184/15 –, juris, Rn. 14.
317 BGH, Urteil vom 14. Dezember 2017 – I ZR 184/15 –, juris, Rn. 15.
318 BGH, Urteil vom 14. Dezember 2017 – I ZR 184/15 –, juris, Rn. 28.
319 BGH, Urteil vom 14. Dezember 2017 – I ZR 184/15 –, juris, Rn. 40.
320 BGH, Urteil vom 14. Dezember 2017 – I ZR 184/15 –, juris, Rn. 45.
321 BGH, Urteil vom 14. Dezember 2017 – I ZR 184/15 –, juris, Rn. 47.
322 BGH, Urteil vom 14. Dezember 2017 – I ZR 184/15 –, juris, Rn. 51.

Gebühr durch die Beklagte, einer regionalen Genossenschaftsbank, gegenüber ihren Kunden für gegen diese eingehende Pfändungen entschied[323].

Der Kläger, eine Verbraucherschutzeinrichtung, stütze sich auf einen Folgenbeseitigungsanspruch aus § 8 Abs. 1 UWG[324] und verlangte der Beklagten aufzugeben, dass diese allen Kunden, von denen sie die zuvor genannte Gebühr bereits erhoben hatte, mitzuteilen habe, dass für den durch die jeweilige Pfändung entstandenen Aufwand keine Gebühren geltend gemacht würden und dass bereits entsprechend belastete Beträge zurückerstattet werden[325]. Zudem sollte die Beklagte allen Kunden, deren Konto sie anschließend belastet hatte, die dafür einbehaltenen Beträge auf eigene Kosten zurückzahlen[326], sowie anschließend hierüber entsprechend Auskunft erteilen müssen[327].

Das Landgericht verurteilte die Beklagte entsprechend und argumentierte, dass sich der Anspruch des Klägers auf Rückzahlung der zu Unrecht erhobenen Gebühr an die betroffenen Verbraucher gegen die Beklagte aus § 8 Abs. 1 UWG ergebe.[328] Als Rechtsfolge ihrer unlauteren Handlung schulde die Beklagte die „Beseitigung der bereits eingetretenen Störung".[329] Diese Störung könne „nur durch Rückzahlung an die Kunden behoben werden".[330] Da der Kläger entsprechend klagebefugt sei, könne er die Beklagte auch auf diese Art der Beseitigung in Anspruch nehmen.[331] Bezüglich der Verjährung des Anspruchs gelte die Sechsmonatsfrist des § 11 Abs. 1 UWG.[332]

Ebenso ergebe sich der Anspruch auf Mitteilung an die Kunden aus §§ 8 Abs. 1, Abs. 3 Nr. 3, 3 Abs. 1, § 5 Abs. 1 UWG.[333] Bereits durch die Ankündigung, sei ein Störungszustand aufgrund einer unlauteren Irreführung im Sinne von § 5 Abs. 1 UWG eingetreten[334], den die Beklagte durch das begehrte Informationsschreiben verpflichtet sei, zu beseitigen[335].

---

323 LG Leipzig, Urteil vom 10. Dezember 2015 – 5 O 1239/15 –, juris.
324 LG Leipzig, Urteil vom 10. Dezember 2015 – 5 O 1239/15 –, juris, Rn. 13.
325 LG Leipzig, Urteil vom 10. Dezember 2015 – 5 O 1239/15 –, juris, Rn. 27.
326 LG Leipzig, Urteil vom 10. Dezember 2015 – 5 O 1239/15 –, juris, Rn. 28.
327 LG Leipzig, Urteil vom 10. Dezember 2015 – 5 O 1239/15 –, juris, Rn. 29.
328 LG Leipzig, Urteil vom 10. Dezember 2015 – 5 O 1239/15 –, juris, Rn. 37.
329 LG Leipzig, Urteil vom 10. Dezember 2015 – 5 O 1239/15 –, juris, Rn. 42.
330 LG Leipzig, Urteil vom 10. Dezember 2015 – 5 O 1239/15 –, juris, Rn. 42.
331 LG Leipzig, Urteil vom 10. Dezember 2015 – 5 O 1239/15 –, juris, Rn. 42.
332 LG Leipzig, Urteil vom 10. Dezember 2015 – 5 O 1239/15 –, juris, Rn. 44.
333 LG Leipzig, Urteil vom 10. Dezember 2015 – 5 O 1239/15 –, juris, Rn. 45.
334 LG Leipzig, Urteil vom 10. Dezember 2015 – 5 O 1239/15 –, juris, Rn. 46.
335 LG Leipzig, Urteil vom 10. Dezember 2015 – 5 O 1239/15 –, juris, Rn. 47.

Die Berufung der Beklagten gegen das zuvor dargestellte Urteil des Landgerichts Leipzig vor dem Oberlandesgericht Dresden war nur teilweise erfolgreich.[336]

So bestätigte das OLG, dass der Kläger einen Anspruch auf Folgenbeseitigung durch Rückzahlung an die Verbraucher aus § 8 Abs. 1 S. 1 Alt. 1 UWG gegen die Beklagte habe und dieser Anspruch zudem durch entsprechende Auskunft vorbereitet werden könne, verneinte jedoch einen Anspruch auf Folgenbeseitigung in Form eines Berichtigungsschreibens.[337]

Zur Begründung führt das OLG aus, dass der „Störungszustand, {…} gezahlt zu haben" sich nur auf eine Weise beseitigen lasse, und zwar durch Rückzahlung.[338] Durch die Vorgabe, ein Berichtigungsschreiben versenden zu müssen, würden die Rechte der Beklagten beschnitten, der es als Schuldnerin überlassen bleiben müsse, wie und in welcher Form sie den Störungszustand beseitige.[339] Zudem liege bereits in der Rückzahlung selbst ein entsprechender Informationsgehalt.[340]

Von besonderem Interesse ist zudem, dass sich das OLG bei der Begründung der Nichtzulassung der Revision auf das Urteil des BGH vom 14.12.2017 bezog und die Ansicht vertrat, dass „die entscheidungserheblichen rechtlichen Probleme dort „eine Klärung gefunden" hätten.[341]

IV. Urteil des Bundesgerichtshofs vom 31.03.2021 (Az. IV ZR 221/19)

Der Bundesgerichtshof befasste sich nach seinem zuvor aufgezeigten Urteil aus dem Jahr 2017 erneut im März 2021 mit einem auf § 8 UWG gestützten (Folgen-)Beseitigungsanspruch.[342]

Gegenstand des Verfahrens war die Klage eines Verbraucher-Vereins gegen ein Versicherungsunternehmen, ob der Wirksamkeit einiger Klauseln in den Allgemeinen Bedingungen für die Rechtsschutzversicherung.[343] In den Vorinstanzen[344] hatte die Klage bereits Erfolg und die Beklagte wurde verurteilt, den

336 OLG Dresden, Urteil vom 10. April 2018 – 14 U 82/16 –, juris.
337 OLG Dresden, Urteil vom 10. April 2018 – 14 U 82/16 –, juris, Rn. 49 f..
338 OLG Dresden, Urteil vom 10. April 2018 – 14 U 82/16 –, juris, Rn. 57.
339 OLG Dresden, Urteil vom 10. April 2018 – 14 U 82/16 –, juris, Rn. 58.
340 OLG Dresden, Urteil vom 10. April 2018 – 14 U 82/16 –, juris, Rn. 58.
341 OLG Dresden, Urteil vom 10. April 2018 – 14 U 82/16 –, juris, Rn. 66.
342 BGH, Urteil vom 31. März 2021 – IV ZR 221/19 –, juris.
343 BGH, Urteil vom 31. März 2021 – IV ZR 221/19 –, juris, Rn. 1.
344 Erstinstanzlich: LG Düsseldorf, Urteil vom 25. September 2018 – 1 O 55/17 –; Zweitinstanzlich: OLG Düsseldorf, Urteil vom 11. Juli 2019 – I-20 U 111/18 –, juris.

betroffenen Kunden individualisierte Schreiben zukommen zu lassen, in dem diese darauf hinweisen sollte, dass die entsprechenden Klauseln unwirksam sind und dass sie sich in Zukunft nicht mehr darauf berufen werde.[345]

Die sich anschließende Revision wurde zurückgewiesen und der BGH stellte in seinem Urteil fest, dass die bereits vom Berufungsgericht angenommene Verpflichtung der Klägerin, die betroffenen Versicherungsnehmer über die Unwirksamkeit der streitgegenständlichen Klausel zu informieren, auf § 8 Abs. 1 UWG gestützt werden könne.[346] Der Verstoß einer Klausel gegen § 307 BGB stelle einen Verstoß gegen eine Marktverhaltensregelung im Sinne von § 3a UWG dar.[347]

Auch gehe die Verurteilung zur Information der Versicherungsnehmer nicht über die in § 8 UWG normierte Beseitigung der unzulässigen geschäftlichen Handlung hinaus.[348] Die Wiederherstellung „irgendeines ursprünglichen Zustands" sei nicht auferlegt und es gehe „weder darum, den Versicherungsnehmern einen durch die Verwendung der beanstandeten Klausel verursachten Schaden zu ersetzen, noch sie anderweitig so zu stellen, als wären die Versicherungsverträge nicht abgeschlossen worden".[349] Vielmehr ziele „die Verurteilung der Klägerin aus § 8 UWG allein auf die künftige Beseitigung der von der unwirksamen Klausel weiterhin ausgehenden Gefährdung".[350]

Es ginge dabei darum - so der BGH weiter - „die von der unwirksamen Klausel ausgehende Gefährdung für die Zukunft zu unterbinden".[351] Denn diese Gefährdung sei noch nicht dadurch vollständig beseitigt, dass die Klägerin es künftig unterlässt, „die beanstandete Klausel bei Vertragsschlüssen zu verwenden und sich in laufenden Verträgen darauf zu berufen, denn die Klausel könne in laufenden Verträgen den jeweiligen Versicherungsnehmer auch dann zu Fehlentscheidungen veranlassen, wenn sich die Klägerin darauf nicht ausdrücklich beruft, etwa weil es zu gar keinem Kontakt zwischen den Vertragsparteien kommt".[352]

Hierbei ist von besonderem Interesse, dass der BGH die offenbar durch die Revision angebrachte Kritik an dem zuvor dargestellten Urteil des OLG

345 OLG Düsseldorf, Urteil vom 11. Juli 2019 – I-20 U 111/18 –, juris, Rn. 29.
346 BGH, Urteil vom 31. März 2021 – IV ZR 221/19 –, juris, Rn. 48.
347 BGH, Urteil vom 31. März 2021 – IV ZR 221/19 –, juris, Rn. 48.
348 BGH, Urteil vom 31. März 2021 – IV ZR 221/19 –, juris, Rn. 55.
349 BGH, Urteil vom 31. März 2021 – IV ZR 221/19 –, juris, Rn. 55.
350 BGH, Urteil vom 31. März 2021 – IV ZR 221/19 –, juris, Rn. 55.
351 BGH, Urteil vom 31. März 2021 – IV ZR 221/19 –, juris, Rn. 55.
352 BGH, Urteil vom 31. März 2021 – IV ZR 221/19 –, juris, Rn. 55.

Dresden aufgreift und diese Kritik, vielmehr wohl aber die gesamten durch die Revision vorgebrachten Ausführungen hierzu, nur kurz und beiläufig als fehlgehend verwirft, da es um einen solchen „auf materiellen Ausgleich wirtschaftlicher Nachteile des Verbrauchers gerichteten Folgenbeseitigungsanspruch" in dem vorliegend Verfahren überhaupt nicht gehe.[353]

V. Urteil des Landgerichts Berlin vom 28.10.2021 (Az. 16 O 43/21)

Während der Anfertigung der vorliegenden Arbeit befasste sich das Landgericht Berlin mit der Frage des auf § 8 UWG gestützten Folgenbeseitigungsanspruchs und zudem - wie um die Bedeutung des in dieser Arbeit betrachteten Problems für die Praxis zu unterstreichen - im Zusammenhang mit der Erhebung von negativen Zinsen bzw. der Erhebung eines Verwahrentgeltes auf die Kundeneinlagen.[354]

Das Urteil verdient daher eine besondere Betrachtung, soll vorerst jedoch nur in Bezug auf die Ausführungen betreffend den Folgenbeseitigungsanspruch, und im späteren Teil der Arbeit dann erneut, und dort in Bezug auf die Ausführungen zu dem Verwahrentgelt betrachtet werden.

Das Landgericht verurteilte die Beklagte, eine Genossenschaftsbank, antragsgemäß zur Rückzahlung des erhobenen Verwahrentgelts.[355] Dem Kläger, dem Dachverband der Verbraucherzentralen in Deutschland, stehe der geltend gemachte Folgenbeseitigungsanspruch aus § 8 Abs. 1 und Abs. 3 Nr. 3 UWG in Verbindung mit §§ 3, 3a UWG und § 307 BGB zu.[356] Zur Begründung führt das Landgericht recht knapp aus, dass der Folgenbeseitigungsanspruch auf die Beseitigung der Störung gerichtet sei, welche „in der aufgrund der Klausel ungerechtfertigt vereinnahmten Gelder" bestehe und dieser Störungszustand andaure, „solange die Verbraucher ihre Bereicherungsansprüche aus § 812 BGB nicht geltend gemacht haben".[357] Ein milderes Mittel, namentlich die Kunden in die Lage zu versetzen ihre Ansprüche selber durchzusetzen, käme nicht in Betracht, da so nicht hinreichend sichergestellt wäre, „dass der Beklagten kein Vorteil aus der rechtswidrigen Handlung verbleibt".[358]

---

353 BGH, Urteil vom 31. März 2021 – IV ZR 221/19 –, juris, Rn. 56.
354 LG Berlin, Urteil vom 28. Oktober 2021 – 16 O 43/21 –, juris.
355 LG Berlin, Urteil vom 28. Oktober 2021 – 16 O 43/21 –, juris, Urteilstenor 3.; Rn. 1.
356 LG Berlin, Urteil vom 28. Oktober 2021 – 16 O 43/21 –, juris, Rn. 66.
357 LG Berlin, Urteil vom 28. Oktober 2021 – 16 O 43/21 –, juris, Rn. 69.
358 LG Berlin, Urteil vom 28. Oktober 2021 – 16 O 43/21 –, juris, Rn. 69.

Das Urteil des LG Berlin wurde in der Berufung durch Urteil des Kammergerichts in weiten Teilen aufgehoben, allerdings ohne dass seitens des Kammergerichts eine inhaltliche Auseinandersetzung mit dem durch das LG zugesprochenen Folgenbeseitigungsanspruch erfolgte.[359]

VI. Urteil des Oberlandesgerichts Rostock vom 15.11.2023 (Az. 2 U 15/21)

Nach Anfertigung und Einreichung der vorliegenden Arbeit wurde die Entscheidung des OLG Rostock[360] veröffentlicht, in der sich dieses als Berufungsgericht mit dem - erstinstanzlich durch das LG Rostock[361] abgewiesenen[362] - vorgebrachten Anspruch des Dachverbands der Verbraucherzentralen in Deutschland gegen einen Konzertveranstalter, auf Rückzahlung zu Unrecht in den AGB vereinbarter und auf deren Grundlage vereinnahmter Gebühren für die Rücküberweisung („Payout-Fee") von nicht verbrauchtem, zuvor mittels Überweisung auf ein elektronisches Armband aufgeladenem Guthaben im Rahmen eines Festivalbesuchs, befasste.[363]

Das OLG Rostock erkannte dabei, dass – wie bereits erstinstanzlich vom LG Rostock festgestellt – trotz Unwirksamkeit der verwendeten Klausel und der hierin liegenden unlauteren geschäftlichen Handlung[364] dem klagenden Verbraucherzentralen-Dachverband „ein Folgenbeseitigungsanspruch mit der von ihm begehrten Rechtsfolge, nämlich Rückzahlung der von den Verbrauchern einbehaltenen Gebühr an eben diese Verbraucher nicht zu{steht}"[365].

Zur Begründung führte dass OLG zutreffend aus, dass danach differenziert werden müsse, „worin im Einzelfall der Störungszustand und seine Folgen konkret bestehen", was im Falle unwirksamer AGB-Klauseln – wie streitgegenständlich – bedeutet, dass „der Störungszustand in erster Linie in der Fehlvorstellung über den Vertragsinhalt als Grundlage für geschäftliche Entscheidungen des Verbrauchers selbst {besteht}".[366] In dieser Fehlvorstellung liege die Beeinträchtigung der vom UWG geschützten Interessen.[367] Der

359 KG Berlin, Urteil vom 9. August 2023 – 26 U 129/21 –, juris.
360 OLG Rostock, Urteil vom 15. November 2023 – 2 U 15/21 –, juris.
361 LG Rostock, Urteil vom 15. Dezember 2020 – 3 O 1091/19 –, nicht veröffentlicht.
362 OLG Rostock, Urteil vom 15. November 2023 – 2 U 15/21 –, juris, Rn. 18.
363 OLG Rostock, Urteil vom 15. November 2023 – 2 U 15/21 –, juris, Rn. 3.
364 OLG Rostock, Urteil vom 15. November 2023 – 2 U 15/21 –, juris, Rn. 36.
365 OLG Rostock, Urteil vom 15. November 2023 – 2 U 15/21 –, juris, Rn. 35.
366 OLG Rostock, Urteil vom 15. November 2023 – 2 U 15/21 –, juris, Rn. 53.
367 OLG Rostock, Urteil vom 15. November 2023 – 2 U 15/21 –, juris, Rn. 54.

Störungszustand sei daher in dem Moment „beendet und nicht mehr fortwirkend {…}, wenn der Kunde über die wahre Vertragslage und sein Recht zur Rückforderung des zu viel gezahlten bzw. unrechtmäßig eingehaltenen Betrags in Kenntnis gesetzt wird“[368], da die „Fehlvorstellung {Anm: betr. die Rechtmäßigkeit der anfallenden „Payout-Fee“} als Folge der unlauteren Handlung {…} bereits durch eine berichtigende Aufklärung {…} beseitigt {worden wäre}“[369].

Einen über diese Fehlvorstellung hinausgehenden und zu beseitigenden Störungszustand verneinte das OLG[370] und wies insbesondere die Überlegung zurück, dass ein Rückerstattungsanspruch wegen „einer unberechtigten Bereicherung des Beklagten durch einen auf unlautere Weise herbeigeführten Gewinnzuwachs“ erforderlich sei[371], da dem Schädiger „kein Vorteil aus der unlauteren Handlung verbleiben {dürfe}“[372]. Ein derartiges „Rechtsschutzziel der Gewinnabschöpfung“ sei dem Beseitigungsanspruch des § 8 Abs. 1 S. 1 UWG fremd und die „gewollte Funktion, ein Marktversagen {…} zu korrigieren“, vom Gesetzgeber dem „Gewinnherausgabeanspruch aus § 10 UWG“ zugewiesen.[373] Die von der Klägerin angeführte „Effektivität des Rechtsschutzes“ könne „nicht dazu führen, dass nunmehr über den Beseitigungsanspruch in § 8 Abs. 1 S. 1 UWG die Möglichkeit eröffnet wird, unter Umgehung der im Grundsatz allein den Verbrauchern zustehenden individuellen Rückerstattungsansprüche nach dem BGB, durch den Verbraucherverband bestimmenden Einfluss auf die individuelle Vertragssituation zwischen Verbraucher und Unternehmer zu nehmen und eine vertragliche Rückabwicklung herbeizuführen“.[374]

Das Verfahren ist in der Revision beim BGH anhängig.[375]

VII. Übrige Rechtsprechung

Einen auf § 8 Abs. 1 UWG gestützten Folgenbeseitigungsanspruch hat auch das Oberlandesgericht Celle angenommen.[376]

---

368 OLG Rostock, Urteil vom 15. November 2023 – 2 U 15/21 –, juris, Rn. 55.
369 OLG Rostock, Urteil vom 15. November 2023 – 2 U 15/21 –, juris, Rn. 59.
370 OLG Rostock, Urteil vom 15. November 2023 – 2 U 15/21 –, juris, Rn. 65.
371 OLG Rostock, Urteil vom 15. November 2023 – 2 U 15/21 –, juris, Rn. 66.
372 OLG Rostock, Urteil vom 15. November 2023 – 2 U 15/21 –, juris, Rn. 67.
373 OLG Rostock, Urteil vom 15. November 2023 – 2 U 15/21 –, juris, Rn. 67.
374 OLG Rostock, Urteil vom 15. November 2023 – 2 U 15/21 –, juris, Rn. 73.
375 Anhängig beim BGH unter dem Az. I ZR 168/23.
376 OLG Celle, Beschluss vom 27. März 2019 – 3 U 3/19 –, juris.

Im Gegensatz zu dem erstinstanzlichen Urteil des Landgerichts Hannover[377], in dessen Urteil ein Folgenbeseitigungsanspruch namentlich keine Erwähnung fand, stellt das OLG Celle als Berufungsgericht in seinem Hinweisbeschluss fest, dass „der Kläger einen Folgenbeseitigungsanspruch gemäß §§ 8 Abs. 1 Satz 1, 3a UWG {hat}, darauf gerichtet, dass die Beklagte die negativen Auswirkungen ihrer Schreiben zur Einführung bzw. Änderung der neuen Klausel beseitigt, soweit sie bereits die Kontoführungsgebühr aufgrund der unzulässigen Klausel eingezogen hat".[378]

Die „einen Folgenbeseitigungsanspruch rechtfertigende Intensität" ergebe sich dem OLG zufolge daraus, dass die Beklagte ihre Vertragspartner angeschrieben habe und das in dem Anschreiben angekündigte Entgelt seit bereits zwei Jahren einziehe.[379]

Dem Verfahren lag der Streit des Dachverbands der Verbraucherzentralen gegen eine Bausparkasse wegen einer Änderung in deren AGB zugrunde, mittels derer die Beklagte die Erhebung eines jährlichen Kontoentgelts einführte.[380] Das Landgericht Hannover verurteilte die Beklagte antragsgemäß[381] und führte hierzu aus, dass der Kläger von der Beklagten gemäß § 3 Abs. 1 Nr. 1 UKlaG, § 8 Abs. 1 Nr. 3 UWG verlangen könne, u.a. diejenigen Kunden, denen gegenüber sie die Einführung der Gebühr bereits mitgeteilt hatte „darüber zu unterrichten, dass die Einführung des Kontoführungsentgeltes unwirksam ist, sofern dieses nicht bereits zurückgezahlt worden ist"[382]. Das Gericht sprach im Folgenden lediglich von einer „Richtigstellung" gegenüber den betroffenen Kunden, zu der die Beklagte verpflichtet sei, sofern diese selbige nicht bereits „durch die Rückzahlung der Entgelte zum Ausdruck bringt".[383] Dass ein Folgenbeseitigungsanspruch bestehe, erwähnte das Gericht ausdrücklich zwar nicht, sprach jedoch im Tenor aus, dass die Beklagte die zugesprochene Verpflichtung zur Mitteilung dadurch umgehen könne, indem sie den betroffenen Kunden die bereits eingezogenen Entgelte erstattet.[384]

---

377 LG Hannover, Urteil vom 08. November 2018 – 74 O 19/18 –, juris.
378 OLG Celle, Beschluss vom 27. März 2019 – 3 U 3/19 –, juris, Rn. 42.
379 OLG Celle, Beschluss vom 27. März 2019 – 3 U 3/19 –, juris, Rn. 44.
380 LG Hannover, Urteil vom 08. November 2018 – 74 O 19/18 –, juris.
381 LG Hannover, Urteil vom 08. November 2018 – 74 O 19/18 –, juris, Urteilstenor, sowie Rn. 14.
382 LG Hannover, Urteil vom 08. November 2018 – 74 O 19/18 –, juris, Rn. 20.
383 LG Hannover, Urteil vom 08. November 2018 – 74 O 19/18 –, juris, Rn. 27.
384 LG Hannover, Urteil vom 08. November 2018 – 74 O 19/18 –, juris, Urteilstenor 3.

VIII. Zusammenfassung und Stellungnahme

Bei Betrachtung der zuvor dargestellten Urteile fällt zunächst auf, dass es in der Rechtsprechung an einer klaren, begrifflichen Trennung zwischen dem Beseitigungs- und dem Folgenbeseitigungsanspruch mangelt. So wird teilweise sowohl abwechselnd wie mitunter auch deckungsgleich von der Beseitigung der Störung, der Beseitigung der Folgen des Störungszustands oder gar namentlich von einem Folgenbeseitigungsanspruch ausgegangen. So sprach das LG Stuttgart in seiner Entscheidung ausdrücklich davon, dass dem Kläger ein Anspruch auf Folgenbeseitigung zustünde. Das OLG Stuttgart hingegen hob das Urteil weitestgehend auf und begründete dies damit, dass das AGB-Recht keinen Folgenbeseitigungsanspruch kenne und „diese Erwägungen {...} auch den Unterlassungsanspruch aus § 8 UWG {erfassen}“[385]. Der BGH wiederum attestierte in der Revision ein „vom Gesetzgeber grundsätzlich anerkannte Bedürfnis nach einem den Verbraucherverbänden zustehenden Folgenbeseitigungsanspruch“[386], vermied es sodann jedoch, Ausführungen zum Inhalt dieses Anspruchs zu tätigen. In seinem späteren Urteil vermied der BGH sodann eine Auseinandersetzung sowohl mit dem Begriff des Folgenbeseitigungsanspruchs als auch der zwischenzeitlich durch das OLG Dresden erfolgten inhaltlichen Erweiterung des Anspruchs. Der BGH stellte vielmehr fest, dass die Verpflichtung zur Information über die Klauselunwirksamkeit von der in § 8 UWG normierten Beseitigung der unzulässigen geschäftlichen Handlung umfasst sei und allein auf die künftige Beseitigung der von der unwirksamen Klausel weiterhin ausgehenden Gefährdung abziele.

Das OLG Dresden - und diesem folgend zuletzt das LG Berlin - sah von einem auf § 8 Abs. 1 UWG gestützten Folgenbeseitigungsanspruch zudem die Rückzahlung vereinnahmter Entgelte umfasst, da sich nur durch diese Rückzahlung der „Störungszustand, gezahlt zu haben“ beseitigen lasse. Dem folgte das LG Berlin und vertrat ebenfalls, dass der Folgenbeseitigungsanspruch dazu berechtige, die Beendigung der in der durch die ungerechtfertigt vereinnahmten Gelder bestehenden Störung zu verlangen, die solange andauert, wie die Verbraucher ihre Bereicherungsansprüche aus § 812 BGB nicht geltend gemacht haben.

Bei der inhaltlichen Betrachtung und Abgrenzung von Tatbestand und Rechtsfolge des Folgenbeseitigungsanspruchs ist insoweit nicht die bloße Bezeichnung des Anspruchs zugrunde zu legen, sondern auf die jeweils

---

385 OLG Stuttgart, Urteil vom 07. August 2015 – 2 U 107/14 –, juris, Rn. 214.

386 BGH, Urteil vom 14. Dezember 2017 – I ZR 184/15 –, juris, Rn. 50.

austenorierte bzw. festgestellte Verpflichtung abzustellen und diese zu analysieren.

Der BGH hat in seinen Entscheidungen gerade offen gelassen, was genau der in § 8 UWG kodifizierte Anspruch auf Beseitigung umfasst.[387] Zwar könnte der Eindruck entstehen, der BGH habe mit seinem Urteil[388] insoweit für Klarheit gesorgt, als dass er wie oben dargestellt, generell so verstanden werden könnte, dass es nicht darum ginge, „einen durch die Verwendung der beanstandeten Klausel verursachten Schaden zu ersetzen" und der Beseitigungsanspruch aus § 8 UWG „allein auf die künftige Beseitigung der von der unwirksamen Klausel weiterhin ausgehenden Gefährdung" gerichtet sei.[389] Dies mag in Teilen zutreffen und soll im weiteren Verlauf der vorliegenden Arbeit im Rahmen der Betrachtung der inhaltlichen Ausgestaltung des Anspruchs Berücksichtigung finden, doch eine Auseinandersetzung mit dem Urteil des OLG Dresden erfolgte durch den BGH ausdrücklich nicht. Dass insoweit keine Klärung eingetreten ist, zeigt auch das zeitlich spätere Urteil des Landgerichts Berlin, in dem dieses zur Begründung eines auf Rückzahlung gerichteten Folgenbeseitigungsanspruchs ausführt, dass sichergestellt werden müsse, dass der Bank kein Vorteil aus der rechtswidrigen Handlung verbleibt. Ob diese Überlegung - insbesondere vor dem zuvor ausführlich erörterten Hintergrund des § 10 UWG - als tragfähige Begründung für den Anspruch dient, darf ebenfalls bezweifelt werden. Schließlich hat das OLG Rostock dem zu Recht entgegengehalten, dass es sich dabei um einen „dem Beseitigungsanspruch i.S.v. § 8 Abs. 1 S. 1 UWG fremd{en Ansatz}" handele.[390]

Bei der tatbestandlichen Betrachtung ist zudem die Reichweite bzw. der Umfang des Störungszustands von Bedeutung. Das LG Berlin und das Kammergericht sind bei dem von ihnen zu entscheidenden Sachverhalt insoweit davon ausgegangen, der Störungszustand bestehe in dem bei den Kunden durch das ursprüngliche Informationsschreiben ausgelösten und fortdauernden Irrtum.[391] Dies stellte sodann auch der BGH in seinem späteren Urteil im Jahr 2021 unmissverständlich fest, in dem er die „Verurteilung der Klägerin aus § 8 UWG allein auf die künftige Beseitigung der von der unwirksamen Klausel

387 Meller-Hannich in JZ 2018, 629 (631).
388 BGH, Urteil vom 31. März 2021 – IV ZR 221/19 –, juris.
389 BGH, Urteil vom 31. März 2021 – IV ZR 221/19 –, juris, Rn. 55.
390 OLG Rostock, Urteil vom 15. November 2023 – 2 U 15/21 –, juris, Rn. 67.
391 KG Berlin, Urteil vom 27. März 2013 – 5 U 1112/11 –, juris, Rn. 108.

weiterhin ausgehenden Gefährdung“ stützte, um die „von der unwirksamen Klausel ausgehende Gefährdung für die Zukunft zu unterbinden“.[392]

In den auf Rückzahlung gerichteten Verfahren vor dem OLG Dresden und dem LG Berlin gingen beide Gerichte nicht mehr bloß von einem auf dem Irrtum fußenden Störungszustand aus. Das OLG Dresden sah den Störungszustand in der Tatsache „gezahlt zu haben“[393], das LG Berlin in der „aufgrund der Klausel ungerechtfertigt vereinnahmten Gelder“[394]. Beide Gerichte gingen davon aus, dass der jeweilige Störungszustand andauere, solange das Geld bei dem Verwender verbleibt.

Hierbei stellt sich jedoch die Frage, ob die sodann erfolgten Verurteilungen zur Rückzahlung der vereinnahmten Gelder wirklich eine Maßnahme der Störungsbeseitigung oder nicht vielmehr bereits eine darüber hinausgehende Wiedergutmachung der aufgrund der Störung eingetretenen Vermögensverschiebung darstellen. Die Annahme, dass es sich bei der Vermögensverschiebung bzw. dem Vermögensverlust als solchem um die rechtswidrige und fortdauernde Beeinträchtigung, mithin den Störungszustand handeln soll, ist gerade vor dem Hintergrund, dass gerade diese Vermögensverschiebung doch Gegenstand von Schadensersatzansprüchen ist, fraglich. Letztendlich führt eine solch ausgedehnte Annahme des Störungszustands in der Rechtsfolge zu mehr als einer bloßen Beseitigung der Störung, wie sie noch mit der Rechtsprechung des BGH verstanden werden kann. Es findet nämlich eine Wiederherstellung des ursprünglichen Zustands statt. Die Beseitigung der Störung führt somit zu einer Umkehrung der durch die Störung eingetretenen Folgen, eben zu einem Folgenbeseitigungsanspruch.

Das OLG Rostock nahm daher entgegen der durch das OLG Dresden und LG Berlin vertretenen Ansicht, der Störungszustand liege in der Vermögensverschiebung selbst, an, dass „in Fällen, in denen {…} eine unwirksame AGB-Klausel vereinbart wurde oder der Kunde sonst einer Fehlvorstellung über den Vertragsinhalt unterliegt, {…} der Störungszustand in erster Linie in der Fehlvorstellung über den Vertragsinhalt als Grundlage für geschäftliche Entscheidungen des Verbrauchers selbst, hier also schon bereits bei Abschluss des Vertrags und bei Erwerb des Armbandes in der Fehlvorstellung einer rechts- und vertragswirksamen Gültigkeit der vereinbarten Rückerstattungsgebühr auf Grundlage der AGB des Verwenders {besteht}“.[395]

392 BGH, Urteil vom 31. März 2021 – IV ZR 221/19 –, juris, Rn. 55.
393 OLG Dresden, Urteil vom 10. April 2018 – 14 U 82/16 –, juris, Rn. 57.
394 LG Berlin, Urteil vom 28. Oktober 2021 – 16 O 43/21 –, juris, Rn. 69.
395 OLG Rostock, Urteil vom 15. November 2023 – 2 U 15/21 –, juris, Rn. 53.

Bei der Einordnung der zuvor aufgezeigten Rechtsprechung des BGH ist zudem zu beachten, dass in beiden Fällen auch über die Wirksamkeit der jeweils zugrunde liegenden Geschäftsbedingungs-Klauseln gestritten wurde. Die Unwirksamkeit der in Rede stehenden Klauseln stand also nicht bereits außer Frage. Ebenso verhält es sich bei dem vom LG Berlin entschiedenen Sachverhalt. Die zu beurteilende Frage, ob der Wirksamkeit einer Klausel zur Erhebung von negativen Zinsen bzw. der Erhebung eines Verwahrentgeltes auf Einlagen ist nicht höchstrichterlich geklärt und mithin für die Beteiligten und die Gerichte gänzlich unklar und mithin Gegenstand der Rechtsprechungsentwicklung.[396]

Anders verhielt es sich jedoch in dem durch das OLG Dresden zu beurteilenden Sachverhalt. Denn hier vereinnahmte die beklagte Bank die Entgelte zum einen ohne eine entsprechende Regelung in den AGB getroffen zu haben und zum anderen stand die Erhebung im Widerspruch zur seit Jahren gefestigten höchstrichterlichen Rechtsprechung[397]. Mithin lag ein besonders drastischer Fall vor, indem das Institut die Entgelte grob fahrlässig oder gar vorsätzlich entgegen der gefestigten Rechtsprechung des BGH und mithin widerrechtlich von seinen Kunden erhob. Trotz der schlicht faktischen Erhebung der Entgelte, ohne eine entsprechende Regelung in den zugrundeliegenden AGB, finden die für die Prüfung der Wirksamkeit von AGB maßgeblichen §§ 307 bis 309 BGB wegen § 306a BGB dennoch Anwendung.

Es erscheint zumindest unbillig, die Unterscheidung zwischen einem evidenten Verstoß gegen eine bereits gesicherte Rechtslage und einer erst im Rahmen des streitigen Verfahrens selbst gefundenen Rechtsansicht oder sogar aufgrund einer Rechtsprechungsänderung für die Vergangenheit geänderte Rechtslage unberücksichtigt zu lassen.[398]

Auf die Besonderheit des dem Urteil des OLG Dresden zugrundeliegenden Sachverhalt ging auch das OLG Rostock ein, dass sich mit seiner Entscheidung nicht „im – direkten – Widerspruch zu der {...} Entscheidung des Oberlandesgerichts Dresden“ sieht, da die Abbuchung in dem dort zur Entscheidung vorliegenden Fall nicht auf der Grundlage einer unwirksamen AGB erfolgte,

---

396 Vgl. insoweit auch das Berufungsurteil des KG Berlin, in welchem dieses die Entscheidung des LG Berlin bzgl. der Unwirksamkeit der Verwahrentgeltklausel aufgehoben hat: KG Berlin, Urteil vom 9. August 2023 – 26 U 129/21 –, juris.

397 OLG Dresden, Urteil vom 10. April 2018 – 14 U 82/16 –, juris, Rn. 55 m.V.a. BGHZ 114, 330, 335 161, 189, 191; BGH NJW 2000, 651.

398 So auch Schultheiß in WuB 2018, 481 (483), der für eine Berücksichtigung im Rahmen des Unlauterbarkeitvorwurfs oder alternativ der Verhältnismäßigkeit plädiert.

sondern „ohne eine im Vorfeld explizit getroffene vertragliche Grundlage und deshalb auch ohne eine anfängliche Fehlvorstellung der Verbraucher über den konkreten Vertragsinhalt i.S.d. der vermeintlichen Berechtigung des insoweit unlauter Handelnden".[399] In einem solchen Fall könne man, „wobei die dortigen Entscheidungsgründe keine konkrete Differenzierung zu dieser Frage zulassen, {...} die dortige Entscheidung zur Rückerstattung der eingezogenen Gebühren auch dahingehend auslegen, dass soweit Geldbeträge durch einen Unternehmer eigenmächtig und ohne vertragliche Grundlage abgebucht werden, der Störungszustand in diesem Fall in der einseitigen Vermögensverschiebung selbst liegt, mit welcher der betroffene Verbraucher bereits jeglicher Möglichkeit einer informierten geschäftlichen Entscheidung beraubt wird".[400]

C. Inhaltliche Ausgestaltung des Folgenbeseitigungsanspruchs

Die Untersuchung soll sich nachfolgend der inhaltlichen Ausgestaltung des Folgenbeseitigungsanspruchs unter Berücksichtigung der zuvor untersuchten Rechtsprechung und Literatur widmen. Dabei soll sich, dem der Untersuchung zugrunde liegenden Forschungsschwerpunkt der Arbeit folgend, die Betrachtung auf die Anwendung bei Verwendung unwirksamer AGB beschränken.

I. Tatbestand

Weder der Rechtsprechung des BGH noch den übrigen Urteilen lassen sich abschließend alle tatbestandlichen Voraussetzungen eines Folgenbeseitigungsanspruchs entnehmen oder diese zumindest vollständig erahnen. Vielmehr ergeben sie sich aus der Gesamtschau der ergangenen Rechtsprechung und der hierzu vertretenen Ansichten in der Literatur. Doch viele wesentliche Fragen sind bisher noch nicht geklärt. Immerhin ist der Folgenbeseitigungsanspruch in seiner weitestgehenden Ausprägung - nämlich der Erstattung zu Unrecht entrichteter Entgelte - bis dato noch nicht Gegenstand eines Verfahrens vor dem BGH gewesen.[401] Durch den BGH größtenteils geklärt ist hingegen - wie zuvor aufgezeigt - die Frage nach einer Informationspflicht der betroffenen Verbraucher durch den Verwender unwirksamer AGB. Und anhand der in diesen Fällen getroffenen Wertungen könnten Rückschlüsse auch auf diejenigen Fälle möglich sein, in denen die Rückzahlung zu Unrecht entrichteter Entgelte begehrt wird.

399 OLG Rostock, Urteil vom 15. November 2023 – 2 U 15/21 –, juris, Rn. 57.
400 OLG Rostock, Urteil vom 15. November 2023 – 2 U 15/21 –, juris, Rn. 58.
401 Vgl. auch Janal in GRUR 2023, 985 (987).

Insoweit soll nachfolgend auch untersucht werden, inwieweit sich die tatbestandlichen Voraussetzungen vor dem Hintergrund der jeweils begehrten Rechtsfolge unterscheiden könnten. Überlegenswert erscheint beispielsweise eine restriktivere Handhabung der Tatbestandsmerkmale, umso weitgehender die begehrte Rechtsfolge sein soll. Hierbei stellt sich die Frage, ob im Rahmen der Prüfung der Anspruchsvoraussetzungen es auch auf ein Verschulden des Verwenders ankommen sollte. Letztendlich wäre eine solche Abstufung der Voraussetzungen bzw. eine Einordnung der Schwere des Verstoßes im Rahmen der Verhältnismäßigkeitsprüfung denkbar.

Da der Folgenbeseitigungsanspruch in der Rechtsprechung auf den Beseitigungsanspruch des UWG gestützt wird, orientiert sich die inhaltliche Ausgestaltung des Anspruchs weitestgehend am Tatbestand des § 8 Abs. 1 UWG. Inwieweit hiervon jedoch eine Abweichung aufgrund der zuvor getätigten Überlegungen vorgenommen wird oder werden sollte, soll nachfolgend betrachtet werden.

1. Unlautere Geschäftliche Handlung

Die erste zwingende Voraussetzung eines Anspruchs nach § 8 Abs. 1 UWG ist das Vorliegen einer unlauteren geschäftlichen Handlung (nach § 3 oder § 7 UWG). Nachfolgend ist daher zu untersuchen, inwieweit eine solche unlautere geschäftliche Handlung in der Verwendung unwirksamer AGB und auf deren Grundlage erhobener Entgelte bestehen kann. Hierbei ist zwischen der geschäftlichen Handlung einerseits und deren Unlauterkeit andererseits zu unterscheiden.

a. Geschäftliche Handlung

Bezüglich der geschäftlichen Handlung enthält § 2 Abs. 1 Nr. 2 UWG eine Legaldefinition. Hiernach ist eine „geschäftliche Handlung" jedes Verhalten einer Person zugunsten des eigenen oder eines fremden Unternehmens vor, bei oder nach einem Geschäftsabschluss, das mit der Förderung des Absatzes oder des Bezugs von Waren oder Dienstleistungen oder mit dem Abschluss oder der Durchführung eines Vertrags über Waren oder Dienstleistungen unmittelbar und objektiv zusammenhängt; {…} .

Nach der herrschenden Meinung[402] stellt die Verwendung von unwirksamen AGB gegenüber einem Verbraucher wegen des in ihrer Verwendung liegenden objektiven Zusammenhangs mit der Förderung des Absatzes oder des

402 Köhler/Bornkamm/Feddersen/Köhler UWG § 3a Rn. 1.287; MüKoUWG/Schaffert § 3a Rn. 528; Harte-Bavendamm/Henning-Bodeweig/v.Jagow § 3a Rn. 70; Kruis

Bezugs von Waren oder Dienstleistungen und des Abschlusses eines Vertrags über Waren oder Dienstleistungen regelmäßig eine geschäftliche Handlung im Sinne des § 2 Abs. 1 Nr. 2 UWG dar.

Anders könnte es sich jedoch bei den auf Grundlage dieser AGB gezahlten Entgelten verhalten. Denn während die AGB im direkten Zusammenhang mit dem Vertragsschluss stehen - sie werden schließlich im Laufe des Vertragsschlusses einbezogen - erfolgt die Zahlung der Entgelte erst im späteren Verlauf der Vertragsausübung und mithin nach erfolgtem Vertragsabschluss. Nach der zuvor betrachteten Definition des § 2 Abs. 1 Nr. 2 UWG umfasst die „geschäftliche Handlung" allerdings jedes Verhalten „vor, bei oder nach einem Geschäftsabschluss". Mithin führt der Umstand, dass die Zahlung erst nach dem Vertragsschluss unter Einbeziehung der unwirksamen AGB und somit erst im späteren Verlauf der Vertragsausübung erfolgt, nicht zu einem Ausschluss als geschäftliche Handlung.

In Frage steht jedoch, ob die Qualifizierung der Zahlung als geschäftliche Handlung daran scheitert, dass der Zahlung in der Regel kein Verhalten des Unternehmers zugrunde liegt, welches geeignet ist, auf die Entscheidungsfindung des Verbrauchers einzuwirken.[403] Insoweit wird in Übereinstimmung mit der Rechtsprechung des BGH[404] vertreten[405], dass allein ein nicht vertragskonformes Verhalten des Unternehmers, welches allerdings nicht auf die Entscheidungsfindung des Verbrauchers einwirkt, keine geschäftliche Handlung im Sinne des UWG darstellt. So liegt schon keine Beeinflussung und darauf folgende Handlung des Verbrauchers vor, wenn im Falle der Erhebung negativer Zinsen das Institut - wie in der Bankenpraxis üblich - lediglich zum Ende der Abrechnungsperiode die erhobenen Entgelte selbst einzieht bzw. das Konto des Kunden entsprechend belastet.[406]

---

in ZIP 2019, 393 (395); Meller-Hannich in JZ 2018, 629 (631); BGH, Urteil vom 14. Dezember 2017 – I ZR 184/15 –, juris; BGH, Urteil vom 31. März 2021 – IV ZR 221/19 –, juris.

403 So argumentierend Kruis in ZIP 2019, 393 (396), der jedoch einschränkend hinzufügt, dass etwas anderes gelten könnte, sofern der Zahlung eine Zahlungsaufforderung durch den Unternehmer voraus geht.

404 BGH, Urt. v. 10.1.2013 – I ZR 190/11 –, juris.

405 Kruis in ZIP 2019, 393 (396).

406 Vgl. auch Kruis in ZIP 2019, 393 (396), der noch ergänzend anführt: Noch deutlicher sei „die lauterkeitsrechtliche Neutralität eines bloßen Zahlungsvorgangs" wenn der Kunde die Entgelte selbst und ohne vorherige Aufforderung durch das Institut anweist, weil er aufgrund der unwirksamen AGB glaubt, hierzu verpflichtet

Diese Argumentation überzeugt, denn die bloße Abbuchung, mithin die Vereinnahmung der Entgelte, erfolgt ohne weiteres Zutun oder Zustimmung des Kunden und ggf. sogar ohne seine Kenntnisnahme hiervon. Zudem ist diese nicht einmal erforderlich. Die Abbuchung erfolgt schließlich aufgrund der bei Vertragsschluss einbezogenen - wenn auch unwirksamen - AGB. Selbst in dem Fall, in dem der Kunde die Abbuchung zur Kenntnis nimmt und lediglich aufgrund der unwirksamen AGB der irrigen Annahme unterliegt, zu der Zahlung verpflichtet zu sein, und aus diesem Grunde die Abbuchung nicht moniert, sondern den eingetretenen Zustand hinnimmt, ist die ihn zu dieser Entscheidung motivierende geschäftliche Handlung in der Verwendung der unwirksamen AGB zu sehen. Denn der Kunde trifft die Entscheidung, nicht tätig zu werden, nicht aufgrund der erfolgten Abbuchung, sondern aufgrund der - unwirksamen - Regelung in den AGB, die ihn in dem Glauben lassen, dass er zu der Zahlung verpflichtet sei.

Die zuvor betrachteten Urteile enthalten hierzu keine Ausführungen. Das OLG Dresden stellt in seiner o.g. Entscheidung lediglich fest, dass in dem beanstandete Verstoß gegen § 307 BGB eine unlautere geschäftliche Handlung zu sehen ist[407], um später die Rückzahlungsverpflichtung im Wege der Folgenbeseitigung auf den „Störungszustand, {...} gezahlt zu haben" zu stützen[408]. Allerdings muss hierbei beachtet werden, dass es bei dem der Entscheidung zugrundeliegenden Sachverhalt insoweit um eine Sondersituation handelte, als dass das Institut die Kunden vor jeder Abbuchung der erhobenen Gebühr anschrieb und in dem Schreiben die darauf folgend abgebuchte Gebühr in Rechnung stellte. Das OLG sah darin insoweit eine „koordinierte Geschäftspraxis", die ebenfalls eine geschäftliche Handlung darstelle.[409]

Dieses Vorgehen ist auf die vorliegend schwerpunktmäßig betrachtete Erhebung negativer Zinsen bzw. eines Verwahrentgelts durch eine Regelung in den AGB jedoch nicht unmittelbar übertragbar.

---

zu sein, da hierin keine von der vorangegangenen Verwendung der unzulässigen AGB zu trennende Handlung liege {- was in der Bankenpraxis bei der Erhebung von negativen Zinsen wohl aber nicht auftreten dürfte}.

407 OLG Dresden, Urteil vom 10. April 2018 – 14 U 82/16 –, juris, Rn. 51.

408 OLG Dresden, Urteil vom 10. April 2018 – 14 U 82/16 –, juris, Rn. 57.

409 OLG Dresden, Urteil vom 10. April 2018 – 14 U 82/16 –, juris, Rn. 53; vgl. hierzu zudem Harte-Bavendamm/Henning-Bodeweig/Goldmann § 8 Rn. 283.

b. Unlauterkeit

Die in Rede stehende geschäftliche Handlung muss zudem das Tatbestandsmerkmal der Unlauterkeit erfüllen. Im Zusammenhang mit der Frage nach der Anwendbarkeit eines Folgenbeseitigungsanspruchs bei der Erhebung negativer Zinsen bzw. eines Verwahrentgelts durch eine entsprechende Regelung in den AGB stellt sich somit die Frage der Unlauterkeit dieses Vorgehens.

Hierbei ist zudem zu beachten, dass die Zulässigkeit der Vereinbarung einer solchen Regelung in den AGB gegenwärtig noch immer Gegenstand der Diskussion in der Literatur und der Rechtsprechung ist und daher von dem Bestehen einer eindeutigen Rechtslage keine Rede sein kann. In der Folge stellt sich somit die Frage, ob die Verwendung unbewusst unzulässiger AGB, also AGB deren Unzulässigkeit erst später durch die Rechtsprechung festgestellt wird, gegenüber Verbrauchern einen Anwendungsfall von unlauterem Handeln darstellt. Hierbei ist auch der Sinn und Zweck des Lauterkeitsrechts in Erinnerung zu rufen - vgl. oben: Kapitel 1, C, I -, welches die Lauterkeit des Rechtsverkehrs und somit einen unverfälschten Wettbewerb sicherstellen soll und nicht dem Schutz sonstiger Allgemeininteressen dient.

i. Unlauterkeit nach § 3 Abs. 2 UWG

Der Begriff der Unlauterkeit, der in den europarechtlichen Vorschriften Verwendung findet, löste mit der UWG-Reform des Jahres 2004 den zuvor im deutschen Recht verwendeten Begriff der guten Sitten ab.[410] Die Gesetzesbegründung definiert unlautere Handlungen als solche, „die den anständigen Gepflogenheiten in Handel, Gewerbe, Handwerk oder selbstständiger beruflicher Tätigkeit zuwiderlaufen".[411]

In § 3 UWG fand sich nach der Reform zunächst ein allgemeines Verbot unlauteren Wettbewerbs.[412] Der Gesetzesbegründung ist zu entnehmen, dass der Gesetzgeber davon ausging, dass es „wie bislang auch {…} weiterhin Aufgabe der Rechtsprechung sein {wird}, im Einzelnen zu konkretisieren, welche Handlungen als unlauter anzusehen sind".[413]

Mit dem Umsetzungsgesetz zur UGP-Richtlinie im Jahr 2008 wurde § 3 Abs. 2 in das UWG eingefügt, der vorsah, dass „geschäftliche Handlungen gegenüber Verbrauchern jedenfalls dann unzulässig {sind}, wenn sie nicht

---

410 BT-Drucks. 15/1487, S. 16.
411 BT-Drucks. 15/1487, S. 16.
412 BT-Drucks. 15/1487, S. 16.
413 BT-Drucks. 15/1487, S. 16.

der für den Unternehmer geltenden fachlichen Sorgfalt entsprechen und dazu geeignet sind, die Fähigkeit des Verbrauchers, sich auf Grund von Informationen zu entscheiden, spürbar zu beeinträchtigen und ihn damit zu einer geschäftlichen Entscheidung zu veranlassen, die er andernfalls nicht getroffen hätte".[414] Die Formulierung entstammte Art. 2 lit. e) der UGP-Richtlinie, die „wesentliche Beeinflussung des wirtschaftlichen Verhaltens des Verbrauchers" definiert als „die Anwendung einer Geschäftspraxis, um die Fähigkeit des Verbrauchers, eine informierte Entscheidung zu treffen, spürbar zu beeinträchtigen und damit den Verbraucher zu einer geschäftlichen Entscheidung zu veranlassen, die er andernfalls nicht getroffen hätte". Der in der deutschen Umsetzung verwendete Begriff der „fachlichen Sorgfalt" spiegelt den in der UGP-Richtlinie verwendeten Begriff der „beruflichen Sorgfalt" wider, und stellt lediglich eine sprachliche Konkretisierung dar, um eine Anwendung auch auf juristische Personen zu ermöglichen und eine uneinheitliche Begriffsbildung im Zivil- und Handelsrecht zu vermeiden.[415] Die UGP-Richtlinie definiert insoweit „berufliche Sorgfalt" in Art. 2 lit. h) als „der Standard an Fachkenntnissen und Sorgfalt, bei denen billigerweise davon ausgegangen werden kann, dass der Gewerbetreibende sie gegenüber dem Verbraucher gemäß den anständigen Marktgepflogenheiten und/oder dem allgemeinen Grundsatz von Treu und Glauben in seinem Tätigkeitsbereich anwendet".

Eine abermalige Änderung hat die Regelung in § 3 UWG sodann mit dem Zweiten Gesetz zur Änderung des Gesetzes gegen den unlauteren Wettbewerb im Jahr 2015 erfahren.[416] Die Änderung war aufgrund eines eingeleiteten Vertragsverletzungsverfahrens notwendig geworden und hatte zum Ziel, der UGP-Richtlinie „stärker zu folgen, insbesondere im Hinblick auf die Systematik und den Wortlaut der Richtlinie".[417] Der von der Bundesregierung unterbreitete Gesetzesentwurf wurde vom Bundestag abgeändert und § 3 UWG in seiner heutigen Fassung beschlossen: Geschäftliche Handlungen, die sich an Verbraucher richten oder diese erreichen, sind unlauter, wenn sie nicht der unternehmerischen Sorgfalt entsprechen und dazu geeignet sind, das wirtschaftliche Verhalten des Verbrauchers wesentlich zu beeinflussen.[418]

---

414 BT-Drucks. 16/10145, S. 5.

415 BT-Drucks. 16/10145, S. 21.

416 Vgl. zur Historie den ursprünglichen Entwurf der Bundesregierung eines Zweiten Gesetzes zur Änderung des Gesetzes gegen den unlauteren Wettbewerb, BT-Drucks. 18/4535.

417 BT-Drucks. 18/6571, S. 12.

418 BT-Drucks. 18/6571, S. 12.

Zwar war bereits vor der neuerlichen Änderung durch eine richtlinienkonforme Gesetzesauslegung sichergestellt, dass die Vorgaben der UGP-Richtlinie eingehalten wurden, doch um dem Erfordernis der Rechtssicherheit Rechnung zu tragen, bedurfte es der gesetzlichen Klarstellung. Der Begriff der „fachlichen Sorgfalt" wurde durch „unternehmerische Sorgfalt" ersetzt, „da der Unternehmer Adressat dieser Sorgfaltspflicht ist".[419]

Nach der Rechtsprechung des BGH widerspricht „die Verwendung unwirksamer Allgemeiner Geschäftsbedingungen {...} regelmäßig den Erfordernissen fachlicher {n.F.: unternehmerischer} Sorgfalt".[420]

Hierbei ist jedoch berechtigterweise zu fragen, wie weitreichend dieser Unlauterkeitsvorwurf bei der Verwendung unzulässiger AGB sein kann.

So ist es durchaus nachvollziehbar, bei Verwendung evident unzulässiger AGB, also solchen, die gegen die eindeutige Rechtslage oder gefestigte Rechtsprechung verstoßen, einen Verstoß gegen die unternehmerische Sorgfalt anzunehmen. Gerade aber bei AGB, die einen neuen Sachverhalt regeln und für die es ggf. in Literatur und Rechtsprechung zwar unterschiedliche, jedoch allesamt gut vertretbare Ansichten gibt oder sich sogar schon eine erste Tendenz in der Rechtsprechung gebildet hat, und deren Unzulässigkeit erst später durch den BGH festgestellt wird, oder AGB die gar im Einklang mit der bestehenden Rechtsprechung bestehen und sich erst durch eine Rechtsprechungsänderung als unzulässig herausstellen, stellt sich die Frage, ob deren Verwendung tatsächlich der unternehmerischen Sorgfalt widerspricht.[421] Argumentiert man hier, dass die Verwendung dieser AGB ursprünglich wohl kaum der unternehmerischen Sorgfalt widersprochen haben könne, wäre in der Folge, dem Gedanken folgend, dass gerade solche Handlungen, die der unternehmerischen Sorgfalt widersprechen, unlauter sind, einer Handlung, die der unternehmerischen Sorgfalt entspricht, kein Unlauterkeitsvorwurf zu machen.[422]

Im Ergebnis führt die gegenteilige Auffassung dazu, dass eben auch unbewusst unwirksame AGB einen Verstoß gegen die unternehmerische Sorgfalt darstellen würden, mithin Unlauterkeit für eine Situation unterstellt wird, in der das zu dieser Situation führende Handeln selbst keineswegs unlauter war, sondern eben nur das Ergebnis. Sanktioniert wird somit der sich

419 BT-Drucks. 18/6571, S. 13.

420 BGH, Urteil vom 31. Mai 2012 – I ZR 45/11 –, juris, Rn. 46.

421 Vgl. hierzu Schultheiß in WuB 2018, 481 (483).

422 So argumentierend: Schultheiß in WM 2019, 9 (13 f.).

einstellende unlautere Zustand und kaum der Verstoß gegen die unternehmerische Sorgfalt.[423]

In Fällen, in denen die Rechtsverletzung nicht evident ist, besteht mithin Raum zur Argumentation. Letztendlich kann dies jedoch dahinstehen, wenn sich die Unlauterkeit der Verwendung unwirksamer AGB gegenüber Verbrauchern aus dem Rechtsbruchtatbestand des § 3a UWG ergibt.

Das Verhältnis der Verbrauchergeneralklausel des § 3 Abs. 2 UWG zu den übrigen Spezialtatbeständen der Unlauterkeit ist teilweise noch nicht abschließend geklärt.[424]

Die aber wohl weit überwiegende Ansicht in der Literatur geht davon aus, dass wegen der abschließenden Regelung in Art. 3 Abs. 4 der UGP-Richtlinie[425] für die Anwendung der Generalklausel des § 3 Abs. 2 UWG bei der Verwendung unwirksamer AGB kein Raum ist.[426] Dem folgt (wohl) auch der BGH, der in ständiger Rechtsprechung seine Urteile auf § 3a UWG stützt.[427]

ii. Unlauterkeit nach § 3a UWG

Die Regelung des § 3a UWG, nach der unlauter handelt, wer einer gesetzlichen Vorschrift zuwiderhandelt, die auch dazu bestimmt ist, im Interesse der Marktteilnehmer das Marktverhalten zu regeln, und der Verstoß geeignet ist, die Interessen von Verbrauchern, sonstigen Marktteilnehmern oder Mitbewerbern

---

423 So im Ergebnis wohl Meller-Hannich in JZ 2018, 629 (631): „Eine Verbraucherrechtsverletzung, die nicht zumindest unter die Generalklausel des § 3 UWG bzw. unter § 3a UWG fällt, ist schwer vorstellbar. Das entspricht dem Charakter des privaten Verbrauchervertragsrechts als Marktverhaltensrecht ebenso wie dem Charakter des Lauterkeitsrechts als Verbraucherschutzrecht."

424 Vgl. zum Verhältnis zu § 3a UWG nur Köhler/Bornkamm/Feddersen/Köhler UWG § 3 Rn. 3.6 und zur Vertiefung die Darstellung zum Streitstand in den Rn. 3.7-3.11.

425 Richtlinie 2005/29/EG (Richtlinie über unlautere Geschäftspraktiken) - Art. 3 Abs. 4: Kollidieren die Bestimmungen dieser Richtlinie mit anderen Rechtsvorschriften der Gemeinschaft, die besondere Aspekte unlauterer Geschäftspraktiken regeln, so gehen die Letzteren vor und sind für diese besonderen Aspekte maßgebend.

426 MüKoUWG/Schaffert § 3a Rn. 528; Köhler/Bornkamm/Feddersen/Köhler UWG § 3a Rn. 1.290; Köhler in WRP 2012, 1475 (1477).

427 BGH, Urteil vom 31. Mai 2012 – I ZR 45/11 –, juris, Rn. 46; BGH, Urteil vom 14. Dezember 2017 – I ZR 184/15 –, juris, Rn. 41; BGH, Urteil vom 31. März 2021 – IV ZR 221/19 –, juris, Rn. 48 und 57; Dem zustimmend: Köhler in WRP 2012, 1475 (1477).

spürbar zu beeinträchtigen, wurde im Jahr 2015 mit dem zweiten Gesetz zur Änderung des Gesetzes gegen den unlauteren Wettbewerb und unter Zusammenfassung der zuvor in § 4 Nr. 11 UWG bestehenden Regelung[428] und der zuvor in § 3 Abs. 1 UWG enthaltenen Spürbarkeitsklausel[429] geschaffen.

Nach der ständigen Rechtsprechung des BGH handelt es sich bei den Vorschriften der §§ 307, 308 Nr. 1, 309 Nr. 7a BGB um Marktverhaltensregelungen im Sinne des § 3a UWG (zuvor: § 4 Nr. 11 UWG).[430] Dem steht auch nicht entgegen, dass die Regelung des § 3a UWG im Lichte der UGP-Richtlinie auszulegen ist - vgl. hierzu oben: Kapitel 1, C, II - und mithin eine Unlauterkeit nach § 3a UWG grundsätzlich nur durch einen Verstoß gegen solche Regelungen begründet werden kann, die wiederum ihrerseits eine Grundlage im Unionsrecht haben, da dies auf die Bestimmungen der §§ 307, 308 Nr. 1, 309 Nr. 7 a BGB zutrifft.[431] Auch das LG Berlin folgt in seiner Entscheidung vom 28.10.2021 (s.o. Kapitel 2, B, V) dieser Argumentation.[432]

Bei der Anwendung des § 3a UWG ist jedoch fraglich, inwieweit das Erfordernis der Spürbarkeit des Verstoßes von der Rechtsprechung bei Prüfung eines auf § 8 Abs. 1 UWG gestützten Folgenbeseitigungsanspruchs ausreichend geprüft und berücksichtigt wird. Das LG Berlin begründete seine vorgenannte Entscheidung insoweit mit der Annahme, dass „die Zuwiderhandlung {Anm: die unwirksame Klausel über das Verwahrentgelt bei den Tagesgeldkonten} geeignet ist, die wirtschaftlichen Interessen des Durchschnittsverbrauchers spürbar zu beeinflussen, denn sie kann ihn davon abhalten, berechtigte Ansprüche (sowie Einwendungen und Einreden) gegen den Verwender geltend zu machen“[433] und nahm - über den Umweg einer Kommentarfundstelle[434] - insoweit Bezug auf die Rechtsprechung des BGH, der zuvor zur Begründung der Spürbarkeit eines Verstoßes ausführte: „Trotz ihrer Unwirksamkeit können Vertragsklauseln {…} Verbraucher davon abhalten, berechtigte Ansprüche

428 BT-Drucks. 18/6571, S. 14.

429 Köhler/Bornkamm/Feddersen/Köhler UWG § 3a Rn. 1.5.

430 BGH, Urteil vom 31. Mai 2012 – I ZR 45/11 –, juris, Rn. 46; BGH, Urteil vom 14. Dezember 2017 – I ZR 184/15 –, juris, Rn. 41; BGH, Urteil vom 31. März 2021 – IV ZR 221/19 –, juris, Rn. 57; Vgl. zur Kritik hieran: Bunte in ZIP 2016, 956 (959).

431 BGH, Urteil vom 31. Mai 2012 – I ZR 45/11 –, juris, Rn. 47; Köhler/Bornkamm/Feddersen/Köhler UWG § 3a Rn. 1.288; MüKoUWG/Schaffert § 3a Rn. 528.

432 LG Berlin, Urteil vom 28. Oktober 2021 – 16 O 43/21 –, juris, Rn. 67.

433 LG Berlin, Urteil vom 28. Oktober 2021 – 16 O 43/21 –, juris, Rn. 67.

434 Vgl. insoweit Köhler/Bornkamm/Feddersen/Köhler, 40. Aufl. 2022, UWG § 3a Rn. 1.289.

gegen den Verwender geltend zu machen“[435]. Das OLG Dresden ging in seiner Entscheidung vom 10.04.2018 (s.o. Kapitel 2, B, III) hingegen auf die Spürbarkeit des Verstoßes gar nicht erst ein, nahm also keinerlei Prüfung hierzu vor.

Zur Kritik an dieser Entscheidungspraxis wird vorgebracht, dass die im Rahmen der Prüfung der Spürbarkeit eines Verstoßes anzustellende Wertung nach sämtlichen objektiven und subjektiven Umständen des Einzelfalls wie der Art, der Schwere und der Häufigkeit des Verstoßes, der Dauer des Rechtsbruchs und dessen Auswirkungen auf den Wettbewerb, sowie der Schutzzweck der in Rede stehenden Marktverhaltensregel zu erfolgen habe.[436] Zur Begründung wird teilweise angeführt, dass „die Verfolgung von bloßen Bagatellfällen auszuschließen und eine sachlich nicht gerechtfertigte Inanspruchnahme der Gerichte zu verhindern“ sei.[437]

Dieser Ansatz mag zunächst überzeugen. Im Ergebnis dürfte die Argumentation jedoch kaum verfangen, denn die Vorschrift des § 3a UWG ist im Lichte der Klausel-Richtlinie[438] auszulegen.[439] Und nach den Regelungen der Klauselrichtlinie ist das „Verbot der Verwendung missbräuchlicher AGB nicht davon abhängig, dass die Interessen der Verbraucher oder Mitbewerber spürbar betroffen sind“[440]. Insoweit kommt es demnach auf die Auswirkungen auf den Verbraucher, wie sie im Rahmen der Spürbarkeitsklausel geprüft werden sollen, gar nicht an, und es besteht mithin also ein Per-se-Verbot.[441] Die praktische Bedeutung solle jedoch gering sein, da die Verwendung unwirksamer

---

435 BGH, Urteil vom 31. Mai 2012 – I ZR 45/11 –, juris, Rn. 46.

436 So vertreten von: Baldus/Siedler in BKR 2018, 412 (415); Osburg in ZBB 2019, 384 (388); Schultheiß in WM 2019, 9 (13); a.A. Meller-Hannich in JZ 2018, 629 (631) m.w.N., dort Fn. 15. Der Rspr. folgend zudem MüKoUWG/Schaffert UWG § 3a Rn. 529; Köhler/Bornkamm/Feddersen/Köhler UWG § 3a Rn. 1.289; Von letzterem jedoch im Prinzip ebenfalls so vertreten: Köhler/Bornkamm/Feddersen/Köhler UWG § 3a Rn. 1.104.

437 So Baldus/Siedler in BKR 2018, 412 (415).

438 Richtlinie 93/13/EWG des Rates vom 5. April 1993 über missbräuchliche Klauseln in Verbraucherverträgen.

439 Köhler/Bornkamm/Feddersen/Köhler, 41. Aufl. 2023, UWG § 3a Rn. 1.289; Köhler in WRP 2012, 1475 (1477 f.); vgl. zudem mit einem differenzierenden Lösungsansatz Fritzsche/Münker/Stollwerk/Niebel/Kerl § 3a Rn. 7 ff.; vgl. zudem Harte-Bavendamm/Henning-Bodeweig/v.Jagow § 3a Rn. 10.

440 Köhler in WRP 2012, 1475 (1477).

441 Köhler/Bornkamm/Feddersen/Köhler UWG § 3a Rn. 1.289; Köhler in WRP 2012, 1475 (1477 f.).

AGB Interessen der Verbraucher notwendigerweise beeinträchtige und es mithin unerheblich sei, ob man die Spürbarkeit prüfe oder nicht.[442]

Die letztgenannte Ansicht überzeugt. Insbesondere im Verhältnis zu Verbrauchern lässt eine richtlinienkonforme Auslegung eine - letztendlich einer Verhältnismäßigkeitsprüfung ähnelnden - Abwägung im Rahmen des Spürbarkeitserfordernisses eines Verstoßes kaum zu. Und zudem vermag auch die Idee, Bagatellfälle bereits auf Tatbestandsebene auszuschließen, indem diesen infolge mangelnder Spürbarkeit die Unlauterkeit abgesprochen wird, gerade bei AGB-Verstößen kaum zu überzeugen. Denn der Einzelfall, also die Verwendung gegenüber dem einzelnen Verbraucher, mag vielleicht noch einen Bagatellfall darstellen, sicher jedoch nicht die großflächige Verwendung unzulässiger AGB gegenüber einer Vielzahl von Verbrauchern. Zudem stellt sich auch unter dem Gesichtspunkt des Wettbewerbsschutzes das Problem, dass der Verwender unzulässiger AGB hierdurch einen Wettbewerbsvorteil gegenüber den übrigen Mitbewerbern erlangt, den er für einen höheren Profit oder um ein günstigeres Angebot am Markt zu platzieren, nutzen kann.[443] Gerade dies soll jedoch eigentlich durch das Lauterkeitsrecht vermieden werden (vgl. oben zum Schutzzweck: Kapitel 1, C, I). Zuletzt überzeugt auch das zuvor schon im Rahmen von § 3 Abs. 2 UWG diskutierte Argument nicht, dass andernfalls keine Berücksichtigung dergestalt erfolgen könne, dass bspw. eine Regelung zunächst als gut vertretbar gälte und sich deren Unwirksamkeit erst später herausstellte oder selbige sogar erst durch eine Rechtsprechungsänderung eintrete und sie bis dahin im Einklang mit der Rechtsprechung stünde.

Denn dies stellt unzweifelhaft eine Härte dar und mag zwar das Ergebnis, welches durch eine Korrektur unter Wertungsgesichtspunkten erreicht werden könnte, zu begründen, aber es ändert eben an der Spürbarkeit des Verstoßes selbst überhaupt nichts und spiegelt letztendlich, gerade das vom Verwender zu tragende Verwendungsrisiko bei AGB wider, nämlich dass sich die verwendeten Klauseln später als unwirksam herausstellen können.

---

442 So Köhler in WRP 2012, 1475 (1477); so auch Meller-Hannich in JZ 2018, 629 (631): „Eine Verbraucherrechtsverletzung, die nicht zumindest unter die Generalklausel des § 3 UWG bzw. unter § 3a UWG fällt, ist schwer vorstellbar."; vgl. auch MüKoUWG/Schaffert § 3a Rn. 529.

443 Vgl. hierzu auch MüKoUWG/Schaffert UWG § 3a Rn. 528.

2. Fortwirkender bzw. fortdauernder Störungszustand

Für den Beseitigungsanspruch nach § 8 Abs. 1 UWG bildet der fortdauernde Störungszustand die materielle Anspruchsgrundlage: „Es muss ein Zustand entstanden sein, der sich für den Verletzten als eine sich ständig erneuernde und fortwirkende Quelle der Störung darstellt. "[444] Der Störungszustand setzt eine Verletzungshandlung voraus[445], er muss „auf die Zuwiderhandlung zurückzuführen {sein}, also adäquat-kausal auf ihr beruh{en}"[446]. So führt der BGH in seinen zuvor betrachteten Urteilen hierzu aus, dass der Beseitigungsanspruch darauf abziele, den Zustand zu beseitigen, welcher „durch die in der Vergangenheit liegende, abgeschlossene tatbestandsmäßige {Verletzungshandlung} entstanden {ist}"[447] und dass „die von der unwirksamen Klausel ausgehende Gefährdung für die Zukunft zu unterbinden"[448] sei.

Das Kammergericht sah in seiner Entscheidung aus dem Jahr 2013 den fortdauernden Störungszustand in dem bei den Kunden durch das ursprüngliche Informationsschreiben ausgelösten und fortdauernden Irrtum.[449] Der fortdauernde Störungszustand bei der Verwendung unwirksamer AGB läge demnach in der bei den Verbrauchern durch die Verwendung hervorgerufenen unzutreffenden Vorstellung über den Vertragsinhalt.[450]

In dieselbe Richtung geht auch die Argumentation des BGH, der in seiner Entscheidung aus dem Jahr 2017 feststellt, dass das begehrte Berichtigungsschreiben „auf die Richtigstellung eines bei den Kunden der Beklagten durch die beendete Verletzungshandlung erweckten Eindrucks"[451] ziele. Zugleich stellt der BGH heraus, dass „die Nichtvornahme der begehrten Berichtigungshandlung {...} vorliegend nicht gleichbedeutend mit der Fortsetzung der bereits abgeschlossenen Verletzungshandlung der Klauselverwendung" sei.[452] Diese Feststellung ist insoweit von Interesse, als sie zur Unterscheidung

---

444 Köhler/Bornkamm/Feddersen/Bornkamm UWG § 8 Rn. 1.109; Fritzsche/Münker/Stollwerk/Haertel § 8 Rn. 16 f.; Harte-Bavendamm/Henning-Bodeweig/Goldmann § 8 Rn. 219.

445 Köhler/Bornkamm/Feddersen/Bornkamm UWG § 8 Rn. 1.110; Fritzsche/Münker/Stollwerk/Haertel § 8 Rn. 16.

446 MüKoUWG/Fritzsche UWG § 8 Rn. 185.

447 BGH, Urteil vom 14. Dezember 2017 – I ZR 184/15 –, juris, Rn. 25.

448 BGH, Urteil vom 31. März 2021 – IV ZR 221/19 –, juris, Rn. 55.

449 KG Berlin, Urteil vom 27. März 2013 – 5 U 1112/11 –, juris, Rn. 108.

450 So auch Harte-Bavendamm/Henning-Bodeweig/Goldmann § 8 Rn. 283.

451 BGH, Urteil vom 14. Dezember 2017 – I ZR 184/15 –, juris, Rn. 25.

452 BGH, Urteil vom 14. Dezember 2017 – I ZR 184/15 –, juris, Rn. 25.

der Zielrichtung der begehrten Handlung und in Abgrenzung zu einem möglichen Unterlassungsanspruch, der - wie oben aufgezeigt, vgl. Kapitel 1, B, II - der Abwehr künftiger Beeinträchtigungen dient, erfolgt. So liegt demnach in der Nicht-Information der Verbraucher und mithin der unterlassenen Aufklärung über den bei diesen entstandenen Eindruck keine neuerliche Verletzungshandlung, sondern diese liege allein in der ursprünglichen - und mithin abgeschlossenen - Verwendung der unwirksamen AGB, aufgrund derer der Störungszustand - der erweckte Eindruck - fortwirke.

In seiner späteren Entscheidung entgegnet der BGH daher folgerichtig dem Einwand, der Störungszustand dauere nicht mehr fort, wenn der Verwender erkläre, dass er sich zukünftig nicht mehr auf die unwirksame Klausel berufen werde, dass dies den Störungszustand eben nicht beende, da die unwirksame Klausel den Vertragspartner dennoch weiterhin „zu Fehlentscheidungen veranlassen" könne, da er „der Klausel beispielsweise irrtümlich entnehmen" könnte, keinen Anspruch (dort: Versicherungsschutz) zu haben „und sodann aus Kostengründen auf die Wahrnehmung seiner rechtlichen Interessen verzichten" könnte.[453] Insofern wirkt der Störungszustand, sofern es „zu gar keinem Kontakt zwischen den Vertragsparteien"[454] komme, fort.

Insoweit überzeugt die von der Rechtsprechung vertretene Linie vor dem Hintergrund der zuvor aufgezeigten Definition des Störungszustands. Die Verwendung der unwirksamen AGB ist die Verletzungshandlung, auf der die unrichtige Vorstellung bzw. der fälschlich gewonnene Eindruck der Verbraucher adäquat-kausal beruht. Und folglich kann dann der Störungszustand auch nur durch eine Berichtigung der bei den Verbrauchern eingetretenen falschen Vorstellung behoben werden. Dies überzeugt auch vor dem Hintergrund, dass der Beseitigungsanspruch nach § 8 Abs. 1 UWG als Gefahrenbeseitigungsanspruch konzipiert ist - vgl. oben Kapitel 1, B, II -, nämlich eine geschaffene und fortbestehende Störungsquelle - die Fehlvorstellung - zu beseitigen. Mit Berichtigung der Fehlvorstellung - und eben erst dann, s.o. - ist der Störungszustand demnach beendet.[455]

Entsprechend vertrat dies auch das OLG Rostock, welches feststellte, dass bei der Vereinbarung unwirksamer AGB-Klauseln „der Störungszustand in erster Linie in der Fehlvorstellung über den Vertragsinhalt" bestehe und dieser „Störungszustand {...} beendet und nicht mehr fortwirkend {ist} {...}, wenn der

453 BGH, Urteil vom 31. März 2021 – IV ZR 221/19 –, juris, Rn. 55.
454 BGH, Urteil vom 31. März 2021 – IV ZR 221/19 –, juris, Rn. 55.
455 So auch Harte-Bavendamm/Henning-Bodeweig/Goldmann § 8 Rn. 283.

Kunde über die wahre Vertragslage und sein Recht zur Rückforderung des zu viel gezahlten bzw. unrechtmäßig einbehaltenen Betrags in Kenntnis gesetzt wird".[456]

Mithin stellt sich die Frage, wie es sich bezüglich einer Verpflichtung zur Rückzahlung der zu Unrecht - denn aufgrund unwirksamer AGB - erhobenen Gebühren bzw. Entgelte verhält. Nach den vorherigen Feststellungen wäre der Störungszustand bereits durch die Berichtigung der Fehlvorstellung beendet. Einem entsprechenden Rückzahlungsanspruch fehlte es mithin an einem fortdauernden Störungszustand.

Das OLG Dresden befand in seiner Entscheidung jedoch den zu einem Folgenbeseitigungsanspruch berechtigenden Störungszustand in dem Umstand, „30 EUR gezahlt zu haben".[457] Dieser Argumentation folgte auch das LG Berlin in seiner Entscheidung bzgl. der Rückzahlungsverpflichtung infolge der Erhebung eines Verwahrentgelts und befand, dass die Störung „in der aufgrund der Klauseln ungerechtfertigt vereinnahmten Gelder" bestand.[458]

Den Entscheidungen ist insoweit gemein, dass ihnen die Annahme zugrunde liegt, die fortdauernde Störung könne in der erfolgten Zahlung auf Grund der unwirksamen AGB selbst und der daraus resultierenden Vermögensverschiebung liegen. Und da diese Vermögensverschiebung fortbestehe, dauere auch der Störungszustand an.[459]

---

456 OLG Rostock, Urteil vom 15. November 2023 – 2 U 15/21 –, juris, Rn. 53 ff.; vgl. insoweit auch Rn. 59: Die „Fehlvorstellung als Folge der unlauteren Handlung des Beklagten - die auch für die Entscheidung der Verbraucher über eine Rückforderung als ‚Folge' fortwirkt und andauert - wäre bereits durch eine berichtigende Aufklärung seitens des Beklagten beseitigt.".

457 OLG Dresden, Urteil vom 10. April 2018 – 14 U 82/16 –, juris, Rn. 57 („Der Störungszustand, 30 EUR gezahlt zu haben, lässt sich nur auf eine Weise beseitigen – durch Rückzahlung"). Hierbei ist jedoch zu berücksichtigen, dass in dem vom OLG Dresden entschiedenen Fall die Abbuchungen nicht auf Grundlage unwirksamer AGB, sondern ohne jede vertragliche Grundlage erfolgten, allerdings nach entsprechender Information der Kunden durch die Bank: „Für den durch die Pfändung entstandenen Aufwand erlauben wir uns, Ihr Konto mit EUR 30,00 zu belasten.". Der Störungszustand ist daher auch in diesem Fall in der hervorgerufenen Fehlvorstellung bei den Verbrauchern zu sehen und nicht der Vermögensverschiebung.; Anderer Ansicht ist jedoch Harte-Bavendamm/Henning-Bodeweig/Goldmann § 8 Rn. 283.

458 LG Berlin, Urteil vom 28. Oktober 2021 – 16 O 43/21 –, juris, Rn. 69.

459 Vgl. insoweit auch Köhler/Bornkamm/Feddersen/Bornkamm UWG § 8 Rn. 1.108d: „Wenn es – wie im Leipziger Verfahren – um zu Unrecht gezahlte oder abgebuchte Geldbeträge geht, liegt der fortbestehenden Störungszustand

Dass die Zahlung selbst schon nicht die Verletzungshandlung - mithin eine geschäftliche Handlung - sein kann, wurde zuvor bereits erörtert (vgl. oben unter 1. a.). Die Verletzungshandlung ist demnach weiterhin in der Verwendung der unwirksamen AGB zu sehen, während die aufgrund der AGB erfolgte Zahlung bzw. Vermögensverschiebung den Störungszustand darstellen soll. Hierbei stellt sich bereits das Problem, dass nach der zuvor aufgezeigten Rechtsprechung des BGH der Zustand beseitigt werden soll, der aufgrund der in der Vergangenheit liegenden, abgeschlossenen tatbestandsmäßigen Verletzungshandlung entstanden ist. Aufgrund der Verwendung der AGB ist jedoch keine Vermögensverschiebung eingetreten. Dieser „Zustand“ der Vermögensverschiebung tritt erst durch den Zahlungsvorgang selbst ein. Der Zustand, der durch die Verletzungshandlung eintritt, ist der Irrglaube, einem berechtigten Anspruch ausgesetzt zu sein und deswegen die Zahlung zu tätigen bzw. diese geschehen zu lassen.[460] Der Zahlungsvorgang selbst verhält sich diesbezüglich neutral, denn er selbst stellt keine geschäftliche Handlung dar (s.o.), noch ist der Zahlungsvorgang bzw. die Vermögensverschiebung der Zustand, der aufgrund der Verletzungshandlung eintritt. Die Zahlung stellt sich letztlich lediglich als weitere Folge des eingetretenen und fortwirkenden Störungszustands, der durch die unwirksamen AGB hervorgerufenen Fehlvorstellung, dar.[461]

Zur Verdeutlichung des zuvor Gesagten stelle man sich den Zustand vor, der unmittelbar nach Vertragsschluss besteht. Die AGB sind bereits einbezogen, die Zahlung jedoch noch nicht getätigt. Hierbei läge die Verletzungshandlung bereits in der Vergangenheit und wäre abgeschlossen, der vermeintliche Störungszustand - die Vermögensverschiebung - mangels Zahlung jedoch noch nicht eingetreten. Stellt man sich zudem vor, dass nach erfolgter Zahlung diese zurückgezahlt würde, wäre durch die Rückzahlung der Störungszustand - die bestehende Fehlvorstellung - nicht behoben worden. Hierzu bedürfe es einer

darin, dass den Verbrauchern der ihnen zustehende Geldbetrag weiterhin vorenthalten wird“, der jedoch zur Begründung auf die wohl zu vermeidende Folge abstellt, nämlich dass andernfalls „der Bank die Rendite aus der Verwendung der unwirksamen AGB verbliebe.“.

460 Vgl. hierzu auch OLG Rostock, Urteil vom 15. November 2023 – 2 U 15/21 –, juris, Rn. 65: „Einen weitergehenden und zu beseitigenden Störungszustand als die hier durch die rechtswidrige Behauptung des Beklagten hervorgerufene Fehlvorstellung der Verbraucher, welche mittels des Anspruchs aus § 8 Abs. 1 S. 1 UWG zu beseitigen gewesen wäre, vermag der Senat auch insoweit nicht zu erkennen.“.

461 So auch Kruis in ZIP 2019, 393 (397 f.); Baldus/Siedler in BKR 2018, 412 (417).

weiteren Beseitigungshandlung, nämlich einer entsprechenden Erklärung des Verwenders bzw. eine Aufklärung durch diesen.

Hierin liegt auch gerade der Unterschied zu der vom BGH in einem früheren Urteil entschiedenen Sondersituation, in der der Beseitigungsanspruch auf Zahlung eines Geldbetrags gerichtet sein kann, wenn sich die geschaffene Beeinträchtigung nicht anders als durch eine Geldzahlung beseitigen lässt[462] - vgl. oben: Kapitel 1, B, II. In dem zu entscheidenden Fall lag der Störungszustand darin, dass der Beklagten gesetzlich geschuldete Geldbeträge vorenthalten wurden - vorliegend liegt der Störungszustand jedoch in der aufgrund der Verwendung der unwirksamen AGB entstandenen Fehlvorstellung.[463]

Gegen die Annahme der Vermögensverschiebung als Störungszustand spricht zudem, dass andernfalls jeder Vermögensschaden eines Verbrauchers infolge einer unlauteren geschäftlichen Handlung einen Störungszustand darstellen würde.[464] Daher soll, selbst wenn man den Zahlungsvorgang bzw. dessen Hinnahme als geschäftliche Handlung ansehen sollte, die Vermögensverschiebung selbst keinen Störungszustand darstellen.[465]

Die aufgrund der eingetretenen Fehlvorstellung getätigte Zahlung bzw. das Geschehen lassen selbiger stellt sich mithin als weitere Folge des bereits in der Vergangenheit eingetretenen und abgeschlossenen Störungszustands dar. Es zeigt sich somit, dass die Verpflichtung zur Rückzahlung einen echten Folgenbeseitigungsanspruch darstellen würde, der nämlich die weiteren Folgen des Störungszustands beseitigen und mithin rückabwickeln würde. Dies geht über den bloßen Beseitigungsanspruch des § 8 Abs. 1 UWG hinaus, dessen Ziel es gerade nicht ist, die eingetretenen Folgen zu beseitigen, sondern lediglich den Störungszustand zu beenden.[466]

---

462 BGH, Urteil vom 02.07.1996 in NJW 1996, 3005 f..

463 Vgl. auch Bunte in ZIP 2016, 956 (960); sowie Singbartl/Zintl in VuR 2016, 14 (17).

464 Köhler in WRP 2019, 269 (275). Vgl. auch MüKoUWG/Fritzsche § 8 Rn. 188: „Nicht als fortdauernder Störungszustand sind dagegen reine Individualschäden anzusehen".

465 Köhler in WRP 2019, 269 (275).

466 Anderer Ansicht: Rott in VuR 2016, 109 (113), der die Entscheidung des LG Leipzig begrüßt, „die durch die Verwendung eingetretene Störung, nämlich den Geldtransfer, dadurch zu beseitigen, dass das Geld zurückerstattet wird" und dies als „notwendigen letzten Schritt" des Folgenbeseitigungsanspruchs bezeichnet. Zudem wohl auch Meller-Hannich in JZ 2018, 629 (632): „Auch die Zuerkennung von Rückzahlungspflichten ist zu bejahen". Zudem begrüßen auch Kühner/Singbartl in EWiR 2019, 5 (6) die Entscheidung des OLG Dresden, ohne jedoch vertieft auf den Störungszustand einzugehen.

Der zur Vermeidung einer „ausufernden Haftung“ insoweit auch vertretenen Ansicht, dass der Störungszustand zudem beim klagenden Verband selbst vorliegen müsse[467] und der Störungszustand in der vorliegenden Konstellation lediglich bei den Verbrauchern vorliegt, ist jedoch die eindeutige gesetzliche Regelung des § 8 Abs. 3 Nr. 3 UWG entgegenzuhalten, wonach den qualifizierten Einrichtungen die in § 8 Abs. 1 geregelten Ansprüche zustehen. Der BGH hat daher folgerichtig hierzu festgestellt, dass hierfür „weitere Voraussetzungen wie die Beeinträchtigung eigener Interessen der Einrichtungen {nicht} bestehen“ müssen.[468]

Allerdings erscheint die Überlegung plausibel, dass man dies im Falle des zuvor vom Beseitigungsanspruch abgegrenzten Folgenbeseitigungsanspruchs - sofern man einen solchen grundsätzlich anerkennen würde - doch anders sähe, da ein solcher Anspruch in der Rechtsfolge eher dem Schadensersatzanspruch des § 9 UWG ähnelt und dieser - vgl. oben Kapitel 1, B, III - lediglich einen Anspruch von Mitbewerbern und Verbrauchern begründet, etwaige Verbände jedoch von der Anspruchsgeltendmachung ausgeschlossen sind.[469]

3. Rechtswidrigkeit des Störungszustands

Der für die Anspruchsgewährung vorausgesetzte fortdauernde Störungszustand selbst muss zudem rechtswidrig sein, wobei die ihm zugrunde liegende Handlung ihrerseits rechtmäßig sein kann.[470] Ist die dem Störungszustand zugrundeliegende Handlung unlauter, führt dies bereits zur Rechtswidrigkeit des Störungszustands.[471] Die Rechtswidrigkeit entfällt, sofern ein Rechtfertigungsgrund vorliegt (bspw. Duldungspflicht).[472]

---

467 Vgl. insoweit Schultheiß in WuB 2018, 481 (483), der auf eine - so nicht mehr vertretene - Ansicht in der Fachliteratur verweist; sowie Baldus/Siedler in BKR 2018, 412 (417).

468 BGH, Urteil vom 14. Dezember 2017 – I ZR 184/15 –, juris, Rn. 51. Dem folgend und unter Aufgabe der zuvor vertretenen Ansicht nun auch: Köhler/Bornkamm/Feddersen/Bornkamm UWG § 8 Rn. 1.108d; vgl. auch Fritzsche in WRP 2019, I, Nr. 03.

469 So vertreten von Baldus/Siedler in BKR 2018, 412 (417).

470 Köhler/Bornkamm/Feddersen/Bornkamm UWG § 8 Rn. 1.111; MüKoUWG/Fritzsche § 8 Rn. 193; Fritzsche/Münker/Stollwerk/Haertel § 8 Rn. 21; Harte-Bavendamm/Henning-Bodeweig/Goldmann § 8 Rn. 233; Fezer/Büscher/Obergfell/Büscher § 8 Rn. 12.

471 Köhler/Bornkamm/Feddersen/Bornkamm UWG § 8 Rn. 1.111; MüKoUWG/Fritzsche § 8 Rn. 193; Fritzsche/Münker/Stollwerk/Haertel § 8 Rn. 22; Harte-Bavendamm/Henning-Bodeweig/Goldmann § 8 Rn. 233.

472 MüKoUWG/Fritzsche § 8 Rn. 193; Fritzsche/Münker/Stollwerk/Haertel § 8 Rn. 21; Harte-Bavendamm/Henning-Bodeweig/Goldmann § 8 Rn. 234.

Bei der Verwendung unwirksamer AGB ist die Rechtswidrigkeit des sich aus der Verwendung ergebenden Störungszustands gegeben. Die Verwendung selbst stellt eine unlautere geschäftliche Handlung dar, vgl. oben. Etwaige Duldungspflichten zur Hinnahme der Handlung selbst - der Verwendung der unwirksamen AGB - oder des Störungszustands - der Fehlvorstellung über die Wirksamkeit der AGB - sind nicht ersichtlich. Sowohl die Rechtsprechung als auch die Literatur problematisieren diesen Punkt daher nicht. Auch im Fall der Ansicht, die den Störungszustand in dem Umstand „gezahlt zu haben" resp. der entsprechenden Vermögensverschiebung verortet, ist auch diesbezüglich die Rechtswidrigkeit gegeben. Die Vermögensverschiebung ihrerseits beruht auf einer unwirksamen Regelung in den AGB und muss selbst nicht geduldet werden. Ihr steht vielmehr ein Anspruch aus ungerechtfertigter Bereicherung gegenüber.

4. Verschulden

Grundsätzlich sieht § 8 UWG bei Vorliegen der übrigen Voraussetzungen eine verschuldensunabhängige Gewährung des Beseitigungsanspruchs - sowie des Unterlassungsanspruchs - vor.[473] Er unterscheidet sich insoweit vom Schadensersatzanspruch des § 9 UWG, der Vorsatz oder Fahrlässigkeit voraussetzt (vgl. oben: Kapitel 1, B).

Dennoch wird vertreten, sollte ein auf § 8 Abs. 1 UWG gestützter Folgenbeseitigungsanspruch grundsätzlich anerkannt werden, diesen nicht verschuldensunabhängig zu gewähren.[474]

---

473 MüKoUWG/Fritzsche § 8 Rn. 197; Köhler/Bornkamm/Feddersen/Bornkamm UWG § 8 Rn. 1.99; Fritzsche/Münker/Stollwerk/Haertel § 8 Rn. 14; Harte-Bavendamm/Henning-Bodeweig/Goldmann § 8 Rn. 212; Fezer/Büscher/Obergfell/Büscher § 8 Rn. 7 und Rn 12.

474 So Schultheiß in WM 2019, 9 (14 f.), der das Verschulden jedoch im Rahmen der Verhältnismäßigkeitsprüfung berücksichtigen möchte. Ebenso Osburg in ZBB 2019, 384 (390); vgl. auch Baldus/Siedler in BKR 2018, 412 (417), die den Folgenbeseitigungsanspruch jedoch insgesamt als Schadensersatzanspruch qualifizieren wollen; vgl. zudem Kruis in ZIP 2019, 393 (397), Bunte in ZIP 2016, 956 (960) sowie Köhler in WRP 2019, 269 (275), die alle bei einer Ausdehnung des Beseitigungsanspruchs hin zu einem Folgenbeseitigungsanspruch ein Unterlaufen des für Schadensersatzansprüche bestehende Verschuldenserfordernis befürchten; vgl. des Weiteren Meller-Hannich in JZ 2018, 629 (632), die gegen den Folgenbeseitigungsanspruch anführt, dass dieser auf „die Abschöpfung zu Unrecht erzielter Gewinne hinausläuft, wofür § 10 UWG ansonsten recht hohe Hürden, insbesondere die eines vorsätzlichen Verstoßes, aufstellt".

Die Untersuchung hat bisher gezeigt, dass der Folgenbeseitigungsanspruch, sofern er nicht die Folgen der Verletzungshandlung, sondern die weiteren Folgen des eingetretenen und fortwirkenden Störungszustands beseitigt, er mehr einem Schadensersatzanspruch ähnelt als einem Beseitigungsanspruch, da er im Ergebnis zu einer finanziellen Umkehrung der eingetretenen Folgen der Verletzungshandlung verpflichtet und mithin einer Naturalrestitution gleichkommt.

Zudem setzt auch die Herausgabe des durch eine unzulässige geschäftliche Handlung und zu Lasten einer Vielzahl von Abnehmern vereinnahmten Gewinns nach § 10 Abs. 1 UWG eine vorsätzliche bzw. grob fahrlässige Begehung voraus (vgl. oben: Kapitel 1, B, IV). Ein auf die Erstattung der vereinnahmten Gebühren bzw. Entgelte gerichteter Folgenbeseitigungsanspruch führt in der Rechtsfolge letztendlich zu dem selben Ergebnis bzw. noch darüber hinaus, weil die gesamten vereinnahmten Gelder und nicht lediglich der Gewinn abzuführen sind, und zusätzlich zu einer unmittelbaren Abführung an die geschädigten Verbraucher selbst und nicht an den Bundeshaushalt.

Der Gesetzgeber hat sich jedoch bei der Gewinnabschöpfung nach § 10 Abs. 1 UWG aus guten Gründen zunächst explizit für das Erfordernis eines vorsätzlichen Handelns entschieden.[475] So sei eine Zahlungsverpflichtung selbst „bei einer fahrlässigen Zuwiderhandlung {…} nicht gerechtfertigt“[476], da der Unternehmer andernfalls „häufig einem nicht unerheblichen Prozessrisiko ausgesetzt“[477] sei. Eben dieses Prozessrisiko sei aber nur dann gerechtfertigt, wenn „ein Mitbewerber durch das wettbewerbswidrige Verhalten einen echten Schaden erleidet“ - weswegen für den Anspruch nach § 9 Abs. 1 UWG und für den Anspruch der Verbraucher in Abs. 2 auch fahrlässiges Verhalten ausreicht -, während vom Gewinnabschöpfungsanspruch „die Fälle erfasst werden, in denen die Geschädigten den Anspruch nicht geltend machen“ und der Anspruch mithin „weniger dem Interessenausgleich sondern vielmehr einer wirksamen Abschreckung“ diene.[478] Schließlich sei es „mit Blick auf das erwähnte Prozessrisiko“ und um „unangemessene Belastungen für die Wirtschaft zu vermeiden“, gerechtfertigt, „dass in den Fällen der fahrlässigen Zuwiderhandlung der Abschreckungsgedanke zurücktritt“.[479]

---

475 Seit Inkrafttreten der im Rahmen des Verbandsklagenrichtlinienumsetzungsgesetzes (VRUG) vorgenommenen Änderungen am UWG mit Wirkung zum 13.10.2023 genügt nunmehr bereits grobe Fahrlässigkeit, vgl. § 10 Abs. 1 Satz 1 UWG.

476 BT-Drucks. 15/1487, S. 23.

477 BT-Drucks. 15/1487, S. 24.

478 BT-Drucks. 15/1487, S. 24.

479 BT-Drucks. 15/1487, S. 24.

Die Argumentation des Gesetzgebers bei der Begründung des Vorsatzerfordernisses im Rahmen des Anspruchs nach § 10 Abs. 1 UWG unterstreicht zunächst einmal mehr die zuvor bereits festgestellte unzulässige richterliche Rechtsfortbildung des Anspruchs nach § 8 Abs. 1 UWG hin zu einem Folgenbeseitigungsanspruch. Die Zuerkennung eines Folgenbeseitigungsanspruchs lediglich auf Grundlage der rein objektiven Kriterien des § 8 Abs. 1 UWG widerspräche der gesetzgeberischen Wertung.[480]

So stellt das OLG Rostock in seinem Urteil zutreffend fest, dass ein auf § 8 Abs. 1 UWG gestützter Folgenbeseitigungsanspruch schließlich „einem Gewinnabschöpfungsanspruch nach § 10 UWG gleichkommen {würde}, den der Gesetzgeber aber bewusst außerhalb des § 8 UWG angesiedelt und zudem mit dem zusätzlichen Tatbestandsmerkmal des Verschuldens im Anwendungsbereich deutlich beschränkt hat".[481]

Sofern man einen solchen Anspruch dennoch annehmen sollte, erscheint es nur folgerichtig, bei einer derart weiten Ausdehnung des Anspruchs nach § 8 Abs. 1 UWG hin zu einem Folgenbeseitigungsanspruch auch die strengeren Anspruchsvoraussetzungen des § 10 Abs. 1 UWG oder zumindest des § 9 UWG, mithin ein Verschulden bei der Begehung der unlauteren geschäftlichen Handlung, zugrunde zu legen.

Derselbe Schluss lässt sich zudem mit einem ansonsten bestehenden Widerspruch zu dem allgemeinen Prinzip des deutschen Schadensrechts, dass grundsätzlich ein Verschulden des Verursachers bei der Zuerkennung eines Schadensersatzanspruchs notwendig ist, begründen.[482]

In den einschlägigen zu einer Rückzahlung verurteilenden Gerichtsentscheidungen des OLG Dresden und des LG Berlin wird ein etwaiges Verschulden nicht geprüft. Allerdings ist es bei dem Urteil des OLG Dresden schwer vorstellbar, dass dieses vor dem Hintergrund des Verstoßes nicht teilweise auch vom Ergebnis her gedacht wurde und insoweit eine zumindest inzidente Prüfung und Berücksichtigung der Schwere des Verstoßes resp. des Verschuldens bei der Entscheidung erfolgt ist. Zur Erinnerung: Der Entscheidung des OLG Dresden lag ein besonders schwerwiegender Verstoß des Instituts zugrunde, das von seinen Kunden ohne gesetzliche oder vertragliche Grundlage und entgegen der einschlägigen, jahrealten Rechtsprechung des BGH ein Entgelt für

---

480 So auch Köhler in WRP 2019, 269 (275).

481 OLG Rostock, Urteil vom 15. November 2023 – 2 U 15/21 –, juris, Rn. 75.

482 Schultheiß in WM 2019, 9 (15); Osburg in ZBB 2019, 384 (390); Kruis in ZIP 2019, 393 (397, 398 f.); Bunte in ZIP 2016, 956 (960).

die Bearbeitung eingehender Pfändungen erhob. Im Rahmen der Abwägung zwischen dem Bankgeheimnis und dem Auskunftsanspruch stellte in der Vorinstanz das LG Leipzig hierzu noch fest, dass die Beklagte sich „hartnäckig einer seit dem Jahr 1999 bestehende BGH-Rechtsprechung widersetzt und ihre Position gegenüber Verbrauchern missbraucht" habe.[483]

Auch in den Entscheidungen des BGH finden sich keine Anhaltspunkte für eine etwaige Berücksichtigung des Verschuldens im Rahmen eines Anspruchs nach § 8 Abs. 1 UWG.

Dies ist jedoch kein Argument gegen die Anerkennung eines Verschuldenserfordernisses im Rahmen der Prüfung eines Folgenbeseitigungsanspruchs. Denn letztlich muss diesbezüglich zwischen dem Beseitigungs- und dem Folgenbeseitigungsanspruch unterschieden werden. Der BGH verwendet in seiner Entscheidung aus dem Jahr 2017 neben dem Begriff des Beseitigungsanspruchs zudem auch den Begriff des Folgenbeseitigungsanspruchs („Die auf Folgenbeseitigung gerichteten Anträge zu II"), obwohl er inhaltlich lediglich über die Anträge auf Auskunftserteilung und Richtigstellung gegenüber den Empfängern der streitgegenständlichen Schreiben entschied.[484] Durch die abwechselnde Verwendung der Begriffe könnte man annehmen, dass es sich nach Ansicht des BGH um ein und denselben Anspruch handele. Diese zumindest auch sprachlich unscharfe Trennung löst der BGH in seiner späteren Entscheidung aus dem Jahr 2021 hingegen auf, in der er klar zwischen dem von ihm zu entscheidenden Beseitigungsanspruch auf Information der betroffenen Versicherungsnehmer über die Unwirksamkeit einer Klausel einerseits und einem „auf materiellen Ausgleich wirtschaftlicher Nachteile des Verbrauchers gerichteten Folgenbeseitigungsanspruch"[485], um den es in dem vorliegenden Verfahren jedoch überhaupt nicht gehe, unterscheidet.

Da es sich bei dem auf die Erstattung der vereinnahmten Gebühren bzw. Entgelte gerichteten Folgenbeseitigungsanspruch um eine Rechtsfortbildung handelt, die - wie zuvor aufgezeigt - deutlich über den von § 8 Abs. 1 UWG vorgesehenen Rahmen hinausgeht, und im Ergebnis zu einer Vermischung mit den übrigen Ansprüchen des UWG führt, namentlich den Ansprüchen auf Schadensersatz und Gewinnabschöpfung, dürfen die Wertungen und der Wille des Gesetzgebers nicht einfach außer Acht gelassen und übergangen werden.[486]

---

483 LG Leipzig, Urteil vom 10. Dezember 2015 – 5 O 1239/15 –, juris, Rn. 56.
484 BGH, Urteil vom 14. Dezember 2017 – I ZR 184/15 –, juris, Rn. 17.
485 BGH, Urteil vom 31. März 2021 – IV ZR 221/19 –, juris, Rn. 56.
486 So auch Kruis in ZIP 2019, 393 (398 f.).

Daher darf ein solcher Anspruch nicht lediglich auf objektive Kriterien gestützt werden, sondern muss - wie es bei den Ansprüchen nach § 9 Abs. 1 und 2 und § 10 Abs. 1 UWG vorgesehen ist - ein Verschuldenselement, mithin eine subjektive Komponente, enthalten.[487]

5. *Geringfügigkeit*

Zu dem mitunter diskutierten Ausschluss eines Anspruchs wegen Geringfügigkeit[488], ist zunächst auf die bereits oben im Rahmen der Betrachtung der Unlauterkeit nach § 3a UWG getätigten Ausführungen zu verweisen. Im Übrigen stellt sich, sollte man einen Folgenbeseitigungsanspruch wegen Geringfügigkeit der zugrundeliegenden Forderung(en) negieren wollen, die Frage, wie und wo die Grenze für diese Geringfügigkeit zu ziehen ist. Soll sich die Geringfügigkeit an der Anzahl der betroffenen Verbraucher orientieren oder an der Höhe der jeweiligen oder der gesamten Forderung(en)?

Dabei dürfte es nicht darauf ankommen, welche Ansicht man bezüglich der Höhe der jeweiligen oder der gesamten Forderung(en) vertritt, da sich die Forderung zwar mit Blick auf den Einzelnen oftmals als geringfügig darstellen dürfte, nicht jedoch in ihrer Gesamtheit unter Betrachtung aller Betroffenen. Letzteres ist gerade das Wesen des zuvor bereits erörterten Problems der Streuschäden und Ausgangspunkt der Idee des Folgenbeseitigungsanspruchs.

Einen möglichen Anknüpfungspunkt bietet insoweit jedoch abermals der Anspruch auf Gewinnabschöpfung nach § 10 Abs. 1 UWG. Zur Erinnerung: Der Gesetzgeber attestierte dem bisherigen Recht insoweit „Durchsetzungsdefizite bei den so genannten Streuschäden“[489] - vgl. oben: Kapitel 1, B, IV. Der nach der Idee des Gesetzgebers zur Schließung dieser Rechtsdurchsetzungslücke eingeführte 10 UWG enthält in Abs. 1 die Einschränkung, dass der abzuschöpfende Gewinn „zu Lasten einer Vielzahl von Abnehmern“ erzielt worden sein muss. Hierdurch soll nach der Gesetzesbegründung deutlich werden, „dass sich die Sanktionswirkung des Gewinnabschöpfungsanspruches nur gegen besonders gefährliche unlautere Handlungen richtet, nämlich solche

487 Anderer Ansicht ist MüKoUWG/Fritzsche § 8 Rn. 197, der jedoch recht knapp und ohne zwischen dem Beseitigungs- und dem Folgenbeseitigungsanspruch zu unterscheiden, lediglich mit dem eindeutigen Gesetzeswortlaut des § 8 Abs. 1 UWG argumentiert.

488 Vgl. Schultheiß in WM 2019, 9 (14), dort vorgebracht im Rahmen der Unlauterkeitsprüfung.

489 BT-Drucks. 15/1487, S. 23.

mit Breitenwirkung, die tendenziell eine größere Anzahl von Abnehmern betreffen können. Zugleich werden individuelle Wettbewerbsverstöße von dem Abschöpfungsanspruch ausgenommen"[490]. Der Gesetzgeber verweist zudem darauf, dass „die tatbestandliche Anknüpfung an einen größeren Personenkreis als Voraussetzung einer zusätzlichen Sanktion {...} im UWG auch nicht systemfremd {ist}. So sanktionieren die bisherigen § 4 und § 6c UWG (künftig § 16) Verhaltensweisen, deren besondere Gefährlichkeit gerade daraus resultiert, dass eine größere Anzahl von Verbrauchern von dem Wettbewerbsverstoß betroffen sein kann. "[491]

Insoweit könnte man, da der Folgenbeseitigungsanspruch wie zuvor bereits aufgezeigt wurde, wegen der unmittelbaren Rückzahlung an alle Geschädigten in der Rechtsfolge noch über den Anspruch auf Gewinnabschöpfung hinausgeht, vertreten, dass das in § 10 Abs. 1 UWG enthaltene Tatbestandsmerkmal der „Vielzahl von Abnehmern" auch im Rahmen des Folgenbeseitigungsanspruchs als „Vielzahl von Betroffenen" berücksichtigt werden müsste.

Allerdings dürfte die praktische Bedeutung bei Sachverhalten, bei denen es um die Rückzahlung aufgrund der Verwendung unwirksamer AGB vereinnahmter Gebühren bzw. Entgelten geht, gering sein. Bei der Verwendung unwirksamer AGB dürfte regelmäßig eine „Vielzahl" von Verbrauchern betroffen sein. Es ist gerade der Sinn von AGB die Bedingungen im Massengeschäft und somit einer Vielzahl von Verträgen zu regeln. Die Gesetzesbegründung zu § 10 Abs. 1 UWG stellt zudem darauf ab, dass durch das Tatbestandsmerkmal der „Vielzahl" gerade „individuelle Wettbewerbsverstöße von dem Abschöpfungsanspruch ausgenommen {werden sollen}, etwa die Irreführung anlässlich eines einzelnen Verkaufsgesprächs"[492]. Die Untergrenze des unbestimmten Rechtsbegriffs der „Vielzahl" soll je nach vertretener Auffassung zwischen drei und 50 Betroffenen liegen und im jeweiligen Einzelfall zu bestimmen sein.[493]

Da selbst die höchste vertretene Untergrenze von min. 50 Betroffenen bei der Verwendung von AGB im Bankenverkehr regelmäßig in kurzer Zeit erfüllt sein wird, ist der Anspruchsausschluss wegen Geringfügigkeit in Anlehnung an das

---

490 BT-Drucks. 15/1487, S. 24.

491 BT-Drucks. 15/1487, S. 24.

492 BT-Drucks. 15/1487, S. 24.

493 MüKoUWG/Micklitz/Namysłowska § 10 Rn. 116-119; Köhler/Bornkamm/Feddersen/Köhler UWG § 10 Rn. 23; Fritzsche/Münker/Stollwerk/Eichelbergerl § 10 Rn. 45; Harte-Bavendamm/Henning-Bodeweig/Goldmann § 10 Rn. 104; Fezer/Büscher/Obergfell/von Braunmühl § 10 Rn. 209 ff..

Tatbestandsmerkmal des § 10 Abs. 1 UWG mehr eine theoretische Diskussion als dass ihm eine praktische Bedeutung zukommen würde.

6. *Verhältnismäßigkeit*

Der Anspruch nach § 8 Abs. 1 UWG ist „inhaltlich {...} entsprechend der Regelung in § 1004 BGB durch den Grundsatz der Verhältnismäßigkeit begrenzt. Es sind nur solche Maßnahmen geschuldet, die geeignet und erforderlich sind, die noch vorhandene Störung zu beseitigen und die dem Schuldner zumutbar sind".[494]

Im Rahmen der Verhältnismäßigkeit ist mithin zu prüfen, ob die begehrte Maßnahme überhaupt geeignet ist, den Störungszustand zu beseitigen, es eine den Schuldner weniger belastende Maßnahme gibt, die den Störungszustand jedoch ebenfalls beseitigen und schließlich auch, ob die gefundene Maßnahme die wechselseitigen Interessen von Gläubiger und Schuldner angemessen berücksichtigt.[495]

Die Verhältnismäßigkeitsprüfung fiel in den entsprechenden zur Rückzahlung verurteilenden Gerichtsentscheidungen entweder recht knapp aus[496] oder erfolgte überhaupt nicht[497].

a. *Geeignetheit*

Die Maßnahme muss geeignet sein, die noch vorhandene Störung zu beseitigen.[498] Sie ist daher bereits dann nicht mehr geeignet, wenn sie die Störung überhaupt nicht beseitigen kann oder die Störung bereits nicht mehr vorhanden ist. Hierbei stellt sich schließlich erneut die zuvor bereits diskutierte Frage,

---

494 BT-Drucks. 15/1487, S. 22; vgl. auch: Köhler/Bornkamm/Feddersen/Bornkam UWG § 8 Rn. 1.67; MüKoUWG/Fritzsche § 8 Rn. 147 f. und Rn. 208 f.; Fezer/Büscher/Obergfell/Büscher § 8 Rn. 16, 17; Fritzsche/Münker/Stollwerk/Haertel § 8 Rn. 25; vgl. zudem BGH, Urteil vom 14. Dezember 2017 – I ZR 184/15 –, juris, Rn. 70.

495 Vgl. hierzu MüKoUWG/Fritzsche UWG § 8 Rn. 208 f.; Fritzsche/Münker/Stollwerk/Haertel § 8 Rn. 26 ff.; Harte-Bavendamm/Henning-Bodeweig/Goldmann § 8 Rn. 236; Fezer/Büscher/Obergfell/Büscher § 8 Rn. 16.

496 Vgl. LG Berlin, Urteil vom 28. Oktober 2021 – 16 O 43/21 –, juris, Rn. 69.

497 Vgl. OLG Dresden, Urteil vom 10. April 2018 – 14 U 82/16 –, juris; eine ausführliche Prüfung der Verhältnismäßigkeit nahm hingegen das Kammergericht vor: KG Berlin, Urteil vom 27. März 2013 – 5 U 1112/11 –, juris, Rn. 110 ff..

498 BT-Drucks. 15/1487, S. 24.

worin vorliegend der Störungszustand zu sehen ist (vgl. insoweit oben unter C. 2.).

Sofern man - wie vorliegend vertreten - davon ausgeht, dass der Störungszustand in der durch die Verwendung der unwirksamen AGB hervorgerufenen Fehlvorstellung der Verbraucher liegt, sind lediglich solche Maßnahmen geeignet, die Störung zu beseitigen, die die bei den Verbrauchern eingetretene falsche Vorstellung beheben. Insofern ist eine an die betroffenen Verbraucher gerichtete Information (bspw. ein an sie adressiertes Informationsschreiben) geeignet, die bestehende Fehlvorstellung zu beheben, da die Betroffenen so über die Ungültigkeit der entsprechenden Regelung aufgeklärt werden und mithin ihre Fehlvorstellung über den entsprechenden Vertragsbestandteil beseitigt wird. Erklärt der Verletzer lediglich einen Verzicht darauf, sich zukünftig auf die Klausel zu berufen, ist damit die Fehlvorstellung bei den Verbrauchern noch nicht behoben, da sie weiterhin irrtümlich davon ausgehen könnten, keinen Anspruch (bspw. auf Rückzahlung zu Unrecht entrichteter Gebühren oder Entgelte) zu haben und daher in der Folge auf die rechtliche Durchsetzung ihrer Ansprüche verzichten könnten.[499] Ein solcher Verzicht würde daher nicht zu einem Wegfall der Störung und mithin nicht zur Ungeeignetheit der zu treffenden Maßnahme führen.[500]

Ginge man hingegen davon aus, die Vermögensverschiebung selbst sei der zu beseitigende Störungszustand und nicht lediglich eine weitere Folge des Störungszustands - nämlich der Fehlvorstellung darüber, einem Anspruch auf Zahlung ausgesetzt zu sein -, wäre zunächst einzig die Umkehrung der Vermögensverschiebung, mithin die Rückzahlung der vereinnahmten Gelder geeignet, den Störungszustand zu beseitigen.

b. Erforderlichkeit

Die Maßnahme muss zudem erforderlich sein, die noch vorhandene Störung zu beseitigen.[501] Erforderlich ist die Maßnahme nur dann, wenn keine mildere, weniger einschneidende, aber dennoch gleich geeignete Maßnahme zur Verfügung steht, die Störung zu beseitigen. Je nachdem, welcher Ansicht bzgl. des

499 Vgl. hierzu BGH, Urteil vom 31. März 2021 – IV ZR 221/19 –, juris, Rn. 55; vom selben Gedanken getragen auch KG Berlin, Urteil vom 27. März 2013 – 5 U 1112/11 –, juris, Rn. 111.

500 Anderer Ansicht ist Schultheiß in WM 2019, 9 (14).

501 BT-Drucks. 15/1487, S. 24.

Störungszustands man folgt - vgl. oben -, dürfte die jeweilige Maßnahme auch erforderlich sein.

Die Fehlvorstellung der Verbraucher lässt sich lediglich dadurch beheben, dass diese falsche Vorstellung korrigiert wird. Dies wird regelmäßig durch eine Information, sei es per Brief, E-Mail oder ein anderes Kommunikationsmittel zu erfolgen haben. Weniger einschneidende Maßnahmen wie bspw. eine Veröffentlichung in der (örtlichen) Zeitung oder ein Aushang (bspw. im Foyer einer Bank) dürften dabei nur eine deutlich geringere Anzahl an Betroffenen überhaupt erreichen und mithin keine gleich geeigneten Maßnahmen darstellen. Ggf. kommt auch eine mündliche Information der Betroffenen, beispielsweise mittels Telefonanrufen oder eine Kombination aller Maßnahmen in Betracht.

Zudem wird vertreten, dass dem klagenden Verband selbst mit dem Versand etwaiger Informationsschreiben an die betroffenen Verbraucher eine eigene Möglichkeit der Folgenbeseitigung zur Verfügung stünde[502] Dem ist jedoch entgegenzuhalten, dass es sich hierbei kaum um ein milderes Mittel handeln dürfte, da die exakt selbe Maßnahme zur Beseitigung des Störungszustands erfolgt, nur eben durch den die Interessen der Betroffenen vertretenden Verband und nicht durch den Verletzer.[503] Zudem ist zu berücksichtigen, dass der Verband hierfür zunächst die Kontaktdaten aller betroffenen Verbraucher vom Verletzer erhalten müsste. Demnach dürfte, den insoweit anfallenden Aufwand der Beseitigung des Störungszustands schlicht auf zwei Akteure aufzuteilen, kaum ein milderes Mittel darstellen.

Folgt man der Ansicht, die Vermögensverschiebung selbst als den zu beseitigenden Störungszustand zu betrachten, so könnte man überlegen, diesen dadurch zu beseitigen, indem man die Verbraucher durch eine entsprechende Aufklärung, also eine Information darüber, dass sie über entsprechende Ansprüche verfügen, in die Lage versetzt, diese Ansprüche anschließend selbst geltend zu machen. Allerdings würde dies bei genauerer Betrachtung den Störungszustand der Vermögensverschiebung nur mittelbar beseitigen, da diese erst durch ein weiteres Tätigwerden der Geschädigten umgekehrt und damit endgültig behoben würde. Diejenigen, die trotz entsprechender Information weiterhin nicht tätig würden, täten dies zwar in voller Kenntnis ihres Anspruchs und aufgrund der eigenen Entscheidung, den Anspruch nicht geltend zu machen - sei es auch nur aus rationalem Desinteresse -, der zuvor definierten Störungszustand der Vermögensverschiebung bliebe jedoch in der

502 So Schultheiß in WM 2019, 9 (14).

503 So auch KG Berlin, Urteil vom 27. März 2013 – 5 U 1112/11 –, juris, Rn. 115.

Folge bestehen. Entsprechend befand das LG Berlin in seiner Entscheidung, dass bei entsprechendem Vorgehen „nicht hinreichend sicher{gestellt wäre}, dass der Beklagten kein Vorteil aus der rechtswidrigen Handlung verbleibt"[504] - wenn auch die Formulierung das sachfremde Motiv offenbart, der Beklagten ihren „Unrechtsgewinn" entziehen zu wollen und nicht lediglich den Störungszustand zu beseitigen.

Diese zwar in sich schlüssige Argumentation zeigt jedoch neuerlich recht einleuchtend die Problematik, die sich daraus ergibt, den Störungszustand so weit zu fassen. Sie nimmt den Betroffenen ihre Entscheidungsfreiheit bezüglich der Durchsetzung ihrer Rechte und führt im Ergebnis dazu, dass ihnen unter Eingriff in ihre Privatautonomie eine Entscheidung aufoktroyiert wird.[505]

Im Ergebnis ist damit auch in diesem Fall keine gleich geeignete Maßnahme ersichtlich. Die zuvor aufgezeigte Argumentation könnte jedoch im Rahmen der Prüfung der Verhältnismäßigkeit im engeren Sinne berücksichtigt werden.

c. Zumutbarkeit (Verhältnismäßigkeit im engeren Sinne)

Im Rahmen der Prüfung der Verhältnismäßigkeit im engeren Sinne ist die Zumutbarkeit der zur Beseitigung des Störungszustands geschuldeten Maßnahme zu prüfen. Im Rahmen der Prüfung sind, unter Berücksichtigung der Umstände des Einzelfalls, sowohl die Art und Schwere der Verletzungshandlung als auch der entstehende Aufwand und die übrigen Folgen für den Verletzer bei Anerkennung des Anspruchs zu prüfen.[506] Insbesondere dürfen die durch die Maßnahme entstehenden Nachteile nicht außer Verhältnis zu dem beabsichtigten Erfolg stehen (Übermaßverbot). Des Weiteren wird vertreten, im Rahmen

504 LG Berlin, Urteil vom 28. Oktober 2021 – 16 O 43/21 –, juris, Rn. 69.

505 Vgl. hierzu auch Fritzsche in WRP 2019, I, Nr. 03; vgl. auch OLG Rostock, Urteil vom 15. November 2023 – 2 U 15/21 –, juris, Rn. 73: „Die Effektivität des Rechtsschutzes {…} kann aber nicht dazu führen, dass nunmehr über den Beseitigungsanspruch in § 8 Abs. 1 S. 1 UWG die Möglichkeit eröffnet wird, unter Umgehung der im Grundsatz allein den Verbrauchern zustehenden individuellen Rückerstattungsansprüche nach dem BGB, durch den Verbraucherverband bestimmenden Einfluss auf die individuelle Vertragssituation zwischen Verbraucher und Unternehmer zu nehmen und eine vertragliche Rückabwicklung herbeizuführen.".

506 Köhler/Bornkamm/Feddersen/Bornkamm UWG § 8 Rn. 1.122; MüKoUWG/Fritzsche § 8 Rn. 209; Fezer/Büscher/Obergfell/Büscher § 8 Rn. 16; Fezer/Büscher/Obergfell/Büscher § 8 Rn. 16; Schultheiß in WM 2019, 9 (14 f.); Osburg in ZBB 2019, 384 (390); Rott in VuR 2016, 109 (111).

der Prüfung ebenfalls den Grad des Verschuldens zu berücksichtigen.[507] Darüber hinaus gilt der Grundsatz, dass je schwerer die Verletzungshandlung wiegt, desto eher die zur Beseitigung des geschaffenen Störungszustands erforderliche Maßnahme dem Verletzer auch zumutbar ist.[508]

Bezüglich der Berücksichtigung des Grads des Verschuldens des Verletzers wird auf die vorherigen Ausführungen - vgl oben unter C. 4. - Bezug genommen. Sofern ein Verschulden nicht schon - wegen der gesetzgeberischen Wertung in § 9 Abs. 1 und 2 sowie § 10 Abs. 1 UWG - als zusätzliche Anspruchsvoraussetzung in den Folgenbeseitigungsanspruch hineingelesen wird, sollte dieses zumindest im Rahmen der Verhältnismäßigkeit in die Anspruchsprüfung einbezogen werden. Ohne die obigen Ausführungen und Argumente zu wiederholen, sollte hierfür bereits die vom Gesetzgeber getroffene Wertentscheidung im Rahmen von § 10 Abs. 1 UWG und die umfassende Begründung und Unterscheidung zwischen einer fahrlässigen und einer vorsätzlichen Begehung genügen. Der Gesetzgeber befand schließlich, dass bereits Fahrlässigkeit im Rahmen von § 10 Abs. 1 UWG nicht genügen sollte, „um mit Blick auf das erwähnte Prozessrisiko unangemessene Belastungen für die Wirtschaft zu vermeiden“[509]. Diese gesetzgeberische Wertung würde unterlaufen, ließe man das Verschuldenselement bei der Prüfung eines Folgenbeseitigungsanspruchs vollkommen unberücksichtigt.[510]

Dies muss in jedem Fall dann gelten, wenn man den Folgenbeseitigungsanspruch - wie zuvor dargestellt - als Anspruch zur Beseitigung der Folgen des Störungszustands versteht und seine Anwendung in der Rechtsprechungspraxis befürwortet. Denn insoweit ist neuerlich die Unterscheidung zwischen dem in § 8 Abs. 1 UWG normierten Beseitigungsanspruch, der seinerseits kein Verschuldenserfordernis kennt und in den dieses lediglich in begrenztem Umfang über den allgemeinen Verhältnismäßigkeitsgrundsatz einfließt, und dem über § 8 Abs. 1 UWG hinausgehenden Folgenbeseitigungsanspruch - sofern man diesen überhaupt anerkennen möchte - zu unterscheiden.

In diesem Lichte wäre auch das Urteil des OLG Dresden, welches sich jedoch freilich nicht mit der Frage des Verschuldens befasst, entsprechend einzuordnen, da diesem ein vorsätzlicher Verstoß zugrunde lag, da die Erhebung der

---

507 Schultheiß in WM 2019, 9 (14 f.); Osburg in ZBB 2019, 384 (390); Fezer/Büscher/Obergfell/Büscher § 8 Rn. 16.

508 Rott in VuR 2016, 109 (111).

509 BT-Drucks. 15/1487, S. 24.

510 Vgl. auch Gsell/Rübbeck in ZfPW 2018, 409 (426).

entsprechenden Gebühr „ohne gesetzliche oder vertragliche Grundlage“ und entgegen der gefestigten Rechtsprechung des BGH erfolgte.[511] Insbesondere hierin liegt der Unterschied zu dem vom LG Berlin zu beurteilenden Sachverhalt, dem keine eindeutige Rechtslage bezüglich der zu entscheidenden Grundfrage zugrunde lag und durch den Verwender insoweit keine vorsätzliche Verletzungshandlung erfolgte.[512]

Anders verhält es sich bei der Beseitigung des in der durch die Verwendung der unwirksamen AGB hervorgerufenen Fehlvorstellung liegenden Störungszustands mittels einer Information der betroffenen Verbraucher. Eine solche Maßnahme ist, als ein auf § 8 Abs. 1 UWG gestützter Beseitigungsanspruch, zumutbar, auch wenn den Verwender kein oder nur ein geringes Verschulden bzgl. der verursachenden Verletzungshandlung trifft.

Auch unter Berücksichtigung der Interessen des Verletzers stellt sich der Versand eines Informationsschreibens als wenig einschneidende und mithin zumutbare Maßnahme dar. Der entstehende Aufwand dürfte als gering zu qualifizieren sein und auch die übrigen Folgen sind - sofern ersichtlich - wenig einschneidend. Die finanziellen Kosten, die infolge der Information anfallen, dürften ebenfalls gering sein. Die finanziellen Folgen, die sich daraus ergeben, dass die Verbraucher nach entsprechender Information ihre Rückforderungsansprüche geltend machen, dürfen in diese Abwägung hingegen nicht einfließen, da es sich hierbei gerade um die Folge der Beseitigung des Störungszustands und nicht der für die Beseitigung erforderlichen Maßnahme handelt. Aus der Information der Verbraucher ergeben sich auch keine Nachteile, die außer Verhältnis zu dem beabsichtigten Erfolg, der Berichtigung der entstandenen Fehlvorstellung, stehen. Letztlich ist im Rahmen der Zumutbarkeit zu berücksichtigen, dass es um die Beseitigung eines von dem Verletzer selbst geschaffenen Störungszustands geht. Dies gilt umso mehr, als es gerade dem Risiko bei der Verwendung von AGB entspricht, dass sich diese als unwirksam herausstellen können und dieses Risiko regelmäßig vom Verwender zu tragen ist.

Schließlich wäre etwaigen Argumenten, die gegen eine Verpflichtung zur Information der Betroffenen vorgebracht werden könnten, wie beispielsweise die Kosten, der Aufwand oder der Ansehensverlust, der durch den Versand eintritt, entgegenzuhalten, dass der Verletzer durch eine freiwillige Rückzahlung der vereinnahmten Gebühren bzw. Entgelte - ggf. in Verbindung mit

511 OLG Dresden, Urteil vom 10. April 2018 – 14 U 82/16 –, juris, Rn. 52 f..

512 LG Berlin, Urteil vom 28. Oktober 2021 – 16 O 43/21 –, juris.

einer strafbewehrten Unterlassungserklärung - die entsprechende Information (bspw. den Versand von Informationsschreiben) vermeiden könnte.[513] Eine solche freiwillige Zahlung würde nicht lediglich zur Unzumutbarkeit der Maßnahme führen, sondern könnte bereits zu ihrer Ungeeignetheit führen, da die Zahlung - ggf. in Verbindung mit einer strafbewehrten Unterlassungserklärung - zu einem Wegfall des Störungszustands führen würde. Dies wäre jedoch nur insoweit zutreffend, als in der Zahlung selber ein Erklärungswert zu sehen wäre. Denn der zu beseitigende Störungszustand ist die Fehlvorstellung bei den Betroffenen. Diese Fehlvorstellung müsste durch die Zahlung behoben werden. Und dies dürfte wohl nur dann der Fall sein, wenn die Zahlung - bspw. im Verwendungszweck - zusätzlich eine entsprechende Erklärung enthielte. Eines separaten Schreibens bedürfte es dann wohl nicht mehr. Dass der Verletzer hierüber eine eigenverantwortliche Entscheidung treffen und dadurch die jeweiligen Folgen für sich abwägen und vermeiden kann, erhöht die Zumutbarkeit der Maßnahme dabei wiederum noch.

Sofern man entgegen des bisher gefundenen Ergebnisses und in Übereinstimmung mit den Urteilen des OLG Dresden und des LG Berlin den Störungszustand in der durch die Zahlung verursachten Vermögensverschiebung sieht, stellt sich die Frage, ob die Rückzahlungsverpflichtung dem Verletzer auch zumutbar ist.

Wie zuvor aufgezeigt, finden im Rahmen der Zumutbarkeitsprüfung, sowohl die Art und Schwere der Verletzungshandlung als auch der entstehende Aufwand und die übrigen Folgen für den Verletzer bei Anerkennung des Anspruchs, Berücksichtigung. Zudem dürfen die durch die Maßnahme entstehenden Nachteile nicht außer Verhältnis zu dem beabsichtigten Erfolg stehen (Übermaßverbot). Bei einer so weitgehenden Maßnahme, wie der zwangsweisen Rückzahlung vereinnahmter Gelder, die dem Verletzer zudem keinerlei Entscheidungs- oder Handlungsspielraum lässt, stellt sich daher die Frage, ob diese Maßnahme nicht schon außer Verhältnis zum beabsichtigten Erfolg steht. Hierbei ist ggf. noch auf die Art und Schwere des Verstoßes abzustellen, demnach zu fragen, wie schlimm bzw. gravierend der zugrunde liegende Verstoß war. Dabei scheint ggf. - wie bereits oben aufgezeigt - bei einer vorsätzlichen Begehung wie in dem von dem OLG Dresden entschiedenen Sachverhalt, eine derart weite Maßnahme noch zu rechtfertigen.

Schließlich ist im Rahmen der Zumutbarkeit, insbesondere unter Abwägung der wechselseitigen Interessen, zu berücksichtigen, dass von der eingetretenen

513 Vgl. auch KG Berlin, Urteil vom 27. März 2013 – 5 U 1112/11 –, juris, Rn. 123.

und fortdauernden Vermögensverschiebung selbst keine weitere Gefahr mehr ausgeht. Die Vermögensverschiebung ist eingetreten und besteht fort, solange sie nicht rückabgewickelt wird, stellt in sich aber keine weitergehende, in die Zukunft gerichtete Gefahr dar, sondern lediglich einen eingetretenen, sich manifestierenden Schaden. Der Beseitigungsanspruch ist jedoch als Gefahrenbeseitigungsanspruch konzipiert. Und die - auch bei Annahme der Vermögensverschiebung als fortdauerndem Störungszustand - bestehende Gefahr ist vorliegend, dass sich die betroffenen Verbraucher ihrer Rückzahlungsansprüche nicht bewusst sind und deswegen auf deren Geltendmachung verzichten, nicht jedoch der sich aufgrund dieser Unkenntnis manifestierende Schaden. Die Gefahr kann daher auch nicht als in der Vermögensverschiebung - dem eingetretenen Schaden - bestehende, fortdauernde und sich verfestigende Rechtsverletzung liegen, denn bei der Vermögensverschiebung selbst handelt es sich nicht um eine Rechtsverletzung, sondern lediglich um die Folge einer Rechtsverletzung, nämlich der Verwendung der unwirksamen AGB.

Dieser Gefahr, dass sich die betroffenen Verbraucher ihrer Rückzahlungsansprüche nicht bewusst sind und deswegen auf deren Geltendmachung verzichten, könnte hingegen über eine entsprechende Information, in denen die Verbraucher über eben diese Ansprüche aufgeklärt werden, begegnet werden. Dies wurde bereits zuvor im Rahmen der Erforderlichkeit geprüft und dort festgestellt, dass es sich eigentlich nicht um ein gleich geeignetes Mittel handelt. Dies ist auch zutreffend, denn im Rahmen der Erforderlichkeit ist allein und streng darauf zu achten, welche Maßnahme den Störungszustand beseitigt. Im Rahmen der Zumutbarkeit muss diesbezüglich aber unter zwingender Beachtung des Übermaßverbots eine Zweck-Mittel-Relation erfolgen, die die weitreichenden Folgen einer Rückzahlungsverpflichtung der vereinnahmten Gelder, die dem Verletzer keinerlei Entscheidungs- oder Handlungsspielraum lässt, ins Verhältnis setzt, zu dem zu erzielenden Erfolg, der Beseitigung des in der Vermögensverschiebung liegenden Störungszustands, der selbst jedoch gar nicht mehr vom Gedanken des Beseitigungsanspruchs als Gefahrenabwehranspruch gedeckt ist. Insoweit vermögen auch sachfremde Erwägungen, wie solche, dass dem Verletzer „kein Vorteil aus der rechtswidrigen Handlung verbleibt“[514], die zwar allgemeinen Gerechtigkeitsgedanken entsprechen mögen, keine anderweitige Beurteilung zu begründen.[515] Denn schließlich geht

514 LG Berlin, Urteil vom 28. Oktober 2021 – 16 O 43/21 –, juris, Rn. 69.

515 Vgl. hierzu auch OLG Rostock, Urteil vom 15. November 2023 – 2 U 15/21 –, juris, Rn. 66: „Insoweit erscheint die Zulassung eines Rückerstattungsanspruches aus diesen Erwägungen heraus {Anm: „einer unberechtigten Bereicherung

es zunächst lediglich um eine Beseitigung der Störung und sodann um eine kritische Begutachtung der hierfür geschuldeten Maßnahme.

Ähnlich formulierte es schließlich auch das OLG Rostock, welches feststellte, dass der „Ansatz, dem Beklagten dürfe kein Vorteil aus der unlauteren Handlung verbleiben, {...} dem Beseitigungsanspruch i.S.v. § 8 Abs. 1 S. 1 UWG fremd" und „weder dem Unterlassungs- noch dem Beseitigungsanspruch {...} das Rechtsschutzziel der Gewinnabschöpfung {...} eigen" sei und zudem der Kläger „einen Anspruch aus § 10 Abs. 1 UWG auf Herausgabe des (verbliebenen) Gewinns an den Bundeshaushalt {...} nicht geltend" mache.[516] Unter Bezugnahme auf die einschlägige Gesetzesbegründung führt das OLG Rostock zutreffend weiter aus, dass jedoch „gerade dieser Gewinnherausgabeanspruch aus § 10 UWG {...} die vom Kläger ‚begehrte' und vom Gesetzgeber auch gewollte Funktion {habe}, ein Marktversagen („Unlauterer Wettbewerb lohnt sich immer") zu korrigieren.[517]

Damit bleibt festzuhalten, dass dem Verletzer - sofern man in der Vermögensverschiebung überhaupt einen Störungszustand zu erkennen vermag - nach der anzustrengenden Verhältnismäßigkeitsprüfung einzig die Information der betroffenen Verbraucher über ihren jeweiligen Rückzahlungsanspruch zumutbar erscheint. Eine darüber hinausgehende Rückzahlungsverpflichtung ist dem Verletzer hingegen nicht zumutbar und mithin keine von ihm geschuldete Beseitigungshandlung.

II. Rechtsfolge

Der Verletzer schuldet die Beendigung des Störungszustands. Ob der Beseitigungsanspruch, sofern mehrere Ansprüche in Frage kommen, auf die Vornahme einer bestimmten Handlung gerichtet ist[518] und der Urteilstenor entsprechend lediglich auf Beseitigung lautet[519] oder dem Schuldner auch bei mehreren in Betracht kommenden Maßnahmen zur Störungsbeseitigung ein auf konkrete Maßnahmen gerichteter Beseitigungsanspruch zusteht und er

---

des Beklagten durch einen auf unlautere Weise herbeigeführten Gewinnzuwachs"} auch nicht vom Willen des Gesetzgebers getragen.".

516 OLG Rostock, Urteil vom 15. November 2023 – 2 U 15/21 –, juris, Rn. 67.

517 OLG Rostock, Urteil vom 15. November 2023 – 2 U 15/21 –, juris, Rn. 67 m.V.a. BT-Drucks. 15/1487.

518 So MüKoUWG/Fritzsche § 8 Rn. 202; Köhler/Bornkamm/Feddersen/Bornkamm UWG § 8 Rn. 1.115.

519 So MüKoUWG/Fritzsche § 8 Rn. 201; Köhler/Bornkamm/Feddersen/Bornkamm UWG § 8 Rn. 1.115.

den Klageantrag aufgrund des zivilprozessualen Bestimmtheitsgrundsatzes in § 253 Abs. 2 Nr. 2 ZPO in diesem Fall alternativ zu fassen hat[520], ist umstritten.[521] Kommt von vornherein lediglich eine einzige Maßnahme zur Beseitigung in Betracht, ist diese im Urteil zu tenorieren.[522]

Für die Rechtspraxis relevant ist insoweit, dass der BGH für den wettbewerbsrechtlichen Beseitigungsanspruch gemäß § 8 Abs. 1 UWG von einem Gleichlauf mit dem „für den Beseitigungsanspruch gemäß § 1004 BGB {geltenden} Grundsatz, dass es dem Schuldner überlassen bleiben müsse, wie er den Störungszustand beseitige", ausgeht.[523] Der Anspruch ist „nicht auf eine bestimmte Handlung gerichtet, sein Inhalt häng{t} vielmehr von der Art und dem Umfang der Beeinträchtigung ab".[524]

1. *Auskunftsanspruch*

Bei Vorliegen der Voraussetzungen eines Beseitigungsanspruchs wird dem klagenden Verband zudem regelmäßig ein Anspruch auf Auskunft darüber zustehen, wem gegenüber die Verletzungshandlung vorgenommen wurde, im Falle der Verwendung unwirksamer AGB folglich, wem gegenüber die unwirksamen AGB verwendet wurden.

Der Auskunftsanspruch folgt nicht aus dem Beseitigungsanspruch selbst, sondern wird auf § 242 BGB gestützt und dient der Vorbereitung des Hauptanspruchs, mithin dem Beseitigungsanspruch.[525] Mit dem Auskunftsanspruch wird der Hauptanspruch und dessen Vollstreckbarkeit vorbereitet und nicht etwa bereits der Vollstreckung des Beseitigungsanspruchs vorgegriffen.[526] Die Auskunft dient zunächst der Erfüllbarkeit des Beseitigungsanspruchs und

---

520 So Fezer/Büscher/Obergfell/Büscher § 8 Rn. 41.

521 Vgl. zum Meinungsstand: Köhler/Bornkamm/Feddersen/Bornkamm UWG § 8 Rn. 1.115 ff.; ebenfalls: Fritzsche/Münker/Stollwerk/Haertel § 8 Rn. 29.

522 MüKoUWG/Fritzsche § 8 Rn. 201; Fritzsche/Münker/Stollwerk/Haertel § 8 Rn. 28; Fezer/Büscher/Obergfell/Büscher § 8 Rn. 41.

523 BGH, Urteil vom 31. März 2021 – IV ZR 221/19 –, juris, Rn. 70.

524 BGH, Urteil vom 31. März 2021 – IV ZR 221/19 –, juris, Rn. 70.

525 Vgl. BGH, Urteil vom 14. Dezember 2017 – I ZR 184/15 –, juris, Rn. 54; LG Berlin, Urteil vom 28. Oktober 2021 – 16 O 43/21 –, juris, Rn. 70; OLG Dresden, Urteil vom 10. April 2018 – 14 U 82/16 –, juris, Rn. 62; LG Stuttgart, Urteil vom 07. August 2014 – 11 O 298/13 –, juris, Rn. 155; Köhler/Bornkamm/Feddersen/Köhler UWG § 9 Rn. 5.4 f..

526 Vgl. OLG Dresden, Urteil vom 10. April 2018 – 14 U 82/16 –, juris, Rn. 64; so auch LG Berlin, Urteil vom 28. Oktober 2021 – 16 O 43/21 –, juris, Rn. 70.

schließlich der Überprüfung seiner Erfüllung. Würde der Auskunftsanspruch nicht bereits im Hauptverfahren zugesprochen, müsste der klagende Verband ihn anschließend zwingend im Vollstreckungsverfahren geltend machen, um überhaupt in die Lage versetzt zu werden, prüfen zu können, ob der Beseitigungsanspruch erfüllt wurde oder ob es hierzu weiterer Vollstreckungsmaßnahmen bedürfe. Ohne einen Auskunftsanspruch wäre der Beseitigungsanspruch mithin wenig wirksam. Der Auskunftsanspruch ist somit zwingend für eine effektive Wahrnehmung des Anspruchs aus § 8 Abs. 1 UWG.[527] Einem solchen Auskunftsanspruch werden neben datenschutzrechtlichen Bedenken auch eine Verletzung des Grundrechts auf informationelle Selbstbestimmung der Betroffenen entgegengehalten.[528] Dieser Einwand ist berechtigt und ihm wird - insoweit auch ausreichend - dadurch Rechnung getragen, dass die Auskunft regelmäßig nicht an den klagenden Verband selbst, sondern an einen Angehörigen der zur Verschwiegenheit verpflichteten Berufe erfolgt.[529]

2. *Information der Verbraucher*

Da der Verletzer grundsätzlich keine bestimmte Handlung fordern kann - vgl. oben -, besteht bei Vorliegen der Voraussetzungen zunächst nur ein Anspruch auf Beseitigung der Störung, mithin eine Behebung der eingetretenen Fehlvorstellung. Erkennt man hierin den Störungszustand - so wie vorliegend vertreten -, dürfte insoweit unstreitig sein, dass zumindest ein Anspruch auf eine die Störung beseitigende Information der Verbraucher dahingehend besteht, welche sie über die Unwirksamkeit und das Bestehen eines Rückzahlungsanspruchs aufklärt.[530] Diese Information kann jedoch auf mehrere Arten und Weisen erfolgen. Ob der Verletzer daher zum Versand eines Berichtigungsschreibens verpflichtet ist und ihm darüber hinaus noch der Inhalt eines solchen Schreibens vorgegeben werden kann, ist fraglich.

527 So auch Osburg in ZBB 2019, 384 (392); Meller-Hannich in JZ 2018, 629 (631).

528 Köhler in WRP 2019, 269 (276).

529 OLG Dresden, Urteil vom 10. April 2018 – 14 U 82/16 –, juris, Rn. 63; LG Stuttgart, Urteil vom 07. August 2014 – 11 O 298/13 –, juris, Rn. 157; weitergehend jedoch: LG Berlin, Urteil vom 28. Oktober 2021 – 16 O 43/21 –, juris, Rn. 72, welches meint, „die Auskunft auch unmittelbar dem Kläger selbst" erteilen zu können, da das „Interesse der betroffenen Bankkunden am Schutz ihrer personenbezogenen Daten {...} nicht das Interesse des Kläger {überwiegt}", was jedoch insb. wegen der dadurch eintretenden Grundrechtsverletzung abzulehnen ist.

530 So auch Singbartl/Zintl in VuR 2016, 14 (18); vgl. auch Harte-Bavendamm/Henning-Bodeweig/Goldmann § 8 Rn. 246.

Die Frage nach einem Anspruch auf die Versendung von Berichtigungsschreiben, ließ der BGH in seinem Urteil aus dem Jahr 2017 noch offen und machte dies lediglich von den allgemeinen und sodann durch das Berufungsgericht zu prüfenden Voraussetzungen des Bestehens eines Beseitigungsanspruchs und insb. von der Verhältnismäßigkeit der Beseitigungshandlung abhängig.[531] Der BGH hielt insbesondere die erstinstanzliche Feststellung, „dass es dem Schuldner überlassen bleiben müsse, wie er den Störungszustand beseitige“[532], für rechtsfehlerfrei. In seinem späteren Urteil aus dem Jahr 2021 bestätigte der BGH sodann das in den Vorinstanzen gefundene Ergebnis, die Beklagte zum Versand an die betroffenen Kunden adressierten, individualisierten Schreiben zu verurteilen, zwecks einer „künftige{n} Beseitigung der von der unwirksamen Klausel weiterhin ausgehenden Gefährdung”.[533]

Dabei änderte der BGH - zumindest sprachlich - die Begründung des Anspruchs. Denn während der BGH in dem früheren Urteil in der Information der Betroffenen zwecks Klarstellung der Unwirksamkeit der verwendeten Klauseln noch „eine Beseitigung von Folgen, die durch die in der Vergangenheit liegende, abgeschlossene tatbestandsmäßige Klauselverwendung entstanden sind“[534], sah, stellte der BGH in dem späteren Urteil fest, dass „die Verurteilung der Klägerin zur Information über die Klauselunwirksamkeit nicht über die in § 8 UWG normierte Beseitigung der unzulässigen geschäftlichen Handlung hinaus“[535] geht. Dass der BGH in dem späteren Urteil die zuvor noch verwendete Bezeichnung der „Folgenbeseitigung“ vermied, ist nur folgerichtig, da es sich bei der Information der Betroffenen, infolge der durch die Verwendung unwirksamer Klauseln hervorgerufenen Fehlvorstellung, um eine schlichte Beseitigung eben jenes Störungszustands handelt und nicht um die Beseitigung weitergehender Folgen (vgl. hierzu die Ausführungen oben unter C. I. 2.).

Bereits vor dem späteren Urteil des BGH wurde teilweise vertreten, dass die „Versendung einer entsprechenden Information {…} zu den notwendigen Beseitigungshandlungen“[536] gehöre. Andererseits wurde vertreten, dass wegen des - und in dem früheren Urteil des BGH auch noch betonten - Wahlrechts des Schuldners keine konkrete Erfüllungshandlung hinsichtlich der Beseitigung vorgegeben werden könne und daher grundsätzlich nur die Information

531 BGH, Urteil vom 14. Dezember 2017 – I ZR 184/15 –, juris, Rn. 25.
532 BGH, Urteil vom 14. Dezember 2017 – I ZR 184/15 –, juris, Rn. 70.
533 BGH, Urteil vom 31. März 2021 – IV ZR 221/19 –, juris, Rn. 55.
534 BGH, Urteil vom 14. Dezember 2017 – I ZR 184/15 –, juris, Rn. 25.
535 BGH, Urteil vom 31. März 2021 – IV ZR 221/19 –, juris, Rn. 55.
536 Meller-Hannich in JZ 2018, 629 (631).

über die Unwirksamkeit geschuldet sei.[537] Insoweit ist jedoch vor dem Hintergrund des Urteils des BGH aus dem Jahr 2021 zu berücksichtigen, dass in dem dortigen Verfahren bereits das erstinstanzliche Urteil hinter dem klägerischen Antrag, der Beklagten einen Versand durch postalische Schreiben aufzugeben, zurückblieb, da „ein Hinweis auf die Unwirksamkeit der Teilklausel von der Klägerin {entspr. der Beklagten in der Vorinstanz, da Widerklage} nicht nur durch postalisches Schreiben, sondern {…} auch per E-Mail versandt werden"[538] könne. Dieser Argumentation schloss sich auch das OLG Düsseldorf als Berufungsgericht an und wies die diesbezüglichen Einwände mit der Begründung, „es {sei} Sache der Klägerin, auf welche Art und Weise sie den Störungszustand beseitigt" zurück.[539] Es sei zudem nicht ersichtlich, „aus welchen Gründen E-Mails oder Briefen beigelegte Flyer weniger zur Störungsbeseitigung geeignet sein sollen als Briefe".[540]

Vor diesem Hintergrund lässt sich die Bestätigung des Urteils durch den BGH eher nachvollziehen, da sich die Vorinstanzen durchaus mit der Verhältnismäßigkeit der zu erfolgenden Maßnahme, des den Verletzer am wenigsten belastenden Mittels, auseinandergesetzt haben. In einer anderen Situation sollte daher durchaus auch eine mündliche Information - bspw. in Form eines Telefonanrufes - ausreichen, jedoch selbstverständlich immer unter der Voraussetzung, dass diese gleich geeignet ist, den Störungszustand zu beheben. Entsprechend sah dies das OLG Dresden, welches die vorinstanzliche Verurteilung zum Versand eines Berichtigungsschreibens mit der Begründung aufhob, dass eine Verpflichtung lediglich dahingehend bestehe, „die Kunden in geeigneter {…} Weise {…} zu informieren {… und} etwa für einen Teil der Empfänger eine mündliche Information genügen lassen, für einen anderen Teil eine elektronische Information (Homepage, E-Mail) oder eine andere allgemeine Bekanntmachung, zumal die Presse berichtet hatte und Rückzahlungen auf Widerspruch hin bereits erfolgten".[541]

Dem Verletzer darf zur Beseitigung des Störungszustands zudem kein inhaltlich komplett oder weitgehend ausformuliertes Schreiben vorgegeben werden.[542] Ein solches Ansinnen wird in der Rechtsprechung regelmäßig

537 Vgl. Osburg in ZBB 2019, 384 (392).

538 OLG Düsseldorf, Urteil vom 11. Juli 2019 – I-20 U 111/18 –, juris, Rn. 32.

539 OLG Düsseldorf, Urteil vom 11. Juli 2019 – I-20 U 111/18 –, juris, Rn. 93.

540 OLG Düsseldorf, Urteil vom 11. Juli 2019 – I-20 U 111/18 –, juris, Rn. 93.

541 OLG Dresden, Urteil vom 10. April 2018 – 14 U 82/16 –, juris, Rn. 58; kritisch hierzu: Kühner/Singbartl in EWiR 2019, 5 (6).

542 So auch Meller-Hannich in JZ 2018, 629 (631).

abgelehnt, da es regelmäßig unverhältnismäßig ist und in das Wahlrecht des Schuldners eingreift.[543]

Ein entsprechender den Störungszustand der Fehlvorstellung über die Wirksamkeit einer Klausel beseitigender Informationsgehalt kann dabei auch bereits in der Rückzahlung der Entgelte liegen[544], „erst recht wenn beispielsweise auf dem Kontoauszug ein Vermerk beigefügt ist.".[545] Hierbei werden jedoch zumeist praktische Hürden bestehen, wenn bspw. im Falle einer Bank der Kunde dort kein Konto mehr unterhält oder andernfalls keine aktuelle Kontoverbindung des Kunden mehr bekannt ist.[546] Dies dürfte jedoch ebenfalls auf alle anderen Kommunikationswege zutreffen - ob bspw. postalisch, telefonisch oder per E-Mail -, sofern keine aktuellen Kontaktdaten der Kunden vorliegen.

3. Rückerstattung bereits vereinnahmter Gelder

Eine Rückerstattung der bereits vereinnahmten Gelder dürfte nach dem Ergebnis der vorangegangenen Prüfung nicht in Betracht kommen, außer dies erfolgt freiwillig durch den Verletzer und in Verbindung mit einer Information der Betroffenen. Der Störungszustand wird insoweit durch die in der Zahlung liegenden bzw. sie flankierenden Information beseitigt, nicht durch die Rückabwicklung der Vermögensverschiebung selbst.[547]

Eine Rückzahlung zwecks Beseitigung des in der Vermögensverschiebung selbst liegenden Störungszustands - wie mitunter vertreten wird - ist nicht zu befürworten.[548] Wie zuvor dargestellt, liegt in der Vermögensverschiebung selbst bereits kein fortdauernder Störungszustand (vgl. oben unter C. I. 2.), zudem wäre eine solche Maßnahme unverhältnismäßig, da sie dem Verletzer nicht zumutbar ist (vgl. oben unter C. I. 6. c.).

---

543 Vgl. BGH, Urteil vom 14. Dezember 2017 – I ZR 184/15 –, juris, Rn. 70; noch weitergehend: OLG Dresden, Urteil vom 10. April 2018 – 14 U 82/16 –, juris, Rn. 57; KG Berlin, Urteil vom 27. März 2013 – 5 U 1112/11 –, juris, Rn. 131; anders beurteilte dies noch das LG Berlin in der Vorinstanz: LG Berlin, Urteil vom 29. April 2011 – 103 O 198/10 –, juris, Rn. 39 ff..

544 KG Berlin, Urteil vom 27. März 2013 – 5 U 1112/11 –, juris, Rn. 116; vgl. auch OLG Rostock, Urteil vom 15. November 2023 – 2 U 15/21 –, juris, Rn. 62.

545 OLG Dresden, Urteil vom 10. April 2018 – 14 U 82/16 –, juris, Rn. 58.

546 So Kühner/Singbartl in EWiR 2019, 5 (6).

547 Vgl. hierzu auch OLG Rostock, Urteil vom 15. November 2023 – 2 U 15/21 –, juris, Rn. 62.

548 Vgl. auch Kruis in ZIP 2019, 393 (397 f.).

Eine solche Rückzahlungsverpflichtung würde den Rahmen des als Gefahrenabwehranspruch konzipierten Beseitigungsanspruchs nach § 8 Abs. 1 UWG hin zu einem echten Folgenbeseitigungsanspruch ausdehnen. Dies widerspricht jedoch dem gesetzgeberischen Willen (vgl. oben unter A. V. sowie C. I. 6. c.). Die insoweit mitunter von sachfremden Motiven getragene Rechtsprechung, dass dem Verletzer „kein Vorteil aus der rechtswidrigen Handlung verbleibt“[549], die zwar allgemeinen Gerechtigkeitsgedanken entsprechen mögen, vermag diesbezüglich jedoch keine anderweitige Beurteilung zu begründen.

Schließlich haben bisher lediglich das OLG Dresden - vorinstanzlich das LG Leipzig - und das LG Berlin einen Anspruch auf Folgenbeseitigung durch Rückzahlung der vereinnahmten Gelder bejaht. Die Begründungen überzeugten dabei in beiden Fällen - wie zuvor aufgezeigt - nicht. Die dieser Rechtsprechung positiv gesinnten Meinungen werden zumeist von verbraucher- und rechtspolitischen Erwägungen geleitet, vermögen jedoch keine dogmatische Herleitung eines Folgenbeseitigungsanspruchs auf Rückzahlung zu erbringen.[550]

Offen geblieben ist in den Urteilen zudem die Frage der Verjährung. Sofern man einen auf § 8 Abs. 1 UWG gestützten Folgenbeseitigungsanspruch annimmt, wird dieser wohl auch der sechsmonatigen Verjährungsfrist des § 11 Abs. 1 UWG unterliegen.[551] Bei der Frage, für welchen in die Vergangenheit reichenden Zeitraum unrechtmäßig erhobene Entgelte zurückgezahlt werden müssen, wie weit also der Folgenbeseitigungsanspruch zeitlich zurückreicht, wird entweder ebenfalls die Sechsmonatsfrist des § 11 Abs. 1 UWG gelten[552] oder die dreijährige Verjährungsfrist der §§ 11 Abs. 4 UWG, 195 BGB[553].

---

549 LG Berlin, Urteil vom 28. Oktober 2021 – 16 O 43/21 –, juris, Rn. 69.

550 Vgl. Singbartl/Zintl in VuR 2016, 14 (18): „ein autonomer Folgenbeseitigungsanspruch {…} aus dem Grund, das Missverhältnis zwischen Unrecht und Durchsetzung des Rechts zu minimieren, geboten erscheint“; Meller-Hannich in JZ 2018, 629 (632): „Auch die Zuerkennung von Rückzahlungspflichten ist zu bejahen.“; Rott in VuR 2016, 109 (112): „Hinsichtlich des Folgenbeseitigungsanspruchs aus § 8 Abs. 1 UWG liegt eine für das deutsche Recht geradezu revolutionäre, aber auch dringend notwendige Weiterentwicklung der {…} Rechtsprechung vor.“.

551 So Schultheiß in WM 2019, 9 (15 f.)

552 So Schultheiß in WM 2019, 9 (16); ebenfalls Köhler/Bornkamm/Feddersen/Bornkamm UWG § 8 Rn. 1.108e; Kruis in ZIP 2019, 393 (400).

553 Vgl. Ruttmann/Hummel in VuR 2018, 270 (272).

III. Zusammenfassung

Durch eine eingehende Betrachtung der inhaltlichen Ausgestaltung des Folgenbeseitigungsanspruchs wird offenbar, dass es bisher nur bei wenigen Tatbestandsvoraussetzungen Klarheit gibt. Zudem lässt die Rechtsprechungspraxis eine klare sprachliche Unterscheidung zwischen Beseitigungs- und Folgenbeseitigungsanspruch vermissen.

Zudem stellt sich nach der tatbestandlichen Betrachtung lediglich die Verpflichtung zur Rückzahlung aufgrund unwirksamer AGB vereinnahmter Gebühren bzw. Entgelte als echter Folgenbeseitigungsanspruch dar, da hierbei die Folgen - die Vermögensverschiebung - des Störungszustands - der Fehlvorstellung über die Wirksamkeit der AGB und mithin der Zahlungsverpflichtung - und nicht der Verletzungshandlung - der Verwendung unwirksamer AGB - umgekehrt werden. Ein solcher Anspruch scheitert aber zunächst bereits daran, dass er dem Willen des Gesetzgebers widerspricht, der hierfür die Möglichkeit der Gewinnabschöpfung nach § 10 Abs. 1 UWG geschaffen hat.[554] Setzt man sich jedoch hierüber hinweg, müsste zumindest die gesetzgeberische Wertung bzgl. eines Verschuldens Berücksichtigung finden. Spätestens im Rahmen der Verhältnismäßigkeitsprüfung scheidet ein Anspruch bei nicht vorsätzlichen Verletzungshandlungen dann aus, mithin bei der Verwendung von AGB bei nicht eindeutiger Rechtslage oder der später festgestellten Unwirksamkeit infolge einer Änderung der Rechtsprechung.

Sofern in der eingetretenen Vermögensverschiebung selbst der zu beseitigende Störungszustand verortet wird, überzeugt dies ebenfalls nicht, da die Vermögensverschiebung nicht aufgrund der Verletzungshandlung, der Verwendung der unwirksamen AGB eintritt, sondern aufgrund eines schlichten Zahlungsvorgangs, der selbst jedoch nicht als geschäftliche Handlung zu qualifizieren ist.

Die durch die Verwendung unwirksamer AGB bei den Betroffenen hervorgerufene Fehlvorstellung ist jedoch ein Störungszustand, dessen Beseitigung im Rahmen des Beseitigungsanspruchs nach § 8 Abs. 1 UWG verlangt werden kann. So wird man grundsätzlich eine Information der von der Verwendung unwirksamer AGB betroffenen Verbraucher sowie einen diesen Anspruch flankierenden Auskunftsanspruch annehmen müssen. Die Information wird dabei regelmäßig - in Ermangelung gleich geeigneter Maßnahmen - durch ein

---

554 So auch OLG Rostock, Urteil vom 15. November 2023 – 2 U 15/21 –, juris, Rn. 67 ff.; 73.

Schreiben erfolgen, bspw. per E-Mail oder Brief, kann aber auch mündlich, bspw. telefonisch erfolgen.

Eine Rückzahlungsverpflichtung ist mithin aus den o.g. Gründen abzulehnen. Auszuschließen ist eine Fortführung der Rechtsprechung des OLG Dresden, einen auf § 8 Abs. 1 UWG gestützten Folgenbeseitigungsanspruch anzuerkennen, jedoch nicht, wie das Urteil des LG Berlin verdeutlicht.

D. Zwischenergebnis

Die Ausdehnung des Anwendungsbereichs des Beseitigungsanspruchs nach § 8 Abs. 1 UWG hin zu einem Folgenbeseitigungsanspruch widerspricht dem Willen des Gesetzgebers. Dieser hat zur Lösung des mit dem Anspruch verfolgten Problems der Streuschäden zunächst die Möglichkeit der Gewinnabschöpfung nach § 10 UWG geschaffen und die Problematik neuerlich bei der Einführung der allgemeinen Musterfeststellungsklage adressiert.

Die Anwendung eines auf Rückzahlung gestützten Folgenbeseitigungsanspruchs bei Verwendung unwirksamer AGB ist somit als unzulässige richterliche Rechtsfortbildung zu qualifizieren, da weder eine Regelungslücke noch ein Rechtsnotstand besteht.

In der Rechtsprechungspraxis ist dabei jedoch auch bei Verwendung des Begriffs des Folgenbeseitigungsanspruchs zu unterscheiden, ob es sich tatsächlich - wie im Falle einer Rückzahlungsverpflichtung - um eine echte Folgenbeseitigung oder noch um einen regulären Beseitigungsanspruch handelt.

So ist die Beseitigung einer infolge der Verwendung unwirksamer AGB bei den betroffenen Verbrauchern hervorgerufenen Fehlvorstellung mittels einer Information selbiger und eines diesen Anspruch flankierenden Auskunftsanspruchs noch unter den Beseitigungsanspruch des § 8 Abs. 1 UWG zu subsumieren. Denn die Information dient der Beseitigung der Fehlvorstellung, welche den Störungszustand darstellt, der aufgrund der in der Verwendung unwirksamer AGB liegenden Verletzungshandlung eingetreten ist. Dabei ist jedoch zu beachten, dass aufgrund des Wahlrechts des Schuldners, diesem keine genauen Vorgaben dahingehend gemacht werden dürfen, wie genau der Störungszustand zu beseitigen ist. Aus diesem Grund scheidet die Vorgabe eines inhaltlich komplett oder weitgehend ausformulierten Schreibens durch den Anspruchsgläubiger aus.

Ein auf Rückzahlung gerichteter Folgenbeseitigungsanspruch scheitert zudem tatbestandlich daran, dass der Zahlungsvorgang nicht als geschäftliche Handlung zu qualifizieren ist und die daraufhin eintretende Vermögensverschiebung mithin keinen Störungszustand darstellt. Die geschäftliche

Handlung liegt in der Verwendung der unwirksamen AGB, aufgrund derer lediglich die Fehlvorstellung bei den Verbrauchern eintritt, nicht jedoch die Vermögensverschiebung. Die Vermögensverschiebung ist vielmehr eine weitere Folge des eingetretenen Störungszustands.

Eine derartige von der entsprechenden Rechtsprechung und der diese begrüßenden Literatur vorgenommene Vermischung des Störungszustands mit den eingetretenen Folgen desselben ist dogmatisch nicht tragbar.

Selbst wenn ein solcher Anspruch weiterverfolgt würde, so müssten zumindest die Wertungen des Gesetzgebers im Rahmen eines Verschuldenserfordernisses bei der Anspruchsgewährung Berücksichtigung finden. Zudem wird sich eine derart weitgehende Maßnahme regelmäßig als für den Schuldner nicht zumutbar darstellen.

3. Kapitel: Negative Zinsen als ein Anwendungsfall des Folgenbeseitigungsanspruchs

A. Grundsätzliche Einordnung und Hintergrund

Die Untersuchung hat bisher gezeigt, dass eine Anwendung eines auf Rückzahlung gerichteten Folgenbeseitigungsanspruchs auf Grundlage von § 8 Abs. 1 UWG bei der Verwendung unwirksamer AGB grundsätzlich nicht in Betracht kommen sollte. Allerdings haben vereinzelt Gerichte einen solchen Anspruch zuerkannt - zuletzt das LG Berlin bei der Erhebung eines in den AGB vereinbarten Verwahrentgelts. Da der BGH in seinen Entscheidungen einen auf Rückzahlung gerichteten Folgenbeseitigungsanspruch nicht ausdrücklich ausgeschlossen hat, darf nicht davon ausgegangen werden, dass sich die Diskussion über die Anwendbarkeit eines wettbewerbsrechtlichen Folgenbeseitigungsanspruchs erledigt hätte.

Die Untersuchung hat ebenfalls gezeigt, dass - sollte die Existenz eines solchen Anspruchs im Gegensatz zu dem vorliegend gefundenen Ergebnis dennoch bejaht werden - grundsätzlich ein Verschuldenserfordernis zu berücksichtigen wäre. Obwohl die besseren Argumente für ein Vorsatzerfordernis sprechen, könnte hierbei ggf. - in Anlehnung an § 9 Abs. 1 und 2 UWG - auch bereits fahrlässiges Handeln als ausreichend erachtet werden. Zu beachten ist zudem, dass, wie zuvor gezeigt, die einschlägige Rechtsprechung das Verschulden nicht als Tatbestandsvoraussetzung eines Folgenbeseitigungsanspruchs ansieht und diesen vielmehr - basierend auf den Tatbestandsvoraussetzungen des § 8 Abs. 1 UWG - verschuldensunabhängig gewährt.

Daher ist für die Frage der Anwendung eines möglichen Folgenbeseitigungsanspruchs bei der Verwendung von AGB mit dem Inhalt, für die eingezahlten Einlagen negative Zinsen bzw. ein Verwahrentgelt zu erheben, relevant, ob es sich bei solchen AGB um wirksame Regelungen handelt und zudem - vor dem Hintergrund eines möglichen Fahrlässigkeitsvorwurfs - von welchem Grad an rechtlicher Sicherheit der Verwender hierbei ausgehen kann bzw. bei Einführung selbiger ausgehen konnte.

Hierfür ist zunächst eine Betrachtung der Grundlagen erforderlich und neben einer Begriffsklärung der Zinsbegriff im Rechtssinne zu beleuchten. Anschließend sollen die Rechtsnatur und die Zulässigkeit von Vereinbarungen über negative Zinsen bzw. ein Verwahrentgelt untersucht werden.

Hierbei ist zum einen auf generelle Wirksamkeitsausschlüsse bei der Vereinbarung einzugehen, zum anderen eine Unterscheidung zwischen Neu- und Bestandsverträgen, mithin im Neu- und Bestandskundengeschäft vorzunehmen.

Dabei soll das Thema jedoch nicht in seiner umfangreichen Gesamtheit erörtert werden. Denn zu vielen Teilaspekten liegen bereits Untersuchungen und Ausarbeitungen vor.[555]

Vielmehr soll die nachfolgende Untersuchung die Beantwortung der übergeordneten Frage der vorliegenden Arbeit nach der Zulässigkeit der Erhebung negativer Zinsen bzw. von Verwahrentgelten in AGB und dies als möglichem Anwendungsfall eines Folgenbeseitigungsanspruchs unter Berücksichtigung des Streitstands von Literatur und Rechtsprechung ermöglichen. Der Schwerpunkt soll dabei auf den offenen, in Literatur und Rechtsprechung diskutierten Fragen liegen. In diesem Sinne soll auch eine Beschränkung der Betrachtung auf eine Verwendung gegenüber Verbrauchern im Passivgeschäft liegen (Einlagengeschäft nach § 1 Abs. 1 Nr. 1 KWG).

B. Begriffsklärung und gesetzliche Grundlage von Zinsen

Zunächst soll zum grundsätzlichen Verständnis in der gebotenen Kürze eine Klärung der Begriffe der Negativzinsen und des Verwahrentgelts erfolgen. Sodann sollen die jeweiligen Verpflichtungen im Rahmen eines Darlehensvertrags und beim Verwahrungsvertrag betrachtet werden. Anschließend soll zur Einordnung der Erhebung negativer Zinsen noch eine Betrachtung des gesetzlichen Leitbilds unter Einbeziehung der übrigen Zins-Vorschriften des BGB erfolgen.

I. Begriffsklärung

Bei der Betrachtung von Literatur und Rechtsprechung fällt auf, dass die Begriffe Negativzins und Verwahrentgelt größtenteils deckungsgleich und austauschbar, mitunter aber auch gezielt verwendet werden, um die dahinterstehende rechtliche Argumentation begriffs-rhetorisch zu untermauern. Inhaltlich meinen die beiden Begriffe zunächst - wie auch der mitunter ebenfalls verwendete Begriff

---

555 Vgl. auszugsweise: Langner in „Verwahrentgelt und Negativzinsen in der Bankpraxis“; Radke in „Negative Nominalzinsen im Zins- und Bankvertragsrecht“; Behr in „Vertragsrechtliche Zulässigkeit negativer Verzinsung im Einlagenbereich“; Kollmann in „Negative Zinsen“.

der Strafzinsen[556] - dasselbe: Der Kunde einer Bank soll für die von ihm eingezahlten Gelder einen gewissen prozentualen Betrag als Gebühr bzw. Entgelt an die Bank entrichten. Anstelle also, dass der Kunde von der Bank einen Zins für seine Einlage erhält, soll er der Bank etwas zahlen. In der Bankenpraxis hat sich dabei der Begriff des Verwahrentgelts und der darauf aufbauenden Verwahrentgeltsklauseln durchgesetzt. Dies dürfte zum einen sprachliche Gründe haben, da der Begriff des Verwahrentgelts von allen Begriffen am wenigsten negativ behaftet ist und somit die geringsten negativen Assoziationen weckt, zum anderen aber auch mit der dahinterstehenden rechtlichen Argumentation zusammenhängen.

Denn hinter der zunächst nur rein sprachlichen Vermischung der Begriffe steckt bereits die Frage, wie eine solche Zahlung der Kunden an die Bank rechtlich zu qualifizieren ist. Die Begriffe des negativen bzw. des Straf-Zinses implizieren, dass infolge der Umkehrung des Zinses, hin von einem positiven zu einem negativen Zins, nun der Kunde der Bank einen Zins zahlt bzw. der Kunde der Bank „als Strafe“ einen Zins für die getätigte Einlage zu leisten habe und weckt insoweit Erinnerungen an die Verpflichtungen aus einem Darlehensvertrag. Der Begriff des Verwahrentgelts legt hingegen bereits dem Namen nach nahe, dass die Zahlung als Entgelt für die Verwahrung der entgegengenommenen Einlage des Kunden dient und mithin keine „Strafe“ oder lediglich eine Umkehrung der üblicherweise zu erwartenden Zinszahlung, sondern die Bepreisung einer entsprechenden Leistung, nämlich der Verwahrung der Einlage, darstellt.

II. Zinsen im Rahmen eines Darlehensvertrags

Die vertragstypischen Pflichten des in den § 488 ff. BGB geregelten Darlehensvertrags sehen vor, dass der Darlehensgeber den vereinbarten Geldbetrag zur Verfügung stellt und der Darlehensnehmer hierfür den geschuldeten Zins zu zahlen hat (vgl. § 488 Abs. 1 Satz 2 BGB). Das gesetzliche Leitbild des Darlehensrechts geht demnach davon aus, dass das Synallagma in der Hingabe des Kapitals gegen die Zahlung von Zinsen besteht.[557] Eine Legaldefinition dessen, was Zinsen sind, enthält die Regelung hingegen nicht.[558]

---

556 Vgl. zur Begriffsverwendung Langner in Ellenberger/Bunte, Bankrechts-Handbuch § 45 Rn. 85.

557 Vgl. auch MüKoBGB/K.P. Berger § 488 Rn. 156; Jauernig/Berger § 488 Rn. 3; Staudinger/Freitag, 2015, § 488 Rn. 1; Soergel/Seifert § 488 Rn. 2.

558 Vgl. zur Darstellung der in der Literatur vertretenen Ansichten nur Suendorf-Bischof in BKR 2019, 279 (281).

Im Fall negativer Zinsen kehrte sich dieses Verhältnis jedoch um. Hierbei zahlt der Kapital- bzw. Darlehensgeber Zinsen an den Darlehensnehmer. Der ursprüngliche Grundgedanke, dass der Darlehensnehmer für die Hingabe des Kapitals den geschuldeten Zins an den Darlehensgeber entrichtet, wird somit dahingehend umgekehrt, dass der Darlehensgeber einen Geldbetrag (= negativer Zins) an den Darlehensnehmer für die Hinnahme des Kapitals zu entrichten hat. Da nunmehr sowohl die Hingabe des Kapitals als auch die Zins-Zahlungsverpflichtung beim Darlehensgeber zu verorten sind, ist fraglich, was dann noch die korrespondierende Verpflichtung des Darlehensnehmers sein soll.

Da der Darlehensgeber in diesem Szenario ein Interesse an der Hinnahme des Kapitals durch den Darlehensnehmer hat - denn schließlich entlohnt er den Darlehensnehmer hierfür - wäre es nur folgerichtig, wenn der Darlehensnehmer zur Hinnahme des Kapitals auch verpflichtet wäre. Eine Abnahmepflicht gehört nach vorzugswürdiger Ansicht jedoch in der Regel gerade nicht zu den Pflichten des Darlehensnehmers im Rahmen des in den § 488 ff. BGB geregelten Darlehensvertrags und steht im Gegensatz zur Verpflichtung zur Zinszahlung nur in Ausnahmefällen im Synallagma.[559] Die Nichtabnahme stellt jedoch eine Nebenpflichtverletzung dar und kann in der Folge einen Schadensersatzanspruch begründen.[560] Der Schaden, der dem Darlehensgeber infolge der Nichtabnahme im Negativzinsumfeld entstünde, wären sodann die Kosten, die ihm infolge der nun notwendigen Eigen- oder Fremdverwahrung des Kapitals entstehen.[561]

In dem zu begründenden Rechtsverhältnis herrscht mithin das Interesse des Darlehensgebers an der Hinnahme des Kapitals durch den Darlehensnehmer vor, womit dieser Vorgang des Rechtsgeschäfts, der letztendlich auch durch den Darlehensgeber vergütet wird, zunehmend einer Verwahrungstätigkeit bzgl. des Geldes ähnelt und weniger einem Darlehensvertrag.

Zuletzt hat der BGH in einem Urteil zum Aktivgeschäft einer Bank entschieden, „dass die geltend gemachten ‚Negativzinsen' nach dem gesetzlichen Leitbild des § 488 Abs. 1 Satz 2 BGB keine Zinsen im Rechtssinne darstellen".[562] Dabei greift der BGH die zuvor dargestellte Argumentation auf und stellt fest,

---

559 Hierzu Staudinger/Freitag, 2015, § 488 Rn. 217 ff.; vgl. ebenfalls MüKoBGB/K.P. Berger § 488 Rn. 67 f.; a.A. Soergel/Seifert § 488 Rn. 150 f.; Grüneberg/Weidenkaff § 488 Rn. 17.

560 MüKoBGB/K.P. Berger § 488 Rn. 69; vgl. hierzu auch Staudinger/Freitag, 2015, § 488 Rn. 246.

561 Vgl. hierzu im Einzelnen Soergel/Seifert § 488 Rn. 152 ff..

562 BGH, Urteil vom 9. Mai 2023 – XI ZR 544/21 –, juris, Rn. 35.

dass „beim Darlehensvertrag {…} der Zins den Preis für die Kapitalnutzung dar{stellt}".[563] Der BGH erkennt dabei zudem, dass „dem Zinsbegriff im Rechtssinne {…} sonach eine definitorische Untergrenze bei 0 % immanent {sei}, bei deren Erreichen die Pflicht des Darlehensnehmers zur Zinszahlung entfällt. Damit lässt sich eine Umkehrung des Zahlungsstroms von dem Darlehensgeber an den Darlehensnehmer nicht vereinbaren".[564] Einschränkend stellt der BGH jedoch fest, dass aufgrund der gesetzlichen Formulierungen des „geschuldeten Zins" in § 488 Abs. 1 Satz 2 BGB und der „vereinbarten Zinsen" in Abs. 2 die Parteien grundsätzlich eine abweichende Regelung treffen können.[565] Lediglich wenn sie dies nicht getan haben „oder die Ergänzung durch das dispositive Gesetzesrecht ausgeschlossen haben", gilt der zuvor gefundene „Zinsbegriff im Rechtssinne", der wiederum einen Zins unter 0 % ausschließt.[566]

III. Vergütung im Rahmen eines Verwahrungsvertrags

Für den in den §§ 688 ff. BGB geregelten Verwahrungsvertrag sehen die vertragstypischen Pflichten vor, dass der Verwahrer verpflichtet {ist}, eine ihm von dem Hinterleger übergebene bewegliche Sache aufzubewahren (vgl. § 688 BGB). Dabei ist regelmäßig von einer Vergütung auszugehen - und diese gilt als stillschweigend vereinbart -, sofern die Aufbewahrung den Umständen nach nur gegen eine Vergütung zu erwarten ist (vgl. § 689 BGB).

Bei der Verwahrung von Geld, bei dem das Eigentum auf den Verwahrer übergeht und dieser Sachen von gleicher Art, Güte und Menge zurückzugewähren hat, handelt es sich um einen unregelmäßigen Verwahrungsvertrag und es finden gem. § 700 Abs. 1 Satz 1 Alt. 1 BGB die Vorschriften über den Darlehensvertrag Anwendung.[567] Der häufigste Anwendungsfall ist hierbei die „Unterhaltung von Bankguthaben im Rahmen eines Girovertrags"[568], denn

563 BGH, Urteil vom 9. Mai 2023 – XI ZR 544/21 –, juris, Rn. 36.

564 BGH, Urteil vom 9. Mai 2023 – XI ZR 544/21 –, juris, Rn. 37; vgl. auch schon Suendorf-Bischof in BKR 2019, 279 (280).

565 BGH, Urteil vom 9. Mai 2023 – XI ZR 544/21 –, juris, Rn. 31.

566 BGH, Urteil vom 9. Mai 2023 – XI ZR 544/21 –, juris, Rn. 31.

567 Vgl. insoweit auch Freitag in ZBB 2018, 269 (275): „Unabhängig davon, ob man beim Einlagengeschäft von Darlehen oder unregelmäßiger Verwahrung ausgeht oder nach der Laufzeit der Einlagen differenziert, ist in Bezug auf etwaige Entgeltabreden der Parteien jedenfalls Darlehensrecht maßgeblich – entweder direkt oder indirekt aufgrund des Verweises in § 700 Abs. 1 Satz 1 BGB. "

568 MüKoBGB/Henssler § 700 Rn. 1; vgl. auch Soergel/Schur § 700 Rn. 7; Jauernig/Mansel § 700 Rn. 3.

nach der herrschenden Meinung sind die auf Girokonten getätigten Einlagen Gegenstand unregelmäßiger Verwahrung[569].

Bei der unregelmäßigen Verwahrung handelt es sich wiederum um einen Typenverschmelzungsvertrag, der Elemente des Darlehens und der Verwahrung verbindet.[570] Während beim Darlehen das Interesse des Darlehensgebers an der Verzinsung und mithin einer Vermögensmehrung im Vordergrund steht, „dient die unregelmäßige Verwahrung vorrangig dem Interesse des Hinterlegers an einer sicheren Verwahrung des Geldes bei jederzeitiger Verfügbarkeit".[571]

IV. Gesetzliches Leitbild

Neben der Regelung des § 488 Abs. 1 Satz 2 BGB, der vorsieht, dass im Rahmen eines Darlehensvertrags den Darlehensnehmer die Verpflichtung zur Zahlung eines Zinses trifft, gibt es im Bürgerlichen Recht noch weitere Regelungen zu Zinssätzen. Hierbei sind zudem vor allem der gesetzliche Zinssatz nach § 246 BGB und der in § 247 BGB festgeschriebene Basiszinssatz, sowie die Verzugszinsen nach § 288 BGB zu bedenken. Bei letzterem findet sich eine Bezugnahme auf den Basiszinssatz, wonach der Verzugszinssatz für das Jahr fünf Prozentpunkte über dem Basiszinssatz beträgt, § 288 Abs. 1 Satz 2 BGB.

Insgesamt fehlt im BGB jedoch eine Legaldefinition dahingehend, was ein Zins ist, er wird vielmehr „von der Privatrechtsordnung vorausgesetzt"[572]. Dabei hat sich im Laufe der Zeit die Definition des Zinsbegriffes herausgebildet, wonach „Zins im Rechtssinne {...} das für die Möglichkeit des Gebrauchs

---

569 Zur weiteren Vertiefung und zum Meinungsstand siehe MüKoBGB/Henssler § 700 Rn. 16 f.; Staudinger/Reuter, 2015, § 700 Rn. 3; Grüneberg/Grüneberg § 675 f Rn. 36; MüKoHGB/Herresthal, Bd. 6, Teil 1, A. Das Giroverhältnis, Rn. 617 m.w.N.; Freitag in ZBB 2018, 269 (274).; Soergel/Schur § 700 Rn. 7; Langner in Ellenberger/Bunte, Bankrechts-Handbuch § 45 Rn. 88; vgl. ferner auch Freitag in JZ 2022, 132 (134) zur „Qualifikation des verwahrungsrechtlichen Teils des Vertrages als eines solchen über eine ‚Kapitalverwahrung sui generis' "; Tröger in NJW 2015, 657 (659 f.); Suendorf-Bischof in BKR 2019, 279 (285).

570 MüKoBGB/Henssler § 700 Rn. 2; Grüneberg/Retzlaff § 700 Rn. 1; Soergel/Schur § 700 Rn. 5.

571 MüKoBGB/Henssler § 700 Rn. 3; Ebenso MüKoHGB/Herresthal, Bd. 6, Teil 1, A. Das Giroverhältnis, Rn. 613; Grüneberg/Retzlaff § 700 Rn. 1; Soergel/Schur § 700 Rn. 5; Staudinger/Reuter, 2015, § 700 Rn. 3.

572 BGH, Urteil vom 9. Mai 2023 – XI ZR 544/21 –, juris, Rn. 26.

von zeitweilig überlassenem Kapital zu leistende Entgelt {bedeutet}, das zeitabhängig, aber zugleich gewinn- und umsatzunabhängig berechnet wird".[573]

Da im Rahmen des Verzugszinses eine Auffangregelung wie sie § 246 BGB vorsieht, fehlt, könnte man nach dem Studium des Gesetzestextes zunächst davon ausgehen, dass die dort genommene Bezugnahme auf den Basiszinssatz in § 288 Abs. 1 Satz 2 BGB dazu führen könnte, dass der Verzugszins negativ würde, sofern der Basiszinssatz auf unter -5 % fallen sollte. Dies ist nach der zuvor gefundenen Definition jedoch nicht möglich, da es sich bei dem Zins im Rechtssinne um ein Entgelt handelt. Ein Entgelt kann nicht negativ und in der Folge umgekehrt werden.[574] Zudem würde ein negativer Verzugszins den „Regelungszweck der Vorschrift ins Gegenteil verkehr{en}", da die daraus folgende Zahlung des Gläubigers an den Schuldner Letzteren sodann „für sein vertragsverletzendes Verhalten sogar noch belohn{en}" würde.[575]

Auch aus der Regelung des § 247 BGB kann keine Begründung für einen negativen Zins hergeleitet werden, denn der Basiszinssatz begründet aus sich selbst heraus keine Zinsschuld[576], „vielmehr dient er seinerseits nur als Bezugsgröße für die Berechnung des jeweils anwendbaren Zinssatzes"[577]

Die vom BGH getroffene Feststellung, dass dem „Zinsbegriff im Rechtssinne {...} eine definitorische Untergrenze bei 0 % immanent"[578] sei, gilt mithin nicht lediglich für das in der Entscheidung betrachtete Aktivgeschäft und somit im Rahmen des Darlehensvertragsrechts, sondern allgemein, wo immer ein Zins im Rechtssinne besteht.[579]

Es ist hingegen nicht ersichtlich, warum ein vertraglich vereinbarter Negativzins nicht möglich sein sollte.[580] Denn grundsätzlich steht es den

---

573 Vgl. BGH, Urteil vom 9. Mai 2023 – XI ZR 544/21 –, juris, Rn. 26, m.w.N.; zudem Behr in „Verragsrechtliche Zulässigkeit negativer Verzinsung im Einlagenbereich", 2018, S. 119 ff.; sowie Radke in „Negative Nominalzinsen im Zins- und Bankvertragsrecht", 2019, S. 29 ff.; vgl. zum Zinsbegriff zudem MüKoBGB/K.P. Berger § 488 Rn. 153 ff..

574 BGH, Urteil vom 9. Mai 2023 – XI ZR 544/21 –, juris, Rn. 26.

575 Vogel in BKR 2018, 45 (50); ebenso Suendorf-Bischof in BKR 2019, 279 (282).

576 BGH, Urteil vom 9. Mai 2023 – XI ZR 544/21 –, juris, Rn. 26.

577 Coen in NJW 2012, 3329 (3330); siehe auch BGH, Urteil vom 9. Mai 2023 – XI ZR 544/21 –, juris, Rn. 26; vgl. ebenfalls Suendorf-Bischof in BKR 2019, 279 (282).

578 BGH, Urteil vom 9. Mai 2023 – XI ZR 544/21 –, juris, Rn. 37.

579 Vgl. zum dem deutschen Recht zugrunde liegenden positiven Zinsbegriff zudem: Freitag, ZBB 2018, 269 (275 f.).

580 So auch BGH, Urteil vom 9. Mai 2023 – XI ZR 544/21 –, juris, Rn. 31, der vertritt „dass die Zinszahlungspflicht auf einer Vereinbarung der Vertragsparteien beruht"

Vertragsparteien frei, im Rahmen ihrer Gestaltungsfreiheit auch über den Zinssatz zu disponieren.[581] Allerdings sollte insoweit der Begriff Zins wohl nicht verwendet werden, da ein Zins im Rechtssinne eben nicht unter die Untergrenze von 0 % fallen kann und es sich bei der Verwendung des Begriffs Zins dann wohl „letztlich um eine falsa demonstratio“ handeln dürfte.[582]

V. Zusammenfassung

Der Begriff des Negativzinses ist folglich irreführend.

Im Passivgeschäft der Banken liegt bezüglich der durch die Kunden getätigten Einlagen eine unregelmäßige Verwahrung vor.[583] Kundenseitig besteht das Interesse „an einer sicheren Verwahrung des Geldes bei jederzeitiger Verfügbarkeit“[584]. Diese Verwahrungsleistung soll schließlich durch das erhobene Entgelt, das Verwahrentgelt, bepreist werden.

Der im Rahmen eines Darlehensvertrags geschuldete Zins hingegen kann - nach dem gesetzlichen Leitbild - nicht umgekehrt werden und in einer Zins-Zahlungsverpflichtung des Darlehensgebers an den Darlehensnehmer münden. Die Parteien können eine solche Abrede zwar ausdrücklich treffen, jedoch dürfte in einem solchen Fall nicht von einem „Zins“ im Rechtssinne auszugehen sein.

C. Rechtsnatur des Vertrags

Im Rahmen der Prüfung der rechtlichen Zulässigkeit der Erhebung von Verwahrentgelten stellt sich zunächst die Frage, wie die Erhebung eines

---

und diese „eine umfassende rechtsgeschäftliche Regelung darüber {...}, was unter dem Begriff "Zins" im Sinne ihrer Vereinbarung zu verstehen sein soll“, treffen können.

581 Staudinger/Freitag, 2015, § 488 Rn. 187; Jauernig/Berger § 488 Rn. 19 f.; MüKoBGB/K.P. Berger § 488 Rn. 55 und 161; Grüneberg/Weidenkaff § 488 Rn. 1; vgl. auch Langner in Ellenberger/Bunte, Bankrechts-Handbuch § 45 Rn. 86.

582 Binder in ZBB 2023, 217 (220); vgl. auch Tröger in NJW 2015, 657 (659 f.), der den Begriff der negativen Zinsen als „eine unglückliche rhetorische Figur“ bezeichnet; MüKoBGB/Fornasier § 307 Rn. 233.

583 Vgl. auch Langner in Ellenberger/Bunte, Bankrechts-Handbuch § 45 Rn. 88.

584 MüKoBGB/Henssler § 700 Rn. 3; ebenso MüKoHGB/Herresthal, Bd. 6, Teil 1, A. Das Giroverhältnis, Rn. 613; vgl. auch Soergel/Schur § 700 Rn. 5; Staudinger/Reuter, 2015, § 700 Rn. 3.

Verwahrentgelts rechtlich zu qualifizieren ist. Denn erst auf dieser Basis schließt sich sodann die Frage der rechtlichen Zulässigkeit eines solchen Entgelts an.

Bei der Bestimmung der anwendbaren Rechtsvorschriften wurde zunächst grundsätzlich zwischen Sichteinlagen, wie bei Girokonto und Tagesgeld einerseits, und Termineinlagen andererseits und den für diese jeweils charakteristischen Interessenlagen unterschieden.[585] Nach der neueren Rechtsprechung des BGH dürfte diese Einteilung jedoch nicht mehr maßgeblich für die Beurteilung der rechtlichen Zulässigkeit sein.[586]

Im Rahmen eines Girovertrags bzw. eines Giroverhältnisses erbringt die Bank eine Reihe von Zahlungsdienstleistungen nach dem Zahlungsdiensteaufsichtsgesetz (ZAG). Während diese Dienstleistungen dem Zahlungsdiensterahmenvertrag unterfallen dürften, ist zudem die Darlehens- und Verwahrfunktion des Giroverhältnisses zu beachten.[587] Hierbei kommen als selbständige Verträge oder Vertragsbestandteile desselben Vertrags die Regelungen des Darlehensrechts und der unregelmäßigen Verwahrung in Betracht. Denn „diese Darlehens- und Verwahrungsfunktion des Girokontos ist für den Girovertrag auch nach Inkrafttreten des Zahlungsdiensterechts nach wie vor charakteristisch".[588]

I. (Einlagen-)Verwahrung kein Zahlungsdienst

Anknüpfungspunkt für die Frage, ob die Verwahrung von Einlagen als Zahlungsdienst zu qualifizieren ist, ist zunächst die Vorschrift des § 675 f Abs. 5 BGB, die vorsieht, dass den Zahlungsdienstnutzer die Verpflichtung trifft, dem Zahlungsdienstleister das für die Erbringung eines Zahlungsdienstes vereinbarte Entgelt zu entrichten. Zur Begriffsbestimmung des Zahlungsdienstes verweist § 675c Abs. 2 BGB auf das Zahlungsdiensteaufsichtsgesetz (ZAG), welches wiederum in § 1 Abs. 1 Satz 2 Nr. 1-8 eine abschließende Auflistung der als Zahlungsdienste zu qualifizierenden Zahlungs- und Überweisungsvorgänge enthält. Zwar enthält diese Aufzählung die Ein- und Auszahlung auf

585 Vgl. zur umfangreichen Darstellung der vertretenen Ansichten und Rechtsprechung nur Vogel in BKR 2018, 45 (48 f.).

586 Vgl. BGH, Urteil vom 14. Mai 2019 – XI ZR 345/18 –, juris; vgl. zudem Langner in Ellenberger/Bunte, Bankrechts-Handbuch § 45 Rn. 83 und 21.

587 BGH, Urteil vom 18. Juni 2019 – XI ZR 768/17 –, juris, Rn. 26; KG Berlin, Urteil vom 9. August 2023 – 26 U 129/21 –, juris, Rn. 45.

588 BGH, Urteil vom 18. Juni 2019 – XI ZR 768/17 –, juris, Rn. 26; BGH, Urteil vom 28. Juli 2015 – XI ZR 434/14 –, juris, Rn. 41.

bzw. von einem Zahlungskonto, nicht jedoch die Verwahrung der getätigten Einzahlungen.

Dass zudem nicht das gesamte Giroverhältnis als solches dem Zahlungsdiensterecht unterliegt, zeigt ein Blick in § 675 f Abs. 2 Satz 2 BGB, der festlegt, dass ein Zahlungsdiensterahmenvertrag auch Bestandteil eines sonstigen Vertrags sein oder mit einem anderen Vertrag zusammenhängen kann.[589] Dies „gilt insbesondere auch im Hinblick auf die {…} unregelmäßigen Verwahrungsverhältnisse (§ 700 BGB), die auf Grundlage des Giroverhältnisses durch Ein- und Auszahlungen auf bzw. vom Girokonto begründet oder erfüllt werden“[590]. Zu der Ansicht, dass es sich bei der Verwahrfunktion des Giroverhältnisses „um eine zahlungsdienstfremde Leistung handelt“, kommt schließlich selbst das LG Berlin, welches - insoweit jedoch widersprüchlich[591] - ansonsten davon ausgeht, dass diese „dem Girovertrag immanent“[592] sei.

Die Verwahrung der getätigten Einlagen unterfällt daher nicht dem Zahlungsdiensterahmenvertrag und stellt - wie zuvor bereits ausgeführt - eine unregelmäßige Verwahrung (depositum irregulare) dar.[593] Insbesondere ist von den Vertragspartnern kein regelmäßiger Verwahrungsvertrag gewollt, da bei diesem die Gelder im Eigentum der Kunden verlieben und nicht der Einlagensicherung unterlägen (vgl. § 2 Abs. 3 EinSiG) und die Bank zudem verpflichtet wäre, die hinterlegten Gelder selbst (vgl. § 695 Satz 1 BGB) und nicht lediglich Sachen von gleicher Art, Güte und Menge (vgl. § 700 Abs. 1 Satz 1 BGB) zurückzugewähren.[594]

II. Verwahrentgeltklauseln als AGB

Bei der Einordnung der Verwahrentgeltklauseln als AGB ist zunächst davon auszugehen, dass es sich bei der Vereinbarung eines Verwahrentgelts regelmäßig

---

589 So auch OLG Düsseldorf, Urteil vom 30. März 2023 – I-20 U 16/22 –, juris, Rn. 24 m.w.N. und Verw. auf BGH, Urteil vom 18. Juni 2019 – XI ZR 768/17 –, juris.

590 BGH, Urteil vom 18. Juni 2019 – XI ZR 768/17 –, juris, Rn. 26.

591 LG Berlin, Urteil vom 28. Oktober 2021 – 16 O 43/21 –, juris, Rn. 47, 50.

592 LG Berlin, Urteil vom 28. Oktober 2021 – 16 O 43/21 –, juris, Rn. 50.

593 MüKoBGB/Henssler § 700 Rn. 16 f.; Staudinger/Reuter, 2015, § 700 Rn. 3; Grüneberg/Grüneberg § 675 f Rn. 36; MüKoHGB/Herresthal, Bd. 6, Teil 1, A. Das Giroverhältnis, Rn. 617 m.w.N.; Freitag in ZBB 2018, 269 (274); vgl. ferner zur „Kapitalverwahrung sui generis“ Freitag in JZ 2022, 134 (136); Tröger in NJW 2015, 657 (659 f.); Suendorf-Bischof in BKR 2019, 279 (285); KG Berlin, Urteil vom 9. August 2023 – 26 U 129/21 –, juris, Rn. 51.

594 OLG Dresden, Urteil vom 30. März 2023 – 8 U 1389/21 –, juris, Rn. 39.

um eine Allgemeine Geschäftsbedingung handeln dürfte.[595] Die Verwahrentgeltsklausel wird - gleich ob zu Beginn der Vertragsbeziehung oder als ergänzende Vereinbarung in einer laufenden Vertragsbeziehung - für eine Vielzahl von Verträgen durch die Verwenderin, das Kreditinstitut, vorformuliert und dem Vertragspartner gestellt, vgl. § 305 Abs. 1 Satz 1 BGB.[596] Bis auf wenige Ausnahmen, in denen die Vertragsparteien über die konkrete Ausgestaltung der Klausel verhandeln und individuelle Bedingungen vereinbaren - dazu später -, hat der Kunde grundsätzlich keine Möglichkeit, den Inhalt mitzubestimmen oder zumindest hierüber zu verhandeln und steht lediglich vor der Entscheidung, die Bedingungen zu akzeptieren oder sie abzulehnen und den Vertrag bzw. die Vertragsergänzung nicht einzugehen, vgl. § 305 Abs. 1 Satz 3 BGB.[597] In letztgenanntem Fall sieht er sich sodann der Gefahr ausgesetzt, dass das Kreditinstitut den Vertrag kündigt.

Es ist sodann dahingehend zu unterscheiden, ob es sich bei einer solchen Klausel um eine unmittelbar den Preis einer vertraglichen Hauptleistung bestimmenden Preishauptabrede, um das Entgelt für eine zusätzlich angebotene Sonderleistung, oder andernfalls um eine Preisnebenabrede handelt. Die Beantwortung dieser Frage bildet die Grundlage der darauf aufbauenden Prüfung der Zulässigkeit der Erhebung eines Verwahrentgelts.[598] Denn während nach der ständigen Rechtsprechung des BGH „Abreden, die Art und Umfang der vertraglichen Hauptleistungspflicht und der hierfür geschuldeten Vergütung unmittelbar bestimmen, {…} nicht der Regelung durch Rechtsvorschriften {unterliegen}, sondern {…} von der den Parteien eingeräumten Vertragsfreiheit umfaßt {sind,} sind dagegen vorformulierte Vereinbarungen, die zwar mittelbare Auswirkungen auf Preis und Leistung haben (Nebenabreden), an deren Stelle aber, wenn eine wirksame vertragliche Regelung fehlt, dispositives Gesetzesrecht treten kann {, kontrollfähig}“.[599]

595 Vgl. auch Guggenberger/Guggenberger in WM 2022, 1469 (1469).

596 Vgl. zudem BGH, Urteil vom 5. Juni 2018 – XI ZR 790/16 –, juris, Rn. 29, 31.

597 Vgl. zudem BGH, Urteil vom 5. Juni 2018 – XI ZR 790/16 –, juris, Rn. 33.

598 Vgl. auch Suendorf-Bischof in BKR 2019, 279 (280).

599 BGH, Urteil vom 22. Februar 2002 – V ZR 251/00 –, juris, Rn. 15 m.V.a. ältere Rechtsprechung; vgl. zudem neuere Rechtsprechung: BGH, Urteil vom 18. Juni 2019 – XI ZR 768/17 –, juris, Rn. 21; BGH, Urteil vom 28. Juli 2015 – XI ZR 434/14 –, juris, Rn. 33 m.w.N.; MüKoBGB/Fornasier § 307 Rn. 225.

1. *Verwahrentgelt als Preisnebenabrede*

Als sog. Preisnebenabreden, welche gem. § 307 Abs. 3 Satz 1 BGB kontrollfähig sind und den in den §§ 307 Abs. 1 und 2, 308, 309 BGB aufgestellten Verboten unterliegen, definiert der BGH in ständiger Rechtsprechung - im Gegensatz zu „bloß deklaratorische{n} Klauseln {und} solche{n}, die unmittelbar den Preis der vertraglichen Hauptleistung oder das Entgelt für eine rechtlich nicht geregelte, zusätzlich angebotene Sonderleistung bestimmen" - diejenigen „Klauseln, die von gesetzlichen Preisregelungen abweichen[600], sowie Bestimmungen, die kein Entgelt für eine Leistung zum Gegenstand haben, die dem Kunden auf rechtsgeschäftlicher Grundlage erbracht wird, sondern mittels derer der Verwender allgemeine Betriebskosten, Aufwand zur Erfüllung eigener Pflichten oder für Tätigkeiten, die im eigenen Interesse liegen, auf den Kunden abwälzt[601]".[602]

Im Kern betrifft die Unterscheidung zwischen einer Preisneben- und einer Preishauptabrede - letztere als Gegenleistung für eine vertragliche Hauptleistung - bzw. einer Sonderleistung - diese zusätzlich zur Hauptleistung angeboten - somit die Frage, ob der Kunde für das zu erbringende Entgelt eine echte Gegenleistung erhält.[603]

Insoweit wird vertreten, dass die mit einem Verwahrentgelt bepreiste Verwahrung von Kontoguthaben „dem Girovertrag immanent" sei, da diese die Erbringung der im Rahmen des Zahlungsdiensterahmenvertrags geschuldeten Zahlungsdienste gerade erst ermögliche und mithin „eine reine Nebenleistung zur Erfüllung zahlungsdienstevertraglicher Pflichten dar{stelle}".[604] Die

---

600 BGH, Urteil vom 5. Juni 2018 – XI ZR 790/16 –, juris, Rn. 36, dort m.V.a.: Senatsurteile vom 17. Dezember 2013 - XI ZR 66/13, BGHZ 199, 281 Rn. 12, vom 20. Oktober 2015 - XI ZR 166/14, BGHZ 207, 176 Rn. 16 und vom 25. Oktober 2016 - XI ZR 9/15, BGHZ 212, 329 Rn. 22.

601 BGH, Urteil vom 5. Juni 2018 – XI ZR 790/16 –, juris, Rn. 36, dort m.V.a. Senatsurteile vom 21. April 2009 - XI ZR 78/08, BGHZ 180, 257 Rn. 16, vom 7. Dezember 2010 - XI ZR 3/10, BGHZ 187, 360 Rn. 26, vom 13. November 2012 - XI ZR 500/11, BGHZ 195, 298 Rn. 13, vom 13. Mai 2014 - XI ZR 405/12, BGHZ 201, 168 Rn. 24, vom 20. Oktober 2015 - XI ZR 166/14 und vom 25. Oktober 2016 - XI ZR 9/15.

602 BGH, Urteil vom 5. Juni 2018 – XI ZR 790/16 –, juris, Rn. 36, m.w.N..

603 Vgl. auch MüKoBGB/Fornasier § 307 Rn. 225; Hamdan in GWR 2023, 324 (324 f.); WLP/Pfeiffer, § 307 Rn. 303; vgl. ebenfalls, jedoch kritisch bezüglich der vorgenommenen Unterteilung, Staudinger/Wendland, 2019, § 700 Rn. 312.

604 LG Düsseldorf, Urteil vom 22. Dezember 2021 – 12 O 34/21 –, juris, Rn. 36 f.; so auch LG Berlin, Urteil vom 28. Oktober 2021 – 16 O 43/21 –, juris, Rn. 50; ebenfalls LG Berlin, Urteil vom 9. März 2023 – 52 O 103/22 –, juris, Rn. 33.

Verwahrung folge zwangsläufig aus der Vorschusspflicht des § 669 BGB und sei eine Voraussetzung für die zu erbringenden Zahlungsdienste, denn erst die Einzahlung von Guthaben auf das Girokonto erlaube die Zahlungsausführung im Rahmen des Zahlungsdiensterahmenvertrags.[605] Zudem sei der Abschluss eines Girovertrags ohne Verwahrfunktion schlicht nicht möglich, weswegen es sich nicht um eine zusätzlich angebotene Sonderleistung handele.[606] Hierin sei auch der Unterschied zwischen der Verwahr- und der Darlehensfunktion des Girovertrags zu sehen, denn Letzterer könne ausgeschlossen werden, ersterer nicht, da, selbst wenn sich das Guthaben nur kurze Zeit auf dem Konto befindet, die Bank dieses in dieser Zeit verwahre.[607] Die Hauptleistung beim Girovertrag bestehe in der Abwicklung von Zahlungsvorgängen, wobei die Verwahrung des Guthabens „als ein weiteres Element eines einheitlichen Vertrages" hinzukomme.[608] Schließlich könne der zunächst einheitliche Girovertrag nicht einseitig in einen Zahlungsdienste- und einen Verwahrvertrag aufgespalten werden.[609]

In Anwendung der zuvor dargestellten Definition des BGH folge die Qualifikation des Verwahrentgelts als Preisnebenabrede somit aus dem Umstand, dass die Bank „nur eigene Aufwendungen auf ihre Kunden abwälzen will".[610]

Auch bei Spareinlagen, die unregelmäßige Verwahrungen darstellten, erhalte der Kunde für die mit dem Verwahrentgelt bepreiste Leistung keine eigenständige Gegenleistung.[611] Anders als beim Zahlungsdiensterahmenvertrag lässt sich diesbezüglich jedoch nicht einfach vertreten, dass die Einzahlung von Guthaben auf das Girokonto und die in der Folge eintretende Verwahrung lediglich eine Voraussetzung für die vertraglich geschuldete Ausführung der jeweiligen Zahlungsdienste sei. Immanent sei die Verwahrung des Geldes durch die Bank

605 LG Düsseldorf, Urteil vom 22. Dezember 2021 – 12 O 34/21 –, juris, Rn. 37; so auch LG Berlin, Urteil vom 28. Oktober 2021 – 16 O 43/21 –, juris, Rn. 50; ebenfalls LG Berlin, Urteil vom 9. März 2023 – 52 O 103/22 –, juris, Rn. 33.

606 LG Düsseldorf, Urteil vom 22. Dezember 2021 – 12 O 34/21 –, juris, Rn. 37; so auch LG Berlin, Urteil vom 28. Oktober 2021 – 16 O 43/21 –, juris, Rn. 50; zustimmend: Bode in VuR 2022, 20 (24).

607 LG Berlin, Urteil vom 28. Oktober 2021 – 16 O 43/21 –, juris, Rn. 50.

608 LG Berlin, Urteil vom 28. Oktober 2021 – 16 O 43/21 –, juris, Rn. 52.

609 LG Berlin, Urteil vom 28. Oktober 2021 – 16 O 43/21 –, juris, Rn. 53.

610 LG Düsseldorf, Urteil vom 22. Dezember 2021 – 12 O 34/21 –, juris, Rn. 38; ebenfalls: LG Tübingen, Urteil vom 25. Mai 2018 – 4 O 225/17 –, juris, Rn. 26; vgl auch Wagner in BKR 2017, 315 (318).

611 LG Frankfurt, Urteil vom 18. November 2022 – 2-25 O 228/21 –, juris, Rn. 75 f..

jedoch auch der Einzahlung als Spareinlage, denn der Kunde müsse der Bank zur Geldanlage das anzulegende Geld überlassen, die Verwahrung eben dieses Geldes sei daher als eine „notwendige Folge des Sparvertrags" sowie als eine „unselbständige Nebenleistung" anzusehen.[612]

Zudem ergebe sich aus der Verweisung des § 700 BGB auf § 488 BGB, dass neben der Verpflichtung zur Kapitalüberlassung keine weitere Hauptleistungspflicht auf Kundenseite, mithin dem Darlehensgeber - vgl. oben unter 3. B. II. - bestehe.[613] Die Zahlung eines Verwahrentgelts sei mit dem gesetzlichen Leitbild des § 700 BGB nicht vereinbar, welches einen solchen Anspruch der Bank gegen ihre Kunden - eine Vergütungspflicht für die unregelmäßige Verwahrung - nicht kenne.[614] Die Zinszahlungspflicht obliege dem Darlehensnehmer, mithin der Bank, und könne „nicht ins Minus rutschen".[615] Dem Kunden müsse „mindestens der Betrag verbleiben, den er eingezahlt hat", weswegen durch die Erhebung eines Verwahrentgelts dieser Grundsatz umgangen würde.[616]

Vor dem Hintergrund des behaupteten Verstoßes gegen das gesetzliche Leitbild ist die vom BGH in einem Verfahren betreffend die Inhaltskontrolle für eine Entgelt-, Preisanpassungs- und Zinsänderungsklausel angestellte Erwägung zu bewerten, dass „Entgeltklauseln, in denen ein Kreditinstitut einen Vergütungsanspruch für Tätigkeiten normiert, zu deren Erbringung es bereits gesetzlich oder aufgrund einer selbständigen vertraglichen Nebenpflicht verpflichtet ist oder die es vorwiegend im eigenen Interesse vornimmt, mit wesentlichen Grundgedanken der gesetzlichen Regelungen nicht vereinbar sind, da nach dem gesetzlichen Leitbild für solche Tätigkeiten ein Entgelt nicht beansprucht werden kann"[617].

---

612 LG Frankfurt, Urteil vom 18. November 2022 – 2-25 O 228/21 –, juris, Rn. 78.

613 LG Frankfurt, Urteil vom 18. November 2022 – 2-25 O 228/21 –, juris, Rn. 79; so auch LG Berlin, Urteil vom 28. Oktober 2021 – 16 O 43/21 –, juris, Rn. 62, jedoch bzgl. einer Verwahrentgeltklausel bei Tagesgeldkonten.

614 LG Berlin, Urteil vom 28. Oktober 2021 – 16 O 43/21 –, juris, Rn. 62; so auch Wagner in BKR 2017, 315 (319 f.); ebenfalls Knops in BKR 2021, 499 (504), der der Erhebung von Verwahrentgelten „die glatte Umkehr der Zahlungspflicht" und mithin einen Verstoß „gegen die Grundgedanken des § 700 Abs. 1 S. 1 iVm § 488 BGB" attestiert; aA Soergel/Schur § 700 Rn. 6: „Eine Vergütung kann selbstverständlich vereinbart werden.".

615 LG Berlin, Urteil vom 28. Oktober 2021 – 16 O 43/21 –, juris, Rn. 62.

616 LG Berlin, Urteil vom 28. Oktober 2021 – 16 O 43/21 –, juris, Rn. 62.

617 BGH, Urteil vom 21. April 2009 – XI ZR 78/08 –, juris, Rn. 21.

Dabei ist jedoch die Annahme, die Bepreisung der Verwahrung verstoße gegen das gesetzliche Leitbild des § 700 BGB bereits unzutreffend.[618] Denn wie zuvor dargestellt - vgl. oben unter 3. B. III. -, handelt es sich bei der unregelmäßigen Verwahrung um einen „Typenverschmelzungsvertrag, der Elemente des Darlehens bzw. Sachdarlehens (§§ 488 ff., 607 ff.) und der Verwahrung (§§ 688–699) zu einem eigenständigen Vertragstyp verbindet".[619] Und dass im Rahmen eines Verwahrvertrags die grundsätzliche Annahme besteht, dass die Verwahrung vergütet wird, zeigt ein Blick in § 689 BGB.[620] Sofern hiergegen eingewandt wird, dass dies nur für bewegliche Sachen gelten kann, da der Verwahrer hierbei verpflichtet ist, dieselbe Sache wieder herauszugeben und der Verwahrer bei der unregelmäßigen Verwahrung infolge der Eigentumsübertragung die Möglichkeit der Fruchtziehung aus dem ihm überlassenen Kapital erhält, so greift dies zu kurz, da die jederzeitige Verfügbarkeit des Kapitals[621] für den Hinterleger mit erheblichen Einschränkungen in der Fruchtziehung für den Verwahrer einhergeht, da dieser das überlassene Kapital ständig, nämlich für den Fall der sofortigen Auszahlung, vorrätig halten muss. Dies erfolgt gerade im Gegensatz zu einem Darlehen, welches entweder für die Dauer einer festen Laufzeit vereinbart wird oder nur mit einer mindestens dreimonatigen Kündigungsfrist gekündigt werden kann, vgl. § 488 Abs. 3 Satz 3 BGB. Auch die Beanstandung, dem Kunden müsse mindestens der Betrag verbleiben, den er eingezahlt hat, greift zu kurz, denn während neben der Vergütungspflicht bei der regelmäßigen Verwahrung (§ 689 BGB) ebenso ein Rückforderungsrecht über die ganze resp. vollständige Sache besteht (§ 695 BGB), erfolgt bei der unregelmäßigen Verwahrung von Geld lediglich eine Verrechnung mit dem hierfür anfallenden Entgelt.[622]

Zudem sieht der Darlehensvertrag, auf den in § 700 Abs. 1 Satz 1 Alt. 1 BGB verwiesen wird, vor, dass der Darlehensgeber - der Kunde - dem Darlehensnehmer - der Bank - einen Geldbetrag in der vereinbarten Höhe zur Verfügung

618 Vgl. auch: Vogel in BKR 2018, 45 (53); Freitag in JZ 2022, 132 (135); Lühmann in EWiR 2023, 353 (354).

619 MüKoBGB/Henssler § 700 Rn. 2; Grüneberg/Retzlaff § 700 Rn. 1; Soergel/Schur § 700 Rn. 5; Jauernig/Mansel § 700 Rn. 1; Staudinger/Reuter, 2015, § 700 Rn. 3.

620 Vgl. auch Vogel in BKR 2018, 45 (53).

621 Vgl. auch OLG Düsseldorf, Urteil vom 30. März 2023 – I-20 U 16/22 –, juris, Rn. 33, das vertritt, dass wegen der Notwendigkeit, das für eine Rückzahlung erforderliche Kapital jederzeit vorzuhalten, ähnliche Erwägungen wie bei einer Bereitstellungsprovision gelten sollen.

622 Wollgarten/Bohne in BKR 2022, 113 (114).

zu stellen hat, vgl. § 488 Abs. 1 Satz 1 BGB, und der Darlehensnehmer - die Bank - zur Zahlung eines Zinses verpflichtet ist, vgl. § 488 Abs. 1 Satz 2 BGB.[623] Beides ist bei Girokonten regelmäßig nicht der Fall, bei Spareinlagen zumindest Ersteres nicht.

Es zeigt sich daher, dass die Vorschriften über das Darlehensrecht „über § 700 Abs. 1 BGB nur insoweit Anwendung {finden können}, als sie dem von den Parteien angestrebten Zweck nicht entgegenstehen“[624] und „auch bei einer Verweisungsregelung auf einen anderen Vertragstyp {…} die Besonderheiten des Rechtsgeschäfts ‚unregelmäßige Verwahrung‘ beachtet werden“[625] müssen.[626]

Der Einwand, die Verwahrfunktion sei dem Girovertrag immanent, sei eine Voraussetzung für die zu erbringenden Zahlungsdienste und folge zwangsläufig aus der Vorschusspflicht des § 669 BGB[627] kann ebenfalls nicht überzeugen.[628] Denn der Girovertrag unterfällt bereits nicht vollständig den Regelungen über den Zahlungsdiensterahmenvertrag, insbesondere nicht die Verwahrung der getätigten Einlagen, welche wie zuvor bereits ausgeführt - vgl. oben unter 3. C. I. - eine unregelmäßige Verwahrung (depositum irregulare) darstellen.[629]

---

623 Vgl. hierzu auch OLG Frankfurt, Urteil vom 5. Oktober 2023 – 3 U 286/22 –, juris, Rn. 143; OLG Dresden, Urteil vom 30. März 2023 – 8 U 1389/21 –, juris, Rn. 48.

624 OLG Dresden, Urteil vom 30. März 2023 – 8 U 1389/21 –, juris, Rn. 48.

625 OLG Düsseldorf, Urteil vom 30. März 2023 – I-20 U 16/22 –, juris, Rn. 33.

626 Vgl. auch Freitag in JZ 2022, 132 (135), ebenfalls ablehnend, jedoch mit der Begründung, dass es sich bei „den im BGB vertypten ‚Nominatverträgen‘{…} nicht etwa um ein umfassendes gesetzliches Leitbild für zulässige Vertragsgestaltungen {handelt}, {sondern} der Gesetzgeber im BGB lediglich besonders relevante Erscheinungsformen vertraglicher Abreden normiert {habe}, ohne damit die Schaffung neuartiger Vertragstypen und Typenverbindungen beschränken zu wollen“.

627 Vgl. oben: LG Düsseldorf, Urteil vom 22. Dezember 2021 – 12 O 34/21 –, juris, Rn. 36 f.; so auch LG Berlin, Urteil vom 28. Oktober 2021 – 16 O 43/21 –, juris, Rn. 50; ebenfalls LG Berlin, Urteil vom 9. März 2023 – 52 O 103/22 –, juris, Rn. 33.

628 OLG Düsseldorf, Urteil vom 30. März 2023 – I-20 U 16/22 –, juris, Rn. 23 f.; OLG Dresden, Urteil vom 30. März 2023 – 8 U 1389/21 –, juris, Rn. 37 ff.; Zustimmend: Rodi in EWiR 2022, 289 (290); Freitag in JZ 2022, 132 (134); Strobel in BKR 2022, 96 (98); Wollgarten/Bohne in BKR 2022, 113 (114); Lühmann in EWiR 2023, 353 (354).

629 MüKoBGB/Henssler § 700 Rn. 16 f.; Staudinger/Reuter, 2015, § 700, Rn. 3; Grüneberg/Grüneberg § 675 f Rn. 36; MüKoHGB/Herresthal, Bd. 6, Teil 1, A. Das Giroverhältnis, Rn. 617 m.w.N.; OLG Düsseldorf, Urteil vom 30. März 2023 – I-20 U 16/22 –, juris, Rn. 23 f.; OLG Dresden, Urteil vom 30. März 2023 – 8 U 1389/21 –, juris, Rn. 37 ff; KG Berlin, Urteil vom 9. August 2023 – 26 U 129/21 –, juris, Rn. 45.

Bezüglich der angeführten Vorschusspflicht in § 669 BGB offenbart ein Blick ins Gesetz, dass diese lediglich optional ist, denn der Kunde hat einen solchen Vorschuss lediglich „auf Verlangen“ zu leisten. Daran zeigt sich bereits, dass die Verwahrung dem Girovertrag keineswegs „immanent“ und eine zwingende Voraussetzung für die zu erbringenden Zahlungsdienste ist, denn die Bank könnte ebenso den Auftrag zunächst ausführen und erst im Nachhinein Ersatz vom Kunden verlangen, vgl. § 670 BGB, oder die Durchführung von einer dieser unmittelbar vorausgehenden (Bar-)Einzahlung abhängig machen.[630] Vielmehr steht die frühzeitige Einzahlung eines Geldbetrags auf dem Girokonto nicht im Zusammenhang mit einem konkreten Zahlungsauftrag, sondern dient lediglich dazu, das Geld auf dem Konto aufzubewahren, entweder um es ggf. später für die Durchführung von Zahlungsaufträgen verwenden zu können oder eben es dort dauerhaft zu verwahren.[631]

Denkbar wäre ebenfalls - zur Verdeutlichung der nebeneinander stehenden Rechtsverhältnisse - die Verwendung eines durch die Bank zuvor in (regelmäßige) Verwahrung genommenen und mithin nicht in ihrem Eigentum stehenden Geldscheins zur Durchführung des Zahlungsauftrags.[632] All dies verdeutlicht, dass „der Auftrag und die Herkunft des Geldes“ von einander getrennt zu betrachten sind.[633]

Zuletzt ist auch das Vorbringen, es handele sich bei Verwahrung lediglich um ein „weiteres Element eines einheitlichen Vertrages“ und der „zunächst einheitliche Girovertrag {könne} nicht einseitig in einen Zahlungsdienste- und einen Verwahrvertrag aufgespalten werden“[634] zur Begründung der Unwirksamkeit eines Verwahrentgelts ungeeignet. Denn unabhängig von der Frage, ob schließlich zwischen dem Zahlungsdiensterahmenvertrag und dem unregelmäßigen Verwahrvertrag zu unterscheiden ist, oder es sich um „ein{en} einheitliche{n} Vertrag mit janusköpfigem Charakter“ handelt[635], unterliegt die Verwahrung von Sichteinlagen dem Recht der unregelmäßigen Verwahrung, während für die zahlungsdiensterechtlichen Bestandteile die §§ 675a ff. BGB gelten.[636]

---

630 OLG Dresden, Urteil vom 30. März 2023 – 8 U 1389/21 –, juris, Rn. 45; Strobel in BKR 2022, 96 (98); Rodi in EWiR 2022, 289 (290); KG Berlin, Urteil vom 9. August 2023 – 26 U 129/21 –, juris, Rn. 48.

631 Vgl. auch Rodi in EWiR 2022, 289 (290); vgl. ebenfalls Freitag in JZ 2022, 132 (134).

632 Strobel in BKR 2022, 96 (98).

633 Strobel in BKR 2022, 96 (98).

634 LG Berlin, Urteil vom 28. Oktober 2021 – 16 O 43/21 –, juris, Rn. 52 f..

635 So Freitag in JZ 2022, 132 (134) m.w.N..

636 Freitag in JZ 2022, 132 (134); Rodi in EWiR 2022, 289 (290); Wollgarten/Bohne in BKR 2022, 113 (114); Strobel in BKR 2022, 96 (97 f.); OLG Dresden, Urteil

2. *Verwahrentgelt als Preishauptabrede*

Der Auffassung, bei dem Verwahrengelt handele es sich um eine Preishauptabrede und bei der durch dieses Entgelt bepreisten Leistung mithin um die Hauptleistungspflicht des begründeten Verwahrverhältnisses, liegt die Annahme zugrunde, dass die Kapitalgeber - die Kunden - ein übergeordnetes Interesse an der sicheren Aufbewahrung ihres Geldes, resp. ihres Guthabens hätten, bei gleichzeitiger ständiger Verfügbarkeit desselben.[637] Wegen der Übertragung der eigenen Aufgabe, „für die sichere Aufbewahrung ihres Geldes zu sorgen" und diesbezüglich das höhere Sicherheitsniveau der Banken für die Geldaufbewahrung in Anspruch zu nehmen, welches wegen der Absicherung durch die Einlagensicherung noch verstärkt werde, gleichzeitig jedoch von der „jederzeitigen Verfügbarkeit" des Kapitals zu profitieren, stelle „die Verwahrung eine Hauptleistungspflicht der Banken und nicht nur eine Obliegenheit zur Sicherstellung ihrer eigenen Leistungsfähigkeit dar".[638]

Insoweit wird auch das hiergegen angeführte Argument entkräftet, es handele sich bei der Überlassung des Kapitals in Kombination mit der Entrichtung eines Verwahrentgelts um „ein völlig einseitiges Rechtsgeschäft"[639]. Denn die Bank leistet eine Absicherung des ihr anvertrauten Kapitals, nicht zuletzt durch den Schutz im Rahmen der Einlagensicherung, für deren Leistungsfähigkeit die Banken zudem Beiträge zu entrichten haben, vgl. § 19 Abs. 1 Satz 1 Einlagensicherungsgesetz (EinSiG).

Zutreffend ist zwar, dass die Bank das eingebrachte Kapital nach Belieben für eigene Zwecke einsetzen und darüber verfügen kann, bspw. indem sie es für ihr Aktivgeschäft verwendet.[640] Dies kann jedoch nicht zu der Schlussfolgerung

---

vom 30. März 2023 – 8 U 1389/21 –, juris, Rn. 39; a.A. LG Berlin, Urteil vom 28. Oktober 2021 – 16 O 43/21 –, juris, Rn. 49: „Es ist ein Unterschied, ob nur ein einziger (gemischter) Vertrag existiert, auf den Normen verschiedener Vertragstypen Anwendung finden, je nachdem, welcher Teil betroffen ist, oder ob zwei nebeneinander bestehende Verträge mit einem jeweils eigenen Vertragsregime vorliegen."; Dem LG Berlin zustimmend: Knops in BKR 2021, 499 (504).

637 OLG Dresden, Urteil vom 30. März 2023 – 8 U 1389/21 –, juris, Rn. 47; KG Berlin, Urteil vom 9. August 2023 – 26 U 129/21 –, juris, Rn. 35 und Rn. 49; vgl. ebenfalls MüKoHGB/Herresthal, Bd. 6, Teil 1, A. Das Giroverhältnis, Rn. 613.

638 OLG Dresden, Urteil vom 30. März 2023 – 8 U 1389/21 –, juris, Rn. 47; vgl. ebenfalls MüKoHGB/Herresthal, Bd. 6, Teil 1, A. Das Giroverhältnis, Rn. 613.

639 So vertreten von Bode in VuR 2022, 20 (25), dort allerdings im Zusammenhang mit Tagesgeldkonten.

640 So vertreten von Bode in VuR 2022, 20 (25), dort allerdings im Zusammenhang mit Tagesgeldkonten.

führen, dass keine durch ein Entgelt zu bepreisende Verwahrungshauptleistung seitens der Bank vorläge.

Dafür ist eine Betrachtung der dem Girovertrag zugrundeliegenden wechselseitigen Interessen der Vertragspartner notwendig. Das Institut hat ein Interesse daran, sich im Passivgeschäft über die Kundeneinlagen jenes Kapital zu beschaffen, welches es für sein Aktivgeschäft benötigt. Hierfür zahlt das Institut mitunter einen Zins, der bei Sichteinlagen jedoch deutlich unterhalb des marktüblichen Zinses liegt. Das Kundeninteresse besteht in der Abwicklung der Zahlungsdienste und zudem in der sicheren Verwahrung der Einlagen. Die unterschiedliche Ausprägung dieser Interessen unterliegt sodann der sich verändernden Marktlage. In der zuletzt vorherrschenden Phase der Niedrig- oder Zentralbank-Negativzinsen sei das „Mittelbeschaffungsinteresse der Kreditinstitute {…} zunehmend hinter das Interesse der Kunden an sicherer Verwahrung zurück{getreten}".[641] Und aufgrund der geringeren Erträge aus der Kapitalnutzung und Fruchtziehung des überlassenen Kapitals durch die Bank wird in der Folge das Vergütungsinteresse und der „Anspruch des Kreditinstitutes gegen den Kunden auf Zahlung einer Vergütung für die Kapitalverwahrung nunmehr sichtbar".[642]

Zudem ist zu berücksichtigen, dass der bei einer unregelmäßigen Verwahrung von der Bank an den Hinterleger - den Kunden - in Hochzinsphasen ggf. gezahlte Zins „nicht wie die Darlehenszinsen als Ersatz für die entzogene Kapitalsnutzung und etwa als Risikoprämie {dient}, sondern nur als Betheiligung des Hinterlegers an dem Vortheile, welchen der Verwahrer durch die Nutzung des Kapitals ziehe"[643.644]

Die Verwahrfunktion des Giroverhältnisses spielt auch keineswegs eine untergeordnete Rolle. Vielmehr stellt bei der Errichtung eines Girokontos

641 Vogel in BKR 2018, 45 (48).

642 Vogel in BKR 2018, 45 (48); vgl. ebenfalls: Freitag in JZ 2022, 132 (133); Lühmann in EWiR 2023, 353 (354); Homberger in EWiR 2022, 163 (164); Radke in WM 2023, 960 (964); OLG Dresden, Urteil vom 30. März 2023 – 8 U 1389/21 –, juris, Rn. 48; KG Berlin, Urteil vom 9. August 2023 – 26 U 129/21 –, juris, Rn. 35.

643 BGH, Urteil vom 14. Mai 2019 – XI ZR 345/18 –, juris, Rn. 25, m.V.a. Mugdan, Die gesammelten Materialien zum Bürgerlichen Gesetzbuch für das Deutsche Reich, Band II, S. 2375.

644 OLG Düsseldorf, Urteil vom 30. März 2023 – I-20 U 16/22 –, juris, Rn. 33; OLG Dresden, Urteil vom 30. März 2023 – 8 U 1389/21 –, juris, Rn. 48; KG Berlin, Urteil vom 9. August 2023 – 26 U 129/21 –, juris, Rn. 35; Vgl. auch Radke in WM 2023, 960 (964); siehe auch Soergel/Schur § 700 Rn. 6.

„das Risiko des Verlustes oder der Vernichtung der Gelder zu vermeiden“[645] einen zentralen Beweggrund dar und der Kunde spart sich durch die Inanspruchnahme der Verwahrungsleistung „eine neben den Zahlungsdiensten in Anspruch zu nehmende Sonderleistung, wie zum Beispiel ein Bankschließfach“[646]. Das kundenseitige Interesse an der Verwahrung nimmt dabei „mit steigender Verwahrungshöhe immer weiter zu“ wodurch „die Verwahrung mit steigender Höhe eine immer prägendere Bedeutung im Vertragsverhältnis bekommt“.[647]

Die Verwahrfunktion des Girokontos ist somit „für den Girovertrag charakteristisch und damit für das Giroverhältnis prägend“.[648] Dass das Girokonto nicht ohne Verwahrfunktion abgeschlossen werden könne[649], ändert an dieser Einschätzung schließlich nichts, denn es liegt in der Natur von Rechtsgeschäften, dass auf Seiten der jeweiligen Vertragspartner mannigfaltige und voneinander unabhängige Beweggründe für deren Abschluss vorliegen können.

Zugleich überzeugt vor dem Hintergrund des kundenseitigen Interesses an einer sicheren Aufbewahrung des eingezahlten Geldes das mitunter vorgebrachte Argument nicht, bei der Verwahrung handele es sich um eine schlichte Notwendigkeit für die Inanspruchnahme der angebotenen Zahlungsdienstleistungen.[650] Wie zuvor bereits ausgeführt, steht die frühzeitige Einzahlung eines oder mehrerer Geldbeträge auf dem Girokonto nicht im Zusammenhang mit einem konkreten Zahlungsauftrag, sondern dient lediglich dazu, das Geld auf dem Konto aufzubewahren, entweder um es ggf. später für die Durchführung von Zahlungsaufträgen verwenden zu können oder eben es dort dauerhaft zu verwahren.[651] Andernfalls wäre der Kunde gezwungen, „Guthaben stets nur ganz kurzfristig und in der Höhe zu unterhalten, wie dies für

---

645 LG München I, Urteil vom 20. März 2023 – 22 O 2030/21 –, juris, Rn. 32.

646 KG Berlin, Urteil vom 9. August 2023 – 26 U 129/21 –, juris, Rn. 50.

647 KG Berlin, Urteil vom 9. August 2023 – 26 U 129/21 –, juris, Rn. 64.

648 OLG Dresden, Urteil vom 30. März 2023 – 8 U 1389/21 –, juris, Rn. 46; vgl. auch KG Berlin, Urteil vom 9. August 2023 – 26 U 129/21 –, juris, Rn. 50.

649 LG Düsseldorf, Urteil vom 22. Dezember 2021 – 12 O 34/21 –, juris, Rn. 37; so auch LG Berlin, Urteil vom 28. Oktober 2021 – 16 O 43/21 –, juris, Rn. 50; zustimmend: Bode in VuR 2022, 20 (24).

650 LG Düsseldorf, Urteil vom 22. Dezember 2021 – 12 O 34/21 –, juris, Rn. 36 f.; so auch LG Berlin, Urteil vom 28. Oktober 2021 – 16 O 43/21 –, juris, Rn. 50; ebenfalls LG Berlin, Urteil vom 9. März 2023 – 52 O 103/22 –, juris, Rn. 33; zustimmend: Bode in VuR 2022, 20 (24).

651 Vgl. auch Rodi in EWiR 2022, 289 (290); vgl. ebenfalls Freitag in JZ 2022, 132 (134).

zahlungsverkehrstechnische Zwecke unabdingbar ist".[652] Folglich wird, auch um diesen Aufwand zu vermeiden, durch den Kunden „eine nicht zahlungsverkehrstechnisch indizierte Verwahrungsleistung" beansprucht.[653]

Es handelt sich bei der Erhebung eines Verwahrentgelts im Rahmen des Giroverhältnisses mithin um eine „immanente, allerdings bislang im positiven Zinsumfeld verdeckte Gegenleistung des Einlegers für die Verwahrleistung des Kreditinstitutes als vertraglich vereinbarter Hauptleistung im Einlagengeschäft".[654]

III. Kein Ausschluss bei zusätzlicher Vereinbarung einer Kontoführungsgebühr

Zudem wird vertreten, dass die Erhebung eines Verwahrentgelts dann unzulässig sei, wenn bereits die Zahlung einer Kontoführungsgebühr vereinbart wurde.[655]

Dem liegt die Überlegung zugrunde, dass im Falle der Erhebung einer Kontoführungsgebühr die durch das Verwahrentgelt bepreiste Leistung doppelt bepreist würde. Denn durch die Kontoführungsgebühr erhalte die Bank „für ihre Hauptleistungen – die die Verwahrung bedingen – {…} bereits eine Gegenleistung des Kunden" und bei gleichzeitiger Entrichtung einer Kontoführungsgebühr und eines Verwahrentgelts würde der Kunde so für dieselbe Leistung eine doppelte Gegenleistung erbringen.[656] Im Übrigen sollen beide Zahlungsverpflichtungen - die Kontoführungsgebühr als auch das Verwahrentgelt - „den Aufwand bezogen auf die Verwaltung vergüten als auch einen Gewinn auf Seiten des Kreditinstitutes erzielen", während Letzterem „eine zusätzliche {…} Leistung der Bank {…} nicht gegenüber" stünde.[657]

Die Annahme der doppelten Bepreisung derselben Hauptleistung beruht mithin auf der zuvor erörterten Einordnung der Verwahrung als Nebenleistung zur Erfüllung der zahlungsdienstevertraglichen Hauptpflicht. Wie zuvor aufgezeigt, überzeugt diese Ansicht jedoch nicht. Bei der Verwahrungsleistung

---

652 Freitag in JZ 2022, 132 (134).
653 Freitag in JZ 2022, 132 (134).
654 Vogel in BKR 2018, 45 (54).
655 LG Düsseldorf, Urteil vom 22. Dezember 2021 – 12 O 34/21 –, juris, Rn. 42; LG Tübingen, Urteil vom 25. Mai 2018 – 4 O 225/17 –, juris, Rn. 26 f..
656 LG Düsseldorf, Urteil vom 22. Dezember 2021 – 12 O 34/21 –, juris, Rn. 42
657 LG Tübingen, Urteil vom 25. Mai 2018 – 4 O 225/17 –, juris, Rn. 27.

der Banken handelt es sich um eine vertraglich vereinbarte Hauptleistung im Rahmen des Giroverhältnisses.

Allerdings greift dies noch zu kurz. Denn auch wenn man davon ausginge, es handele sich bei der Verwahrung um eine vertragliche Nebenleistungspflicht, wäre für deren rechtliche Zulässigkeit nicht entscheidend, ob zusätzlich hierzu bereits eine Kontoführungsgebühr verlangt würde oder das Girokonto kostenlos angeboten würde.[658]

Zutreffenderweise ist vorliegend wie bei der Unterscheidung der Hauptleistungspflichten auch bei der Bepreisung dieser Verpflichtungen zwischen der für die Erbringung der zahlungsdiensterechtlichen Leistungen erhobenen Kontoführungsgebühr und dem für die Verwahrungsleistung erhobenen Verwahrungsentgelt zu unterscheiden.[659] Beide Entgelte können nebeneinander erhoben werden, denn sie dienen der Bepreisung zweier voneinander rechtlich unabhängiger Hauptleistungen.[660]

Insoweit läge eine doppelte Bepreisung derselben Leistung lediglich dann vor, wenn zuvor ausdrücklich erklärt worden wäre, dass mit einer der beiden Gebühren die andere Leistung bereits mit abgegolten sein soll.[661]

IV. Zusammenfassung und Ergebnis

Nach zutreffender Ansicht sind Verwahrentgelte als Preishauptabreden zu qualifizieren, denn sie dienen der Bepreisung einer vertraglichen Hauptleistung, nämlich der sicheren Aufbewahrung des eingezahlten und durch die Bank in Verwahrung genommenen Kapitals.

Unerheblich ist schließlich die Frage, ob die Kunden hinsichtlich der Verwahrung mit der Bank einen eigenständigen Vertrag über die unregelmäßige Verwahrung schließen oder ob die Verwahrungsleistung als Bestandteil des Girovertrags den Regelungen der unregelmäßigen Verwahrung unterfällt. Denn jedenfalls handelt es sich bei der Verwahrung nicht um einen

658 LG Berlin, Urteil vom 28. Oktober 2021 – 16 O 43/21 –, juris, Rn. 51; zustimmend: Bode in VuR 2022, 20 (24).

659 OLG Dresden, Urteil vom 30. März 2023 – 8 U 1389/21 –, juris, Rn. 59; OLG Düsseldorf, Urteil vom 30. März 2023 – I-20 U 16/22 –, juris, Rn. 25; zustimmend Lühmann in EWiR 2023, 353 (354.); ebenso Langner in Ellenberger/Bunte, Bankrechts-Handbuch § 45 Rn. 95.

660 Vgl. jedoch zum Problem der „Preisspaltung" Guggenberger/Guggenberger in WM 2022, 1469 (1470 f.).

661 Vgl. OLG Dresden, Urteil vom 30. März 2023 – 8 U 1389/21 –, juris, Rn. 59, m.w.N.; vgl. auch Suendorf-Bischof in BKR 2019, 279 (284).

Zahlungsdienst, noch um eine Nebenleistung zur Erfüllung der im Rahmen des Zahlungsdiensterahmenvertrags geschuldeten Zahlungsdienste. Auch erfüllt die Bank durch die Verwahrung nicht primär eigene Verpflichtungen oder wälzt lediglich Kosten für solche auf ihre Kunden ab.

Denn die Verwahrung der Einlagen dient der sicheren Aufbewahrung des von den Kunden eingezahlten Kapitals bei garantierter ständiger Verfügbarkeit und erfüllt insoweit eine Aufgabe, die die Kunden andernfalls selbst erfüllen müssten, steht dem Kundeninteresse an einer ebenfalls ordnungsgemäßen Erfüllung und Abwicklung der zahlungsdienstrechtlichen Verpflichtungen nicht nach und ist rechtlich als „gleichrangig" zu diesen anzusehen.

Unerheblich für die Frage der rechtlichen Zulässigkeit eines Verwahrentgelts ist schließlich auch, ob die Bank zudem eine Kontoführungsgebühr erhebt, denn auch diesbezüglich ist zwischen der für die Erbringung der zahlungsdiensterechtlichen Leistungen erhobenen Kontoführungsgebühr und dem für die Verwahrungsleistung erhobenen Verwahrentgelt zu unterscheiden. Beide Gebühren werden insoweit für die Erbringung einer eigenständigen Hauptleistung erhoben und können demnach unproblematisch nebeneinander bestehen.

D. Zulässigkeit der Erhebung von Verwahrentgelten

Die vorangegangene Prüfung hat gezeigt, dass es sich bei der Erhebung von Verwahrentgelten in AGB um vertragliche Hauptleistungspflichten handelt, welche im Gegensatz zu Nebenabreden grundsätzlich nicht kontrollfähig sind[662].

Trotz dieser Einstufung als Hauptleistungspflicht könnte sich eine Kontrollfähigkeit mit der möglichen Folge der Unwirksamkeit der jeweiligen Verwahrentgeltklausel nach der Rechtsprechung des BGH jedoch auch dann eröffnen, sollte die Klausel vom gesetzlichen Leitbild abweichen, wenn „die Preise für eine zu erbringende Leistung durch eine gesetzliche Regelung vorgegeben

662 Vgl. zur fehlenden Kontrollfähigkeit: BGH, Urteil vom 22. Februar 2002 – V ZR 251/00 –, juris, Rn. 15 m.V.a. ältere Rechtsprechung; vgl. zudem neuere Rechtsprechung: BGH, Urteil vom 18. Juni 2019 – XI ZR 768/17 –, juris, Rn. 21; BGH, Urteil vom 28. Juli 2015 – XI ZR 434/14 –, juris, Rn. 33 m.w.N.; MüKoBGB/Fornasier § 307 Rn. 225 und 234; WLP/Pfeiffer § 307 Rn. 303; vgl. ebenfalls, jedoch kritisch bezüglich der vorgenommenen Unterteilung: Staudinger/Wendland, 2019, § 700 Rn. 312.

werden".[663] Des Weiteren dürfte die Klausel nicht intransparent oder überraschend sein.[664]

Schließlich ist bei der Einbeziehung der Verwahrentgeltklausel zudem dahingehend zu unterscheiden, ob es sich um einen bestehenden Vertrag oder einen Neuvertrag handelt. Denn bei Bestandsverträgen ergeben sich ggf. andere Möglichkeiten, ein sich veränderndes Zinsumfeld vertraglich zu berücksichtigen. Andererseits sind hierbei auch die Vorgaben zur wirksamen Änderung von AGB und den übrigen bestehenden Vertragsregelungen zu berücksichtigen.

I. Keine Unwirksamkeit wegen Abweichung vom gesetzlichen Leitbild

Die Kontrollfähigkeit der als Preishauptabrede getroffenen Vereinbarung zur Erhebung eines Verwahrentgelts könnte sich daraus ergeben, dass die Klausel eine gem. § 307 Abs. 3 Satz 1 Alt. 1 BGB von Rechtsvorschriften abweichende Regelung enthält und sich sodann an Abs. 2 Nr. 1, der Frage nach einer Unvereinbarkeit mit wesentlichen Grundgedanken der gesetzlichen Regelung, messen lassen müsste.[665]

Die grundsätzliche Kontrollfreiheit einer vertraglichen Hauptleistung nach § 307 Abs. 3 BGB gilt nach dem BGH nämlich nicht, „wenn die Preise für eine zu erbringende Leistung durch eine gesetzliche Regelung vorgegeben werden".[666]

Mithin stellt sich neuerlich die Frage, ob wegen der Verweisung in § 700 BGB auf § 488 BGB ein Verstoß gegen das gesetzliche Leitbild vorliegt, da aufgrund der Verweisung in das Darlehensrecht lediglich eine Zahlung des

663 Vgl. BGH, Urteil vom 13. Februar 2020 – IX ZR 140/19 –, juris, Rn. 11 m.V.a. ältere Rspr. des BGH; OLG Düsseldorf, Urteil vom 30. März 2023 – I-20 U 16/22 –, juris, Rn. 27; vgl. auch Hamdan in GWR 2023, 324 (326).

664 Zur Anwendbarkeit des Transparenzgebots, vgl.: BGH, Urteil vom 19. Oktober 2022 – IV ZR 185/20 –, juris, Rn. 23 f.; Zum überraschenden Charakter einer Regelung, vgl.: BGH, Urteil vom 26. Februar 2013 – XI ZR 417/11 –, juris, Rn. 23 m.V.a. ältere Rspr. des BGH.

665 Staudinger/Wendland, 2019, § 307 Rn. 229; WLP/Pfeiffer § 307 Rn. 104; vgl. auch Hamdan in GWR 2023, 324 (326).

666 BGH, Urteil vom 13. Februar 2020 – IX ZR 140/19 –, juris, Rn. 11 m.V.a. ältere Rspr. des BGH; vgl. auch OLG Düsseldorf, Urteil vom 30. März 2023 – I-20 U 16/22 –, juris, Rn. 27; vgl. auch LG Leipzig, Urteil vom 8. Juli 2021 – 05 O 640/20 –, juris, Rn. 60.

Darlehensnehmers an den Darlehensgeber, nicht jedoch andersherum begründet werden könne.[667]

Hierzu wurde in der vorangehenden Prüfung bereits ausführlich Stellung bezogen - vgl. oben unter 3. C. II. 1. und B. III. - und festgestellt, dass § 700 BGB insbesondere kein Grundsatz dahingehend entnommen werden kann, dass eine unregelmäßig Verwahrung zwingend unentgeltlich zu erfolgen habe - was zudem auch ein Vergleich zur Vergütungsregelung des § 689 BGB im Falle der regelmäßigen Verwahrung zeigt. Des Weiteren sind bei einem Typenverschmelzungsvertrag, wie dem unregelmäßigen Verwahrungsvertrag, auch die Besonderheiten zu beachten, die sich aus der Natur des Vertragsgegenstands, vorliegend der unregelmäßigen Verwahrung, ergeben.[668] Dabei finden die „Vorschriften über das Darlehensrecht {…} über § 700 Abs. 1 BGB nur insoweit Anwendung, als sie dem von den Parteien angestrebten Zweck nicht entgegenstehen".[669]

Dass die Verwahrung des eingezahlten Kapitals ganz überwiegend im Interesse der Kunden erfolgt, die durch die Inverwahrunggabe die ihnen obliegende Verpflichtung zur sicheren Aufbewahrung des Geldes auf die Banken übertragen, hat die vorangegangene Untersuchung gezeigt. Und ebenfalls, dass die bei der Inverwahrungnahme durch die Bank zuvor oftmals gezahlten „Zinsen" bereits vom Gesetzgeber lediglich als Beteiligungsmöglichkeit an der Fruchtziehung und nicht als Zinsen im Sinne eines Darlehensvertrags verstanden wurden. Somit bestand das Verwahrentgelt immer schon in der Differenz der Fruchtziehung durch die Bank und der Beteiligung der Kunden hieran, denn die Kosten für die Verwahrung wurden „in der Vergangenheit {…} bei der Festsetzung der Höhe des Zinses berücksichtigt".[670]

Eine Abweichung vom gesetzlichen Leitbild besteht somit nicht.

---

667 LG Frankfurt, Urteil vom 18. November 2022 – 2-25 O 228/21 –, juris, Rn. 79; LG Berlin, Urteil vom 28. Oktober 2021 – 16 O 43/21 –, juris, Rn. 62; so auch Wagner in BKR 2017, 315 (319 f.); ebenfalls Knops in BKR 2021, 499 (504), der der Erhebung von Verwahrentgelten „die glatte Umkehr der Zahlungspflicht" und mithin einen Verstoß „gegen die Grundgedanken des § 700 Abs. 1 S. 1 iVm § 488 BGB" attestiert; vgl. auch MüKoBGB/Fornasier § 307 Rn. 233, der ebenfalls von einer Abweichung vom gesetzlichen Leitbild ausgeht; vgl. zur Gegenansicht neben der vorangehenden Prüfung nur Freitag in JZ 2022, 132 (136).

668 OLG Düsseldorf, Urteil vom 30. März 2023 – I-20 U 16/22 –, juris, Rn. 33.

669 OLG Dresden, Urteil vom 30. März 2023 – 8 U 1389/21 –, juris, Rn. 48.

670 OLG Dresden, Urteil vom 30. März 2023 – 8 U 1389/21 –, juris, Rn. 48; vgl. auch KG Berlin, Urteil vom 9. August 2023 – 26 U 129/21 –, juris, Rn. 35.

II. Mögliche Unwirksamkeit wegen Intransparenz und überraschender Klausel

Die jeweilige Verwahrentgeltsklausel könnte jedoch wegen Intransparenz gem. § 307 Abs. 3 Satz 2 i. V. m. Abs. 1 Satz 2 BGB unwirksam sein.

Das „sich gemäß § 307 Abs. 3 Satz 2 BGB auch auf das Hauptleistungsversprechen erstreckende“[671] Transparenzgebot verpflichtet die AGB verwendende Bank im Wesentlichen dazu, die jeweilige AGB Klausel klar und verständlich zu gestalten, sodass sich die Rechte und Pflichten des Kunden aus ihr unmissverständlich ergeben und der Kunde mithin in die Lage versetzt wird, den Eintritt der jeweiligen Rechtsfolgen, wie bspw. die Verpflichtung zur Zahlung des Verwahrentgelts abschätzen zu können.[672]

Im Einzelnen ist umstritten, wie genau der Beurteilungsmaßstab aussieht, jedoch soll auf den „normal informierte[n], angemessen aufmerksame[n] und verständige[n] Durchschnittsverbraucher“ abzustellen sein.[673]

Die obergerichtliche Rechtsprechung erachtete die streitgegenständlichen Verwahrentgeltklauseln insoweit als den Anforderungen des Transparenzgebots genügend.[674] In dem Verfahren vor dem OLG Frankfurt war dies der Fall, da die entsprechende Regelung mit der Bezeichnung „Rahmenvereinbarung zur Verwahrung von Einlagen“ überschrieben war und eine Information darüber enthielt, „dass die Einlagen- und Girokonten insbesondere der sicheren Verwahrung von Einlagen des Kunden dienen und dass ein zu entrichtendes Entgelt für die Verwahrung der Einlagen oberhalb des Freibetrags dem Preis- und Leistungsverzeichnis zu entnehmen ist”.[675] Dass die Bedeutung des Transparenzgebots keinesfalls zu unterschätzen ist, zeigt ein Blick in die Vorinstanz, die noch bemängelte, dass durch den Verweis auf das Preis- und Leistungsverzeichnis mittels einer Fußnote der entsprechende Verweis „versteckt“ und

---

671 BGH, Urteil vom 19. Oktober 2022 – IV ZR 185/20 –, juris, Rn. 23; vgl. auch Staudinger/Wendland, 2019, § 307, Rn. 288.

672 BGH, Urteil vom 19. Oktober 2022 – IV ZR 185/20 –, juris, Rn. 23 f.; Grüneberg/Grüneberg § 307 Rn. 20 f.; MüKoBGB/Wurmnest § 307 Rn. 69.

673 MüKoBGB/Wurmnest § 307 Rn. 69 m.V.a. st. Rspr. BGH; vgl. auch Grüneberg/Grüneberg § 307 Rn. 20 ff.; WLP/Pfeiffer § 307 Rn. 244.

674 OLG Frankfurt, Urteil vom 5. Oktober 2023 – 3 U 286/22 –, juris, Rn. 146 ff.; OLG Düsseldorf, Urteil vom 30. März 2023 – I-20 U 16/22 –, juris, Rn. 34 f.; OLG Dresden, Urteil vom 30. März 2023 – 8 U 1389/21 –, juris, Rn. 54 ff.; vgl. auch Hamdan in GWR 2023, 324 (326); KG Berlin, Urteil vom 9. August 2023 – 26 U 129/21 –, juris, Rn. 39.

675 OLG Frankfurt, Urteil vom 5. Oktober 2023 – 3 U 286/22 –, juris, Rn. 148.

daher „als intransparent erscheine".[676] Dem trat das OLG mit der Begründung entgegen, der Absatz sei „gerade nicht versteckt, sondern findet sich genau in der Mitte des Preisaushangs in einem eigenen Absatz, der mit einem Balken vom Rest des Textes abgegrenzt ist und mit dem fettgedruckten Begriff ‚Verwahrentgelt' eingeleitet wird".[677]

Während sich in dem Düsseldorfer Verfahren das dortige LG noch an der Verwendung des Begriffs „Neuanlage/Neuvereinbarung" als Voraussetzung zur Verpflichtung der Entrichtung eines Verwahrentgelts störte und vertrat, dass hierbei nicht eindeutig erkennbar sei, was damit gemeint sei, nämlich „dass ein Kunde noch kein Konto bei der Beklagten hat",[678] ließ das OLG diese Formulierung mit der Begründung genügen, die Bedeutung sei „dem Verbraucher vor dem Hintergrund der Gepflogenheiten bei dem Abschluss von Giroverträgen klar", und insbesondere „dass die Preise nicht bei einer bloßen Fortsetzung des Altgirovertrages ohne förmliche Änderung gelten sollen".[679]

Das OLG Dresden befand die im dortigen Verfahren streitgegenständliche Regelung schließlich als nicht zu beanstanden, da sie „deutlich die bepreiste Leistung der Beklagten (Verwahrung von Guthaben auf dem Girokonto), den Freibetrag, die Berechnung des Entgeltes sowie seine Veränderbarkeit" benennt.[680]

Als nicht dem Transparenzgebot genügend befand hingegen das OLG Köln eine Verwahrentgeltklausel wegen der Verwendung des Begriffs „Einlagefazilität" in Bezug auf den Referenzzinssatz, wohingegen die später durch das Institut stattdessen verwendete Formulierung („der von der EZB festgelegte Einlagezins") als ausreichend angesehen wurde.[681]

Schließlich erscheint auch eine Unwirksamkeit aufgrund der Qualifizierung einer Verwahrentgeltklausel als überraschender Klausel gem. § 305c Abs. 1 BGB wenig überzeugend. Denn dafür müsste sich die Klausel als objektiv ungewöhnlich darstellen und der Vertragspartner, der Kunde, bei Abschluss mit ihr

676 LG Frankfurt, Urteil vom 18. November 2022 – 2-25 O 228/21 –, juris, Rn. 85; OLG Frankfurt, Urteil vom 5. Oktober 2023 – 3 U 286/22 –, juris, Rn. 148.

677 OLG Frankfurt, Urteil vom 5. Oktober 2023 – 3 U 286/22 –, juris, Rn. 148.

678 LG Düsseldorf, Urteil vom 22. Dezember 2021 – 12 O 34/21 –, juris, Rn. 45; OLG Düsseldorf, Urteil vom 30. März 2023 – I-20 U 16/22 –, juris, Rn. 35.

679 OLG Düsseldorf, Urteil vom 30. März 2023 – I-20 U 16/22 –, juris, Rn. 35.

680 OLG Dresden, Urteil vom 30. März 2023 – 8 U 1389/21 –, juris, Rn. 56.

681 OLG Köln, Urteil vom 1.2.2023 – 13 U 9/22 –, nicht veröffentlicht, abrufbar unter: https://www.vzbv.de/sites/default/files/2023-06/Urteil%20des%20OLG%20K%C3%B6ln%20vom%2005.04.2023_nicht%20rechtskr%C3%A4ftig.pdf .

nicht zu rechnen brauchen.[682] Die kundenseitigen Erwartungen „werden dabei von allgemeinen und von individuellen Begleitumständen des Vertragsschlusses bestimmt“, wozu unter anderem „die für den Geschäftskreis übliche Gestaltung einerseits, Gang und Inhalt der Vertragsverhandlungen sowie der äußere Zuschnitt des Vertrages andererseits“ zählen.[683]

Die umfangreiche mediale Berichterstattung und der Umstand, dass aufgrund des Negativzins-Umfelds keine Rendite für eingezahltes Kapital mehr zu erwarten waren, erschwert die Argumentation, es handele sich bei Verwahrentgeltklauseln in Bank-AGB um Bestimmungen, die insbesondere nach dem äußeren Erscheinungsbild des Vertrags, so ungewöhnlich sind, dass der Vertragspartner des Verwenders mit ihnen nicht zu rechnen braucht, er mithin von ihrer Verwendung überrascht würde.[684]

Insbesondere aufgrund der jahrelangen Niedrigzinsphase, einhergehend mit einer öffentlichen Diskussion hierüber, sahen das OLG Dresden und das OLG Frankfurt die streitgegenständlichen Klauseln allesamt als nicht überraschend an.[685] Hinzu kam, dass die Kunden vor der Vereinbarung der Klausel entsprechend „aufgeklärt wurden und eine gesonderte Vereinbarung unterzeichneten“[686] bzw. sich die Klausel besonders hervorgehoben „in einem eingerahmten Kasten auf der letzten Seite des Formulars direkt über der Unterschriftszeile“ befand und „noch einmal gesondert zu unterschreiben“ war[687].

Beiden Verfahren ist jedoch gemein, dass ihnen die Vereinbarungen von Verwahrentgelten bei Neuverträgen bzw. Neu-Vertragsabschlüssen zugrunde liegen. Inwieweit eine in bestehende Verträge eingeführte Verwahrentgeltklausel als für den Kunden überraschend angesehen werden kann, soll dagegen nachfolgend im Rahmen der Betrachtung der Unterschiede von Bestands- zu Neukunden unter dem Aspekt der Änderung der AGB Erwähnung finden.

---

682 BGH, Urteil vom 26. Februar 2013 – XI ZR 417/11 –, juris, Rn. 23 m.V.a. ältere Rspr. des BGH; Staudinger/Mäsch, 2019, § 305c Rn. 20 ff.; WLP/Lindacher/Hau § 305c Rn. 18 ff.; Grüneberg/Grüneberg § 305c Rn. 2 ff..

683 BGH, Urteil vom 26. Februar 2013 – XI ZR 417/11 –, juris, Rn. 23 m.V.a. ältere Rspr. des BGH.

684 MüKoBGB/Fornasier § 305c Rn. 24; vgl. auch Freitag in JZ 2022, 132 (135); Langner in Ellenberger/Bunte, Bankrechts-Handbuch § 45 Rn. 96; a.A. jedoch Wagner in BKR 2017, 315 (319).

685 OLG Dresden, Urteil vom 30. März 2023 – 8 U 1389/21 –, juris, Rn. 53; OLG Frankfurt, Urteil vom 5. Oktober 2023 – 3 U 286/22 –, juris, Rn. 152.

686 OLG Dresden, Urteil vom 30. März 2023 – 8 U 1389/21 –, juris, Rn. 53.

687 OLG Frankfurt, Urteil vom 5. Oktober 2023 – 3 U 286/22 –, juris, Rn. 152.

Dem Themenfeld der überraschenden Klausel zuzurechnen ist des Weiteren die sich den Instituten als Verwenderinnen der AGB stellende Problematik der Zinsgleit- und Zinsanpassungsklausel. Sofern nämlich von ihnen kein starres Entgelt in Höhe eines bestimmten Prozentsatzes bei Überschreitung einer gewissen Kapitalschwelle - eines eingeräumten Freibetrags - gewollt ist, sondern sich die Höhe des Verwahrentgelts an das sich verändernde Zinsumfeld anpassen soll, sind sie gezwungen, einen entsprechenden Anpassungsmechanismus in die Verwahrentgeltklausel bzw. in das in Bezug genommene Preis- und Leistungsverzeichnis aufzunehmen. Hierbei besteht zum einen die Möglichkeit, im Rahmen einer Zinsgleitklausel die Berechnung der Höhe des Entgelts an einen externen Referenzwert zu koppeln, bei dessen Veränderung sich sogleich bzw. zeitlich verzögert auch die Höhe des jeweiligen durch den Kunden zu entrichtenden Verwahrentgelts verändert. Das Institut könnte sich andererseits mittels einer Zinsanpassungsklausel eine einseitige Änderung der Höhe des Entgelts vorbehalten. Diese Klauseln müssen sich jedoch ebenfalls am Transparenzgebot des § 307 Abs. 1 Satz 2 BGB messen lassen und dürfen nicht überraschend sein im Sinne des § 305c Abs. 1 BGB.[688]

III. Unterscheidung zwischen Bestands- und Neukunden

Bei der vorangegangenen Untersuchung ist bisher eine Unterscheidung zwischen Bestands- und Neuverträgen bei der Einführung eines Verwahrentgelts unberücksichtigt geblieben. Die Zulässigkeit der Erhebung von Verwahrentgelten mittels AGB ist zunächst bei Neuverträgen anhand der zuvor getätigten Ausführungen und dem gefundenen Ergebnis, dass solche Regelungen grundsätzlich - solange sie sich innerhalb der aufgezeigten Gestaltungsbereiche bewegen - als zulässig anzusehen sind, zu beurteilen.

Bei bereits bestehenden Verträgen, also im Rahmen des Bestandskundengeschäfts der Institute, bei denen die bereits in der Vergangenheit vor Einführung des Verwahrentgelts vereinbarten AGB ein solches noch nicht vorsehen, kommen zum einen andere Möglichkeiten in Betracht, auf ein sich veränderndes Zinsumfeld zu reagieren. Andererseits sind hierbei auch die Vorgaben zur wirksamen Änderung von AGB und den übrigen bestehenden Vertragsregelungen zu berücksichtigen.

So kommt aufgrund der Veränderung des Zinsumfelds, infolge des erstmaligen Auftretens eines „Negativzinses" im Juni 2014, eine Anpassung des Vertrags wegen einer durch dieses veränderte Zinsumfeld eingetretenen Störung der

688 Vgl. zur weiteren Vertiefung: Vogel in BKR 2018, 45 (51 f.).

Geschäftsgrundlage in Betracht. Des Weiteren ist die Möglichkeit einer Änderung der vereinbarten AGB zu prüfen, ggf. durch konkludentes Handeln des Kunden. Und zudem besteht ebenfalls - sowohl im Bestands- wie auch im Neukundengeschäft - die Option, die kundenseitige Verpflichtung zur Entrichtung eines Verwahrentgelts mittels einer individualvertraglichen Vereinbarung zu regeln.

1. Störung der Geschäftsgrundlage

Wegen des sich insbesondere im Vergleich zu den vorangegangenen Jahrzehnten schwerwiegend veränderten Zinsumfelds und der in der erstmaligen Einführung von Negativzinsen durch die EZB im Juni 2014 liegenden Entwicklung, könnte eine Störung der Geschäftsgrundlage im Sinne des § 313 Abs. 1 BGB in Betracht kommen. Dies hätte zur Folge, dass die Institute eine Anpassung des geschlossenen Vertrags verlangen könnten, sofern, zumindest unter Berücksichtigung aller Umstände des Einzelfalls, insbesondere der vertraglichen oder gesetzlichen Risikoverteilung, ihnen das Festhalten am unveränderten Vertrag nicht zugemutet werden kann. Als Risiken werden dabei „Unsicherheiten hinsichtlich leistungs- oder wertrelevanter Umstände oder Entwicklungen" angesehen.[689] Sofern sich lediglich das Risiko verwirklicht, welches eine Partei nach dem Vertragszweck oder der gesetzlichen Risikoverteilung zu tragen hat, kann diese sich nicht auf eine Störung der Geschäftsgrundlage berufen.[690]

Stellt man auf die darlehensrechtliche Betrachtung des Passivgeschäfts ab[691], in der der Kunde somit als Darlehensgeber und die Bank als Darlehensnehmerin anzusehen ist, wäre der Bank als Darlehensnehmerin wohl das „Risiko der nutzenbringenden Verwendbarkeit der Darlehensvaluta"[692] zuzurechnen und eine Ausnahme hiervon und daraus folgende Anwendbarkeit der Grundsätze der Störung der Geschäftsgrundlage allenfalls bei einer existenziellen Bedrohung des Instituts anzunehmen.[693]

---

689 MüKoBGB/Finkenauer § 313 Rn. 59; vgl. auch Jauernig/Stadler § 313 Rn. 16 f.; vgl. ferner auch BRHP/Lorenz § 313 Rn. 4.

690 Grüneberg/Grüneberg § 313 Rn. 19 m.w.N.; MüKoBGB/Finkenauer § 313 Rn. 59 m.w.N.; Jauernig/Stadler § 313 Rn. 20; vgl. ferner auch Soergel/Teichmann § 313 Rn. 3 sowie 52 ff..

691 Vgl. zur ohnehin grundsätzlich eingeschränkten Anwendbarkeit der Grundsätze der Störung der Geschäftsgrundlage bei Gelddarlehen: MüKoBGB/K.P. Berger § 490 Rn. 67 und 69 f.

692 Vogel in BKR 2018, 45 (46).

693 Hingst/Neumann in BKR 2016, 95 (100); Vogel in BKR 2018, 45 (46); Tröger in NJW 2015, 657 (660); Wagner in BKR 2017, 315 (319 f.); vgl. auch MüKoBGB/K.P. Berger § 490 Rn. 71.

Diese rein darlehensrechtliche Betrachtung berücksichtigt jedoch nicht das dem Giro-Vertragsverhältnis innewohnende Element der Verwahrung. Wie in der vorangegangenen Prüfung gezeigt wurde, ist dem Kunden zugleich auch an einer sicheren Verwahrung seines Geldes gelegen, wobei die Vergütung für diese Verwahrung in der Regel über die Kapitalnutzung und Fruchtziehung durch das Institut erfolgt. Diese Vergütungsmöglichkeit fällt im Falle seitens der Zentralbank erhobener Negativzinsen und allgemeiner Niedrigzinsphase geringer aus oder gänzlich weg und führt in der Folge dazu, dass eine entsprechende Entgeltzahlung seitens der Institute verlangt wird.

Unabhängig von der Frage, ob hierin eine schwerwiegende Veränderung im Sinne des § 313 Abs. 1 BGB zu sehen ist, dürfte mit Blick auf die Risikoverteilung jedoch ebenfalls das zuvor im Rahmen der darlehensrechtlichen Betrachtung Festgestellte gelten. Denn letztlich obliegt es dem Institut für die von ihm angebotene Leistung - die Verwahrung - eine tragfähige Kostenkalkulation aufzustellen und hierbei ein sich veränderndes Zinsumfeld einzupreisen. Etwas anders dürfte in Analogie zu der darlehensrechtlichen Betrachtung wohl ebenfalls nur bei einer existenziellen Bedrohung des Instituts gelten.

2. *Einseitige Leistungsbestimmung*

Sofern in den AGB ein Leistungsbestimmungsrecht des Instituts vorgesehen ist, ist an die Einführung eines Verwahrentgelts in Bestandsverträgen im Wege der einseitigen Anpassung des Vertrags gem. § 315 Abs. 1 BGB an die sich verändernden Verhältnisse im Zinsumfeld zu denken.

Allerdings ist hiergegen einzuwenden, dass es sich bei der Einführung eines Verwahrentgelts aus Kundensicht um eine neue und erstmals erhobene Gegenleistung handeln dürfte. Dies widerspricht auch nicht der insoweit zuvor vertretenen Ansicht, dass die Verwahrung der Einlagen eine bereits zuvor bepreiste Leistung darstellt, und diese Bepreisung mit der Einführung eines Verwahrentgelts für den Kunden lediglich erstmals sichtbar wird - vgl. oben unter 3. C. II. 2. -. Denn unabhängig von der hierbei begutachteten Frage, ob es sich bei dem Verwahrentgelt um eine Preishaupt- oder Preisnebenabrede handelt, stellt zumindest die Einführung einer aktiven Zahlungspflicht - im Gegensatz zu einer kalkulatorischen Bepreisung aus der Differenz zwischen den Erträgen aus der Kapitalnutzung und Fruchtziehung des überlassenen Kapitals und der Zinszahlung durch das Institut - einen „ökonomischen Paradigmenwechsel“[694]

694 Wagner in BKR 2017, 315 (319).

und die Begründung einer „bei Vertragsschluss nicht vorhergesehene Zahlungspflicht{...} des Kunden“[695] dar und geht somit über das einseitige Leistungsbestimmungsrecht des § 315 Abs. 1 BGB hinaus.[696]

Sofern in Negativzinsen Zinsen im Rechtssinne gesehen werden, könnte sich über in Altverträgen vereinbarte Zinsanpassungsklauseln jedoch die Möglichkeit eröffnen, „auf dem Kapitalmarkt herrschende Negativzinsen im Einlagengeschäft weiterzugeben“.[697]

Die Aufnahme eines Verwahrentgelts wäre zudem an § 308 Abs. 4 BGB zu messen, da „ein einseitiges Leistungsbestimmungsrecht nach § 315 BGB {...} nur {besteht}, wenn es vertraglich vereinbart wurde“, und „die formularmäßige Vereinbarung eines solchen Leistungsbestimmungsrechts {...} deshalb der Inhaltskontrolle {unterliegt}“.[698]

3. *AGB-Änderung*

Die frühere Diskussion darüber, ob Verwahrentgelte in Bestandsverträgen mittels des in den AGB eines Großteils der Institute - wenn nicht gar aller - enthaltenen Änderungsmechanismus eingeführt werden können, den Kunden die angedachte Änderung mitzuteilen und sie darauf hinzuweisen, dass sie der angestrebten Änderung widersprechen können, da andernfalls ihre Zustimmung fingiert würde, hat angesichts des Urteils des BGH vom 27. April 2021 zur Unwirksamkeit solcher Klauseln in AGB[699] an Bedeutung verloren.[700]

---

695 Freitag in JZ 2022, 132 (136).

696 Vgl. auch Tröger in NJW 2015, 657 (658 ff.), der allerdings vertritt, dass „Der Einleger {...} regelmäßig nicht zu einer selbstständigen Vergütung der Verwahrungsleistung der Bank verpflichtet“ sei.; vgl. zudem Wagner in BKR 2017, 315 (319); Görner/Korff in VuR 2018, 337 (338); Freitag in JZ 2022, 132 (136); Strobel in NJW 2021, 881 (886); a.A. Hingst/Neumann in BKR 2016, 95 (100); ebenso wohl Vogel in BKR 2018, 45 (54).

697 Hingst/Neumann in BKR 2016, 95 (101); vgl. weitergehend auch Binder/Ettensberger in WM 2015, 2069; vgl. zudem Soergel/Schur § 700, Rn. 128 ff.; a.A. jedoch Freitag in ZBB 2018, 269 (277).

698 BGH, Urteil vom 17. Februar 2004 – XI ZR 140/03 –, juris, Rn. 15; vgl. auch Vogel in BKR 2018, 45 (54).

699 BGH, Urteil vom 27. April 2021 – XI ZR 26/20 –, juris; vgl. hierzu: Berger/Nettekoven in EWiR 2021, 483 (484 f.).

700 Vgl. zum damaligen Diskussionsstand: Suendorf-Bischof in BKR 2019, 279 (284 f.); Vogel in BKR 2018, 45 (54 f.);

Der BGH befand, dass durch eine derartige Zustimmungsfiktion „die Kunden {…} entgegen den Geboten von Treu und Glauben unangemessen (§ 307 Abs. 1 Satz 1 und Abs. 2 Nr. 1 BGB) {benachteiligt}" würden, da „mittels Zustimmungsfiktion {…} die vom Kunden geschuldete Hauptleistung geändert werden {kann}, ohne dass dafür Einschränkungen vorgesehen sind" und die Institute durch eine derartige Klausel „eine Handhabe {erhalten}, das Äquivalenzverhältnis von Leistung und Gegenleistung erheblich zu ihren Gunsten zu verschieben und damit die Position ihres Vertragspartners zu entwerten".[701]

Der BGH führt sodann weiter klarstellend aus, dass „für solche weitreichenden, die Grundlagen der rechtlichen Beziehungen der Parteien betreffenden Änderungen {…} ein den Erfordernissen der § 305 Abs. 2, § 311 Abs. 1, §§ 145 ff. BGB genügender Änderungsvertrag notwendig" sei.[702]

Das Institut ist infolge dieser Rechtsprechung somit gehalten, die individuelle - ausdrückliche - Zustimmung ihrer Kunden zu der maßgeblichen AGB-Änderung, mithin zur Einführung eines Verwahrentgelts, einzuholen.[703]

Insofern dürfte auch bezüglich der zuvor betrachteten Frage der Unwirksamkeit, aufgrund Qualifizierung der Verwahrentgeltklausel als überraschender Klausel gem. § 305c Abs. 1 BGB, kein Unterschied zu einer Einführung in Neuverträgen bestehen. Für den den Kunden unterbreiteten Änderungsvorschlag gelten dieselben Überlegungen wie oben - vgl. unter D. II. - und aufgrund des Zustimmungsbedürfnisses ist eine Kenntnisnahme durch den Kunden sichergestellt.

Sofern in diesem Zusammenhang dem Urteil des LG Berlin aufgrund der Feststellung, dass die Bank mittels einer AGB-Änderung in Bestandsverträgen „nicht einseitig die Austauschbeziehung ändern" könne,[704] grundsätzlich entnommen werden soll, „die Bank dürfe dem Kunden nicht durch AGB-Änderung nachträglich Zahlungspflichten auferlegen",[705] erschließt sich dies zunächst bereits aufgrund der Aussage des Gerichts nicht, diese Änderung dürfe „nicht einseitig" erfolgen, und der ebenfalls durch das Gericht getroffenen Aussage, dass die „Anpassung des Vertrages {…} einvernehmlich vorzunehmen ist"[706].

Entsprechend der Feststellung des LG Berlin, eine einvernehmliche Anpassung vornehmen zu müssen, und der zuvor aufgezeigten Rechtsprechung des BGH zur Unwirksamkeit einer AGB-Änderung mittels Zustimmungsfiktion,

701 BGH, Urteil vom 27. April 2021 – XI ZR 26/20 –, juris, Rn. 38.
702 BGH, Urteil vom 27. April 2021 – XI ZR 26/20 –, juris, Rn. 38.
703 Vgl. auch Freitag in JZ 2022, 132 (136).
704 LG Berlin, Urteil vom 28. Oktober 2021 – 16 O 43/21 –, juris, Rn. 53.
705 Freitag in JZ 2022, 132 (136).
706 LG Berlin, Urteil vom 28. Oktober 2021 – 16 O 43/21 –, juris, Rn. 53.

ist die Einbeziehung des Verwahrentgelts mittels einer AGB-Änderung möglich, allerdings nur mittels „eine{s} wirksamen Änderungsvertrag{s}, dessen Zustandekommen im Sinne der Anforderungen an die Einbeziehungs- und Inhaltskontrolle der geänderten AGB den gleichen Voraussetzungen wie ein Neuabschluss unterliegt".[707]

4. Konkludente Vereinbarung

In der gebotenen Kürze ist zudem noch auf die Möglichkeit der konkludenten Vereinbarung eines Verwahrentgelts einzugehen. Hierbei wird unterstellt, dass das Institut dem Kunden das Verwahrentgelt in Rechnung stellt, das Girokonto entsprechend belastet und der Kunde dem Rechnungsabschluss nicht widerspricht. Daraus könnte sodann gefolgert werden, dass der Kunde das erhobene Entgelt konkludent durch die fortgesetzte Nutzung seines Kontos akzeptiert.

Dieser Überlegung begegnen jedoch erhebliche Bedenken. Zum einen liegt in der fortgeführten Nutzung des Kontos kein Erklärungswille. Der Kunde übt mit der fortgesetzten Nutzung des Kontos schlicht sein nach § 675 f BGB bestehendes Nutzungsrecht aus dem Zahlungsdienstevertrag aus.

Zum anderen wird die Wertung eines unterbliebenen Widerspruchs des Kunden gegen den Rechnungsabschluss und des allgemeinen Schweigens infolge der Erhebung des Verwahrentgelts als Zustimmung ebenfalls vor dem Hintergrund des vorgenannten Urteils des BGH nicht genügen. Wenn bereits „eine Zustimmungsfiktion im Falle einer fehlenden fristgerechten Ablehnung" im Rahmen einer AGB-Änderung wegen „Abweichung von wesentlichen Grundgedanken der gesetzlichen Regelung {…} die Kunden {…} unangemessen nach § 307 Abs. 1 Satz 1, Abs. 2 Nr. 1 BGB {benachteiligt}", obwohl diese hierbei zuvor sowohl auf die konkrete Änderung, ihr Recht zur Ablehnung selbiger sowie auch auf die Folge, ihr „Schweigen {…} als Annahme eines Vertragsänderungsantrags" zu qualifizieren, hingewiesen wurden,[708] wird wohl eine hierzu als Minus zu bewertende konkludente Zustimmung durch Untätigkeit, weil einem ggf. sogar ohne ausdrücklichen Hinweis erhobenen Verwahrentgelt nicht widersprochen wurde, nicht in Frage kommen.

---

707 Freitag in JZ 2022, 132 (136); vgl. ebenfalls Strobel in NJW 2021, 881 (886); vgl. zur nachträgliche Einbeziehung von AGB: MüKoBGB/Fornasier § 305 Rn. 88 f..

708 BGH, Urteil vom 27. April 2021 – XI ZR 26/20 –, juris, Rn. 38, 23, 22.

5. *Ergänzende Entgeltvereinbarung / Änderungskündigung*

Neben einer kundenseitig zustimmungspflichtigen AGB-Änderung mittels eines Änderungsvertrags bleibt es den Instituten unbenommen, die Erhebung eines Verwahrentgelts mittels einer ergänzenden Entgeltvereinbarung individualvertraglich festzulegen.[709] Solche Individualvereinbarungen, welche gem. § 305b BGB Vorrang vor Allgemeinen Geschäftsbedingungen haben, setzen jedoch voraus, dass die Vertragsbedingungen zwischen den Vertragsparteien im Einzelnen ausgehandelt werden, § 305 Abs. 1 Satz 3 BGB.[710] Dies dürfte im Massengeschäft nur schwer umzusetzen sein.[711]

Verweigert der Kunde die Zustimmung zu einer entsprechenden AGB-Änderung oder den Abschluss einer Individualvereinbarung, bleibt dem Institut letztlich nur die Möglichkeit, die Geschäftsbeziehung zu beenden. Diese Absicht kann dem Kunden bereits im Vorfeld mitgeteilt werden, um ihm möglichst transparent die Folgen seiner Nicht-Zustimmung aufzuzeigen.[712] Andererseits kann die Bank ebenso eine Änderungskündigung aussprechen, mithin den bestehenden Vertrag ohne das vereinbarte Verwahrentgelt kündigen und gleichzeitig den Abschluss eines geänderten Vertrages, inklusive eines Verwahrentgelts offerieren. Beim Abschluss dieses geänderten Vertrages ist mithin die ausdrückliche Zustimmung des Kunden erforderlich.[713]

IV. Zusammenfassung und Ergebnis

Die Vereinbarung eines Verwahrentgelts mit den Kunden im Einlagengeschäft ist zulässig und wirksam. Allerdings ist zwingend die Zustimmung des Kunden erforderlich. Wie bei Neukunden, mit denen ein Verwahrentgelt im Rahmen der AGB des abzuschließenden Vertrags vereinbart werden kann, kann ein Verwahrentgelt auch mit Bestandskunden in Altverträgen mittels einer AGB-Änderung eingeführt werden. Unabhängig von der Frage, ob die Zustimmung des Kunden zu dieser Änderung vor der neueren Rechtsprechung des BGH noch mittels einer in den AGB festgeschriebenen Zustimmungsfiktion möglich war, ist dies nunmehr ausgeschlossen. Der Kunde muss der Änderung und mithin der Einführung eines Verwahrentgelts ausdrücklich zustimmen.

---

709 Langner in Ellenberger/Bunte, Bankrechts-Handbuch § 45 Rn. 89.

710 Vgl. hierzu Wagner in BKR 2017, 315 (319); vgl. auch Tröger in NJW 2015, 657 (660).

711 Vgl. auch Guggenberger/Guggenberger in WM 2022, 1469 (1469).

712 Vgl. auch LG Berlin, Urteil vom 28. Oktober 2021 – 16 O 43/21 –, juris, Rn. 55.

713 Vgl. vertiefend Suendorf-Bischof in BKR 2019, 279 (284); Zur Möglichkeit einer konkludenten Zustimmung zum Änderungsvertrag: Freitag in JZ 2022, 132 (136).

Ein Anspruch aufgrund der Störung der Geschäftsgrundlage scheidet wegen der zwischen dem Kunden und dem Institut bestehenden Risikoverteilung und ein einseitiges Leistungsbestimmungsrecht wegen der erstmaligen Begründung einer zuvor nicht vorgesehenen Leistungspflicht aus. Ausnahmen hierzu sind nur im Falle einer existenziellen Bedrohung des Instituts denkbar.

Während konkludente Vereinbarungen - bspw. durch unterlassenen Widerspruch infolge der erstmaligen Abbuchung der Gebühr und entsprechenden Rechnungsabschluss - ausscheiden, steht es den Instituten neben der AGB-Änderung offen, mit ihren Kunden individualvertraglich eine ergänzende Entgeltvereinbarung abzuschließen. Sofern sie sich bei verweigerter Zustimmung des Kunden von dem Vertrag lösen wollen, besteht zudem die Möglichkeit, eine Änderungskündigung auszusprechen und dem Kunden somit zugleich den Abschluss eines geänderten Vertrags anzubieten. Hierbei ist zu beachten, dass ebenfalls die ausdrückliche Zustimmung des Kunden zu dem geänderten Vertrag erforderlich ist.

E. Stand der Rechtsprechung

Während mit Ausnahme des Urteils des LG Leipzig[714] die erstinstanzliche Rechtsprechung in ihrer Gesamtheit[715] zunächst kritisch gegenüber Verwahrentgelten - insb. in Bestandsverträgen[716] - war, ist diesbezüglich in jüngerer Zeit eine Änderung zu erkennen[717]. Nach den nunmehr vorliegenden obergerichtlichen Urteilen[718], die allesamt die von ihnen zu beurteilenden Verwahrentgelte als zulässig erachten, ist nun eine endgültige Klärung der Frage durch den BGH abzuwarten. Sämtliche obergerichtliche Urteile sind dort beim elften Senat anhängig.[719]

---

714 LG Leipzig, Urteil vom 08.07.2021 – 05 O 640/20 –, juris.

715 LG Tübingen, Urteil vom 26. Januar 2018 – 4 O 187/17 –, juris; LG Berlin, Urteil vom 28.10.2021 – 16 O 43/21 –, juris; LG Düsseldorf, Urteil vom 22. Dezember 2021 – 12 O 34/21 –, juris; LG Frankfurt, Urteil vom 18. November 2022 – 2-25 O 228/21 –, juris.

716 LG Tübingen, Urteil vom 26. Januar 2018 – 4 O 187/17 –, juris.

717 Vgl. hierzu LG München I, Urteil vom 20. März 2023 – 22 O 2030/21 –, juris.

718 OLG Dresden, Urteil vom 30. März 2023 – 8 U 1389/21 –, juris; OLG Düsseldorf, Urteil vom 30. März 2023 – I-20 U 16/22 –, juris; OLG Frankfurt, Urteil vom 5. Oktober 2023 – 3 U 286/22 –, juris; KG Berlin, Urteil vom 9. August 2023 – 26 U 129/21 –, juris.

719 Urteil OLG Dresden: BGH XI ZR 61/23; Urteil OLG Düsseldorf: BGH XI ZR 65/23; Urteil OLG Frankfurt: BGH XI ZR 183/23; Urteil KG Berlin: XI ZR 161/23.

Inhaltlich wurden die vorangehend genannten Urteile im Verlauf der Arbeit bereits ausführlich erörtert. Zusammenfassend ist jedoch festzuhalten, dass neben der in jedem Einzelfall zu prüfenden Frage der wirksamen Einbeziehung des jeweiligen Verwahrentgelts in Bestands- und Neuverträge die Beurteilung dahingehend, ob es sich bei einer Verwahrentgeltklausel um eine unmittelbar den Preis einer vertraglichen Hauptleistung bestimmende Preishauptabrede, um das Entgelt für eine zusätzlich angebotene Sonderleistung, oder andernfalls um eine Preisnebenabrede handelt, und die Regelung von Verwahrentgelten in AGB somit der Inhaltskontrolle unterliegt, höchst unterschiedlich ausfällt und eine abschließende Klärung dieser Frage erst durch den BGH erfolgen wird.

F. Zwischenergebnis

Die Untersuchung hat gezeigt, dass der Begriff des Negativzinses zumindest im Rahmen des erhobenen Entgelts im Passivgeschäft der Banken irreführend ist. Denn mit dem erhobenen Entgelt wird die Verwahrung des eingezahlten Geldes durch die Institute bepreist. Das Interesse der Kunden „an einer sicheren Verwahrung des Geldes bei jederzeitiger Verfügbarkeit“[720] steht hierbei im Vordergrund und ist die kundenseitige Motivation hinter der Inanspruchnahme der Verwahrungsleistung, die mit dem Verwahrentgelt abgegolten wird. Dieses Interesse steht der Erfüllung und Abwicklung der zahlungsdienstrechtlichen Verpflichtungen gleich.

In AGB vereinbarte Verwahrentgelte sind dabei als Preishauptabreden zu qualifizieren, denn sie dienen der Bepreisung einer vertraglichen Hauptleistung, nämlich der sicheren Aufbewahrung des eingezahlten und durch die Banken in Verwahrung genommenen Kapitals. Es handelt sich bei der Verwahrung insbesondere nicht um eine Nebenleistung zur Erfüllung der im Rahmen des Zahlungsdiensterahmenvertrags geschuldeten Zahlungsdienste und ebenfalls nicht um die Erfüllung primär eigener Verpflichtungen der Bank. In der Folge kann das Verwahrentgelt auch neben einer Kontoführungsgebühr erhoben werden, denn beide Gebühren werden für die Erbringung einer eigenständigen Hauptleistung erhoben - die Kontoführungsgebühr für die zahlungsdienstrechtlichen Leistungen und das Verwahrentgelt für die Verwahrungsleistung des Instituts.

---

720 MüKoBGB/Henssler § 700 Rn. 3; Ebenso MüKoHGB/Herresthal, Bd. 6, Teil 1, A. Das Giroverhältnis, Rn. 613; Soergel/Schur § 700 Rn. 5; Staudinger/Reuter, 2015, § 700 Rn. 3.

Während das Verwahrentgelt bei Neuverträgen unter Beachtung der in der vorangegangenen Prüfung aufgezeigten Voraussetzungen über die Zustimmung zu den AGB durch die Kunden bei Vertragsschluss vereinbart werden kann, ist für eine Vereinbarung im Bestandskundengeschäft, mithin bei Altverträgen, ebenfalls zwingend die Zustimmung der Kunden zu der entsprechenden AGB-Änderung erforderlich. Eine Vereinbarung mittels Zustimmungsfiktion ist nicht möglich.

Als Anwendungsfall des auf Rückzahlung entrichteter Entgelte gerichteten Folgenbeseitigungsanspruchs eignet sich die Verwendung von Verwahrentgelt-Klauseln somit nur eingeschränkt.

Zunächst deswegen, weil nach der vorliegend vertretenen Ansicht Verwahrentgelte als Preishauptabreden zulässig sind und mit den Kunden wirksam vereinbart werden können. Doch selbst wenn - sollte der Gegenansicht gefolgt werden - Verwahrentgelte unzulässig wären, da sie als Preisnebenabreden zu qualifizieren wären und einer AGB-rechtlichen Inhaltskontrolle nicht genügen würden, so wäre eine Anwendung des wettbewerbsrechtlichen Folgenbeseitigungsanspruchs zwar grundsätzlich denkbar, wie anhand der Entscheidung des LG Berlin nachvollzogen werden kann, allerdings überzeugt dies nicht.

Denn nach der vorliegend vertretenen Auffassung scheitert eine Anwendung auch in diesem Fall, da im Rahmen des Folgenbeseitigungsanspruchs die grundsätzliche Wertungen des Gesetzgebers hinsichtlich eines Verschuldenserfordernisses bei der Anspruchsgewährung Berücksichtigung finden muss. Spätestens im Rahmen der Verhältnismäßigkeitsprüfung scheidet ein Anspruch auf Folgenbeseitigung bei nicht vorsätzlichen Verletzungshandlung dann aus, mithin bei der Verwendung von AGB bei nicht eindeutiger Rechtslage oder der später festgestellten Unwirksamkeit infolge einer Änderung der Rechtsprechung.

Und so liegt der Fall bei der Verwendung von Verwahrentgelten. Denn wie zuvor gezeigt, ist die Zulässigkeit solcher AGB Klauseln, mittels derer ein Verwahrentgelt erhoben wird, umstritten und Gegenstand des Meinungsstreits in Literatur und Rechtsprechung. Aufgrund dieser Unklarheit kann dem verwendenden Institut kein Fahrlässigkeitsvorwurf gemacht werden, geschweige denn eine vorsätzliche Verwendung unzulässiger AGB vorgeworfen werden.

Hierbei zeigt sich jedoch exemplarisch, dass die Anwendung des auf Rückzahlung gerichteten Folgenbeseitigungsanspruchs - sofern man dessen Existenz überhaupt unterstellt - ganz entscheidend von der Frage des Erfordernisses eines Verschuldensvorwurfs abhängt, wofür in der vorliegenden Arbeit plädiert wird.

Infolge der Vereinbarung von Verwahrentgelten mittels der nach der Rechtsprechung des BGH nicht zulässigen Zustimmungsfiktion bliebe die Anwendung des Folgenbeseitigungsanspruchs jedoch denkbar. Inwieweit jedoch die Institute insoweit ein Verschulden trifft, wäre zu untersuchen. Hierbei müsste berücksichtigt werden, ob die AGB-rechtliche Unwirksamkeit der Zustimmungsfiktion bei der Einführung eines Verwahrentgelts vorauszusehen war, und die sich auf eine solche bei der Einführung von Verwahrentgelten berufenden Institute insoweit also fahrlässig gehandelt haben könnten. Ein vorsätzlicher Verstoß läge jedoch auch hierbei wohl nicht vor.

4. Kapitel: Ausblick

A. Der „New Deal for Consumers" der Europäischen Kommission

Im Rahmen ihrer als „New Deal for Consumers" betitelten Initiative hat die Europäische Kommission unter dem 11.04.2018 zwei Richtlinienvorschläge veröffentlicht, mit denen nach der Vorstellung der Kommission die Kollektivinteressen der Verbraucher innerhalb der EU besser geschützt und eine verbesserte Durchsetzung der EU-Verbraucherschutzvorschriften erreicht werden soll.

Der Vorschlag sah zum einen den Erlass einer Richtlinie über Verbandsklagen zum Schutz der Kollektivinteressen der Verbraucher und zur Aufhebung der Richtlinie 2009/22/EG über Unterlassungsklagen zum Schutz der Verbraucherinteressen vor.[721]

Nach den Vorstellungen der Kommission soll die darin vorgeschlagene Richtlinie „das Unterlassungsverfahren wirksamer machen und dazu beitragen, die Folgen von Verstößen gegen das Unionsrecht zu beseitigen, die sich auf die Kollektivinteressen der Verbraucher auswirken".[722] Die Richtlinie soll u.a. auch dem Problem Rechnung tragen, dass mittels „unfaire{r} Standardvertragsklauseln Tausenden oder sogar Millionen von Verbrauchern in etlichen Wirtschaftssektoren" Schaden zugefügt werden könne, während hingegen „eine Reihe von Mitgliedstaaten noch keine kollektiven Schadensersatzverfahren anbieten, die auf Massenschadensereignisse zugeschnitten sind".[723]

Die Kommission weist zudem darauf hin, dass bereits das Europäische Parlament die Notwendigkeit eines EU-weiten Vorgehens beim „Thema kollektiver Rechtsschutz mit einem Fokus auf Verstöße gegen Verbraucherrechte" betont hat und insoweit die Vorteile des kollektiven Rechtsschutzes, „geringere Kosten und höhere Rechtssicherheit für Kläger, Beklagte und das Gerichtswesen gleichermaßen, da die getrennte Verhandlung ähnlicher Klagen vermieden wird", hervorgehoben hat.[724]

Des Weiteren sah die Initiative „New Deal for Consumers" den Erlass einer Richtlinie zur besseren Durchsetzung und Modernisierung der

721 COM(2018) 184 final 2018/0089 (COD).

722 COM(2018) 184 final 2018/0089 (COD), Seite 1.

723 COM(2018) 184 final 2018/0089 (COD), Seiten 1 f..

724 COM(2018) 184 final 2018/0089 (COD), Seite 2.

EU-Verbraucherschutzvorschriften vor.[725] Mit dieser Richtlinie wird eine „bessere Anwendung und Durchsetzung der“ im Rahmen bereits erlassener Richtlinien bestehender „Vorschriften und deren Modernisierung im Einklang mit den Entwicklungen des digitalen Bereichs“ bezweckt.[726] Die entsprechende Richtlinie[727] wurde am 27. November 2019 erlassen und in ihrer Umsetzung das Gesetz zur Stärkung des Verbraucherschutzes im Wettbewerbs- und Gewerberecht vom 10. August 2021 beschlossen, welches u.a. Änderungen am UWG mit Wirkung zum 28.05.2022 vorsah.

Die Initiative der Kommission wurde von Verbraucherverbänden weithin und auch in Teilen der rechtswissenschaftlichen Literatur begrüßt. Sie stünde „mit einigen mutigen Ansätzen in wohltuendem Kontrast zu der Zaghaftigkeit, mit der die deutsche Bundesregierung trotz aller Bekenntnisse zur Musterfeststellungsklage weiterhin agiert“.[728]

B. Richtlinie über Verbandsklagen zum Schutz der Kollektivinteressen der Verbraucher / RL (EU) 2020/1828

Mit der Richtlinie über Verbandsklagen zum Schutz der Kollektivinteressen der Verbraucher vom 25. November 2020 (VerbandsK-RL) wurden die Mitgliedstaaten verpflichtet, sicherzustellen, dass qualifizierte Einrichtungen berechtigt sind, mindestens auf Unterlassungsentscheidungen und Abhilfeentscheidungen zu klagen, Art. 7 Abs. 4 VerbandsK-RL.

Durch eine Abhilfeentscheidung wird der Unternehmer verpflichtet, den betroffenen Verbrauchern, je nach Fall und soweit dies im Unionsrecht oder im nationalen Recht vorgesehen ist, Abhilfe in Form von Schadenersatz, Reparatur, Ersatzleistung, Preisminderung, Vertragsauflösung oder Erstattung des gezahlten Preises zu leisten, Art. 9 Abs. 1 VerbandsK-RL. Es bleibt den Mitgliedstaaten dabei jedoch überlassen, zu regeln, auf welche Weise und in welchem Stadium einer Verbandsklage auf Abhilfeentscheidungen die einzelnen von einer Verbandsklage betroffenen Verbraucher nach Erhebung der Verbandsklage innerhalb einer angemessenen Frist ausdrücklich oder stillschweigend ihren Willen

725 COM(2018) 185 final 2018/0090 (COD).

726 COM(2018) 185 final 2018/0090 (COD), Seite 2.

727 Richtlinie (EU) 2019/2161 zur Änderung der Richtlinie 93/13/EWG des Rates und der Richtlinien 98/6/EG, 2005/29/EG und 2011/83/EU des Europäischen Parlaments und des Rates zur besseren Durchsetzung und Modernisierung der Verbraucherschutzvorschriften der Union.

728 Halfmeier/Rott in VuR 2018, 243 (250); vgl. auch Krausbeck in VuR 2018, 287.

äußern können, ob sie durch die qualifizierte Einrichtung im Rahmen der Verbandsklage auf Abhilfeentscheidungen repräsentiert werden wollen und an das Ergebnis der Verbandsklage gebunden sein wollen, Art. 9 Abs. 2 VerbandsK-RL. Für einzelne Verbraucher, die ihren gewöhnlichen Aufenthaltsort nicht in dem Mitgliedstaat des Gerichts oder der Verwaltungsbehörde haben, vor dem beziehungsweise vor der eine Verbandsklage erhoben worden ist, ist jedoch eine ausdrückliche Willensäußerung dahingehend, bei der Klage repräsentiert zu sein und damit an das Ergebnis des Verbandsklageverfahrens gebunden zu sein, zwingend vorgesehen und eine stillschweigende Willensäußerung nicht zulässig, Art. 9 Abs. 3 VerbandsK-RL.

Die Richtlinie überlässt es mithin - mit Ausnahme bei Verbrauchern mit gewöhnlichem Aufenthaltsort außerhalb des Mitgliedstaats - den Mitgliedstaaten, zwischen einem Opt-in- und einem Opt-out-Mechanismus zu wählen und gibt hierzu auf, dass „beim Opt-in-Mechanismus {…} von den Verbrauchern verlangt werden {sollte}, ausdrücklich ihren Willen zu äußern, ob sie im Rahmen einer Verbandsklage auf Abhilfe durch die qualifizierte Einrichtung repräsentiert werden wollen. Beim Opt-out-Mechanismus sollte von den Verbrauchern verlangt werden, ausdrücklich ihren Willen zu äußern, dass sie im Rahmen einer Verbandsklage auf Abhilfe nicht durch die qualifizierte Einrichtung repräsentiert werden wollen. “[729]

Ferner sollen die Mitgliedstaaten sicherstellen, dass die in diesen Abhilfeentscheidungen vorgesehene Abhilfe den anspruchsberechtigten Verbrauchern zugutekommt, ohne dass diese eine gesonderte Klage erheben müssen, Art. 9 Abs. 6 VerbandsK-RL.

C. Umsetzungsstand Deutschland: Verbandsklagenrichtlinienumsetzungsgesetz – VRUG

Mit Verabschiedung des Verbandsklagenrichtlinienumsetzungsgesetzes trat neben diversen Änderungen, u.a. am UWG, an der ZPO und an der Musterfeststellungsklagenregister-Verordnung, am 13.10.2023 das Gesetz zur gebündelten Durchsetzung von Verbraucherrechten (Verbraucherrechtedurchsetzungsgesetz - VDuG) in Kraft.[730]

In bürgerlichen Rechtsstreitigkeiten, die Ansprüche und Rechtsverhältnisse einer Vielzahl von Verbrauchern gegen einen Unternehmer betreffen, können

729 Verbandsklagen-RL / RL (EU) 2020/1828, Erwägungsgrund 43.
730 BGBl. 2023 Teil I Nr. 272 vom 12.10.2023.

klageberechtigte Stellen Verbandsklagen gegen Unternehmer erheben: Abhilfeklagen und Musterfeststellungsklagen, vgl. § 1 Abs. 1 VDuG.

Neben der in der Verbandsklagenrichtlinie vorgegebenen Einführung einer auf Leistung gerichteten Abhilfeklage wurde mit dem VDuG auch eine Ausweitung der Klage auf Gewinnabschöpfung nach § 10 UWG vorgenommen.

I. Auf Leistung gerichtete Abhilfeklage

In Umsetzung der Vorgabe aus Art. 7 Abs. 4 lit. b) i.V.m. Art. 9 der Verbandsklagenrichtlinie wurde die Abhilfeklage nach § 1 Abs. 1 Nr. 1 i.V.m. § 14 VDuG geschaffen, mittels derer die klageberechtigten Stellen - qualifizierte Verbraucherverbände und Einrichtungen nach § 2 Abs. 1 - die Verurteilung des Unternehmers zu einer Leistung an die betroffenen Verbraucher bewirken können, wobei als Leistung auch die Zahlung eines kollektiven Gesamtbetrags begehrt werden kann.

Die Abhilfeklage setzt nach § 15 Abs. 1 VDuG voraus, dass die von der Klage betroffenen Ansprüche von Verbrauchern im Wesentlichen gleichartig sind, was der Fall ist, wenn die Ansprüche auf demselben Sachverhalt oder auf einer Reihe im Wesentlichen vergleichbarer Sachverhalte beruhen (Abs. 1) und für die Ansprüche die im Wesentlichen gleichen Tatsachen- und Rechtsfragen entscheidungserheblich sind (Abs. 2).

Sofern durch die Abhilfeklage die Leistung an namentlich benannte Verbraucher begehrt wird, entscheidet das Gericht im Fall einer Verurteilung zur Zahlung durch Urteil, § 16 Abs. 1 Satz 2 VDuG.

Sofern mit der Klage die Zahlung eines kollektiven Gesamtbetrags nach § 14 Satz 2 VDuG begehrt wird, erlässt das Gericht, sofern es die Klage dem Grunde nach für begründet erachtet, ein Abhilfegrundurteil, § 16 Abs. 1 Satz 1 VDuG. Die Parteien werden anschließend durch das Gericht aufgefordert, einen schriftlichen Vergleichsvorschlag zur Umsetzung des Abhilfegrundurteils zu unterbreiten, § 17 Abs. 1 Satz 1 VDuG. Sofern kein Vergleich zwischen den Parteien zustande kommt, setzt das Gericht das Abhilfeverfahren fort und entscheidet durch Abhilfeendurteil, § 17 Abs. 2 VDuG. Erscheinen die Bemühungen um einen Vergleich bereits vor Erlass eines Abhilfegrundurteils aussichtlos, entscheidet das Gericht unmittelbar durch Urteil, wenn beide Parteien dies beantragen, § 16 Abs. 4 Satz 1 VDuG. In diesem Fall enthält die Urteilsformel gem. § 16 Abs. 4 Satz 2 VDuG die Angaben des Abhilfegrundurteils nach § 16 Abs. 2 VDuG und die des Abhilfeendurteils nach § 18 Abs. 1 VDuG.

An das Abhilfeendurteil - bzw. das Urteil nach § 16 Abs. 4 Satz 1 VDuG - schließt sich das Umsetzungsverfahren nach §§ 22 ff. VDuG an, im Rahmen dessen das Gericht einen Sachwalter bestellt, § 23 Abs. 1 VDuG. Sobald der verurteilte Unternehmer den vorläufig festgesetzten Kostenbetrag sowie den kollektiven Gesamtbetrag zu Händen des Sachwalters gezahlt hat, beschließt das Gericht die Eröffnung des Umsetzungsverfahrens, § 24 VDuG. Der Sachwalter hat für die zu seinen Händen getätigten Zahlungen einen Umsetzungsfonds nach § 25 VDuG einzurichten und aus diesem u.a. gem. Abs. 3 Satz 1 berechtigte Ansprüche von Verbrauchern auf Zahlung zu erfüllen.

An dem Umsetzungsverfahren teilnehmen und mithin eine Zahlung erhalten, können alle Verbraucher, die ihre Ansprüche wirksam zum Verbandsklageregister angemeldet haben und die ihre Anmeldung nicht wirksam zurückgenommen haben, § 26 VDuG.

Diese Anmeldung von Ansprüchen oder Rechtsverhältnissen, die Gegenstand einer Verbandsklage sind, hat bis zum Ablauf von drei Wochen nach dem Schluss der mündlichen Verhandlung - mithin vor Erlass eines Urteils und Eröffnung des Umsetzungsverfahrens - zur Eintragung in das Verbandsklageregister zu erfolgen, § 46 Abs. 1 Satz 1 VDuG.

Der Gesetzgeber hat sich bei dem aufgrund der Verbandsklagen-RL geschaffenen Verbraucherrechtedurchsetzungsgesetz mithin für den Opt-in-Mechanismus und somit gegen einen Opt-out-Mechanismus entschieden. Von den anspruchsberechtigten Verbrauchern wird folglich verlangt, tätig zu werden, und durch die Anmeldung ihrer Ansprüche oder Rechtsverhältnisse zum Verbandsklageregister ausdrücklich ihren Willen zu äußern, dass sie im Rahmen einer Verbandsklage auf Abhilfe durch die qualifizierte Einrichtung repräsentiert werden wollen.

II. Ausweitung der Gewinnabschöpfung nach § 10 UWG

Die bisher bestehende Schwelle eines vorsätzlichen Verstoßes im Rahmen eines Anspruchs auf Gewinnabschöpfung nach § 10 Abs. 1 UWG wurde aufgeweicht. Nunmehr genügt bereits eine grob fahrlässige Begehung einer nach § 3 oder § 7 unzulässigen geschäftlichen Handlung. Weiterhin kann jedoch nur die Herausgabe des Gewinns an den Bundeshaushalt verlangt werden.

Zudem wurde in Abs. 6 die Möglichkeit der Finanzierung des gerichtlichen Verfahrens durch einen gewerblichen Prozessfinanzierer geschaffen.

Inwieweit diese Änderungen die Attraktivität des Gewinnabschöpfungsanspruchs und damit dessen Anwendung in der Zukunft erhöhen, ist noch unklar. Einerseits könnte die geschaffene Möglichkeit der Prozessfinanzierung zu einer Renaissance des Anspruchs führen, da „insbesondere bei Streuschäden

{...} Prozessfinanzierer aktiv nach Anlagemöglichkeiten suchen“[731] würden. Allerdings wird ebenso befürchtet, dass entgegen dem Ziel einer besseren Durchsetzung des Verbraucherschutzes der Anspruch in Konkurrenz zu den übrigen möglichen Ansprüchen steht und sich „zulasten von Abhilfeklagen und Individualklagen von Verbrauchern auswirkt“, während von „einer erfolgreichen Gewinnabschöpfungsklage {...} letztlich nur der Bundeshaushalt, die Anwälte der klagenden Verbände und der Prozessfinanzierer {profitieren}“.[732] Wegen der weiterhin bestehenden Beschränkung des Anspruchs auf Herausgabe des Gewinns an den Bundeshaushalt wird befürchtet, dass die „Geltendmachung auch in Zukunft für Verbraucherverbände wenig attraktiv bleiben“ wird.[733]

Im Regierungsentwurf zur Einführung des VDuG wurde bezüglich der Änderungen des § 10 UWG vertreten, dass diese „erforderlich {seien}, um die neuen Regelungen über die Abhilfeklage zu flankieren. Die Klage {... sei} insbesondere zur Abschöpfung geringfügiger Streuschäden geeignet, bei denen Abhilfeklagen nicht zweckmäßig sind“.[734] So solle die entsprechend geänderte Möglichkeit der Gewinnabschöpfung einen Beitrag dazu leisten, das „rationale Desinteresse der Geschädigten auszugleichen“, da sich die Geschädigten wegen der im Einzelfall geringen Höhe der Schäden, sowie des Aufwands und der Risiken der Durchsetzung „voraussichtlich auch nicht in nennenswertem Umfang an Abhilfeklagen beteiligen“ würden.[735]

D. Zwischenergebnis

Für einen auf § 8 Abs. 1 UWG gestützten Folgenbeseitigungsanspruch dürfte nach der Einführung des VDuG und der Erweiterung des Gewinnabschöpfungsanspruchs des § 10 UWG engültig kein Raum mehr bestehen.[736]

---

731 Schläfke/Lühmann in NJW 2023, 3385 (3391).

732 Freischem/Würtenberger in GRUR 2023, 626 (627); vgl. hierzu jedoch auch die Intention des Gesetzgebers in BT-Drucks. 20/6520, Seite 125, der die infolge einer Entscheidung des BGH (BGH, Urteil vom 13. September 2018 – I ZR 26/17, Rn. 41-44) zum Erliegen gekommene Inanspruchnahme von Prozessfinanzierern wieder ermöglichen möchte.

733 Janal in GRUR 2023, 985 (987).

734 BT-Drucks. 20/6520, Seite 64.

735 BT-Drucks. 20/6520, Seite 125.

736 So auch Schläfke/Lühmann in NJW 2023, 3385 (3391); vgl. auch Janal in GRUR 2023, 985 (987); vgl. auch OLG Rostock, Urteil vom 15. November 2023 – 2 U 15/21 –, juris, Rn. 74.

Dem Gesetzgeber stand es im Rahmen der Umsetzung der Verbandsklagenrichtlinie offen, einen solchen inhaltlich entsprechenden Anspruch zu schaffen, indem mittels eines Opt-out-Mechanismus eine Auszahlung an alle geschädigten Verbraucher ohne deren selbständiges Tätigwerden ermöglicht würde. Er hat sich jedoch bewusst dagegen entschieden und mit dem Opt-in-Mechanismus eine Regelung gewählt, bei der der Verbraucher - innerhalb einer bestimmten Frist - tätig werden und durch die Anmeldung zum Verbandsklageregister seinen ausdrücklichen Willen äußern muss, im Rahmen einer Verbandsklage auf Abhilfe durch die qualifizierte Einrichtung repräsentiert werden zu wollen. Andernfalls können die jeweiligen Ansprüche im Rahmen des Umsetzungsverfahrens nicht erfüllt werden.

Zwar besteht im Rahmen der Abhilfeklage auch die Möglichkeit, die Leistung unmittelbar an namentlich benannte Verbraucher zu begehren. Allerdings setzt dies voraus, dass die Anspruchsberechtigten bereits vor Klageerhebung identifiziert werden. Bei Streuschäden wie bspw. zu Unrecht entrichteter Bankentgelte, sind jedoch regelmäßig eine Vielzahl von Verbrauchern betroffen und eine abschließende namentliche Benennung aller Betroffenen ist nicht praktikabel.[737]

Insoweit wird in diesen Fällen wohl lediglich eine Abhilfeklage auf Zahlung eines kollektiven Gesamtbetrags nach § 14 Satz 2 VDuG erfolgen, mit der wegen des erforderlichen Anmeldeerfordernisses eine Hürde verbunden ist, die aufgrund des rationalen Desinteresses der Verbraucher von vielen wohl nicht überwunden werden dürfte.

Dies mag auch weiterhin als Durchsetzungsdefizit im Zusammenhang mit Streuschäden gesehen werden. Allerdings darf dabei nicht übersehen werden, dass der Gesetzgeber dieses Problem erkannt und ausdrücklich adressiert hat. Denn „zur Abschöpfung geringfügiger Streuschäden {…}, bei denen Abhilfeklagen nicht zweckmäßig sind“, hat der Gesetzgeber die Erweiterung des Gewinnabschöpfungsanspruchs nach § 10 UWG vorgenommen, ausdrücklich um das „rationale Desinteresse der Geschädigten auszugleichen“.[738]

---

737 Vgl. auch Schläfke/Lühmann in NJW 2023, 3385 (3388).

738 BT-Drucks. 20/6520, Seiten 64, 125; vgl auch OLG Rostock, Urteil vom 15. November 2023 – 2 U 15/21 –, juris, Rn. 74: „Mit den gleichzeitig in Artikel 12 VRUG vorgenommenen Änderungen zu § 8 UWG n.F. und § 10 UWG n.F. hat der Gesetzgeber aber erneut - bewusst - Abstand genommen, das hier vorliegende Problem der sog. „Streuschäden“ mit einer Erweiterung des Beseitigungsanspruches aus § 8 UWG zu lösen und stattdessen - erneut - die Bedeutung des § 10 UWG und dessen Anwendung in diesem Bereich betont.“.

Zudem ist der Gesetzgeber im Rahmen der Einführung des VDuG und der Erweiterung des Gewinnabschöpfungsanspruchs auch ganz offensichtlich nicht davon ausgegangen, dass ein auf § 8 Abs. 1 UWG gestützter Folgenbeseitigungsanspruch bereits bestehen würde. Andernfalls würde zum einen der im Rahmen der Abhilfeklage gewählte Opt-in-Mechanismus nur wenig Sinn ergeben und zum anderen die Gesetzesbegründung oder die den Gesetzgeber leitenden Erwägungen wohl eine Auseinandersetzung mit dem Folgenbeseitigungsanspruch und eine Abgrenzung zur kollektiven Rechtsdurchsetzung enthalten.[739]

739 Vgl. auch OLG Düsseldorf, Urteil vom 30. März 2023 – I-20 U 16/22 –, juris, Rn. 39.

Fazit und Zusammenfassung der Ergebnisse

Die Untersuchung hat gezeigt, dass ein auf Rückzahlung vereinnahmter Entgelte gerichteter Folgenbeseitigungsanspruch derzeit nicht geeignet ist, bei der Erhebung von Verwahrentgelten im Einlagengeschäft eine Rückzahlung dieser Entgelte unmittelbar an alle betroffenen Verbraucher zu bewirken.

Dabei lassen sich die Ergebnisse der Untersuchung im Einzelnen wie folgt zusammenfassen:

1. Ein auf Rückzahlung vereinnahmter Entgelte gerichteter Folgenbeseitigungsanspruch ist gesetzlich nicht kodifiziert. Er kann insbesondere nicht unmittelbar auf § 8 Abs. 1 UWG gestützt werden. Dem begegnen erhebliche dogmatische Bedenken. Denn der Beseitigungsanspruch des UWG dient dazu, eine fortbestehende Störungsquelle zu beseitigen und ist somit auf die Sicherung der Zukunft gerichtet. Er dient nicht der Bewältigung der Vergangenheit, wie dies der Folgenbeseitigungsanspruch bezweckt, der den Ausgleich des durch die Störung entstandenen Schadens anstrebt.
   Die Idee des Folgenbeseitigungsanspruchs ist dem Gedanken des Lauterkeitsrechts zudem gänzlich fremd. Denn der Schutzzweck des Lauterkeitsrechts ist es, zu verhindern, dass geschäftliche Entscheidungen von Verbrauchern unlauter beeinflusst werden, nicht die wirtschaftlichen Folgen rückgängig zu machen und die vom Verletzer zu Unrecht erlangten Einnahmen an die betroffenen Verbraucher rückabzuwickeln.

2. Es bestehen mit der Möglichkeit der individuellen Rechtsverfolgung, Schlichtungsverfahren, der Einziehungsklage, der allgemeinen Musterfeststellungsklage und der zuletzt eingeführten Abhilfeklage ausreichend Möglichkeiten zur Rechtsdurchsetzung.
   Dass diese Möglichkeiten das Problem der Streuschäden und des rationalen Desinteresses nicht vollständig lösen und die Möglichkeit zur Rechtsdurchsetzung erschwert bleibt, begründet lediglich ein Durchsetzungdefizit, nicht jedoch ein Rechtsschutzdefizit. Denn die Rechtsdurchsetzung ist zwar mitunter weniger effektiv, nicht jedoch ausgeschlossen.

3. In einem gewissen Umfang ist der auf Rückzahlung gerichtete Folgenbeseitigungsanspruch infolge richterlicher Rechtsfortbildung jedoch Gegenstand der Rechtsprechungspraxis und sollte - bis eine endgültige Klärung durch den BGH erfolgt ist - als Risiko bei der Verwendung von AGB gegenüber Verbrauchern verstanden werden.

Die Entwicklung des Folgenbeseitigungsanspruchs ist jedoch in Ermangelung des Vorliegens der hierfür notwendigen Voraussetzungen als unzulässige richterliche Rechtsfortbildung zu qualifizieren, da weder eine Regelungslücke noch ein Rechtsnotstand besteht.

4. Es ist geboten, auch sprachlich zwischen dem Anspruch aus § 8 Abs. 1 UWG auf Beseitigung eines fortwirkenden Störungszustands und der Idee des Folgenbeseitigungsanspruchs als Korrektur der eingetretenen Folgen des Störungszustands zu differenzieren.
So ist die Beseitigung einer infolge der Verwendung unwirksamer AGB bei den betroffenen Verbrauchern hervorgerufenen Fehlvorstellung mittels einer Information selbiger und eines diesen Anspruch flankierenden Auskunftsanspruchs noch unter den Beseitigungsanspruch des § 8 Abs. 1 UWG zu subsumieren. Denn die Information dient der Beseitigung der Fehlvorstellung, welche den Störungszustand darstellt, der aufgrund der in der Verwendung unwirksamer AGB liegenden Verletzungshandlung eingetreten ist. Die daraufhin infolge der Zahlung eintretende Vermögensverschiebung ist vielmehr eine Folge dieser Fehlvorstellung und mithin des eingetretenen Störungzustands. Eine derartige von der entsprechenden Rechtsprechung und der diese begrüßenden Literatur vorgenommene Vermischung des Störungszustands mit den eingetretenen Folgen desselben ist dogmatisch jedoch nicht tragbar.
Zudem ist der Zahlungsvorgang selbst nicht als geschäftliche Handlung zu qualifizieren. Diese liegt dagegen in der Verwendung der unwirksamen AGB, aufgrund derer die Fehlvorstellung bei den Verbrauchern eintritt, nicht jedoch die Vermögensverschiebung.

5. Selbst wenn ein solcher Folgenbeseitigungsanspruch jedoch weiterverfolgt würde, so müssten wegen der inhaltlichen Nähe des Anspruchs zum Schadensersatzanspruch des § 9 UWG und der Gewinnabschöpfung nach § 10 Abs. 1 UWG zumindest die Wertungen des Gesetzgebers im Rahmen eines Verschuldenserfordernisses bei der Anspruchsgewährung Berücksichtigung finden. Der Verwender müsste mindestens grob fahrlässig gehandelt haben, wobei gute Argumente sogar für ein Vorsatzerfordernis sprechen. Der Folgenbeseitigungsanspruch eignet sich daher in jedem Fall nicht dafür, jegliche auf der Grundlage unwirksamer AGB getätigte Zahlungen rückabzuwickeln.
Zudem ist auch die lauterkeitsrechtliche Herkunft des Beseitigungsanspruchs, dessen wettbewerbsrechtliche Zielsetzung und seine Konzeption als Gefahrenbeseitigungsanspruch zu berücksichtigen. Aus diesem Grund

wird sich eine derart weitgehende Maßnahme, wie die Rückzahlung aller vereinnahmten Entgelte, auch regelmäßig als für den Schuldner als nicht zumutbar darstellen - selbst wenn man in der eingetretenen Vermögensverschiebung selbst den Störungszustand zu erkennen vermag.
Sofern man die Anwendung eines auf § 8 Abs. 1 UWG gestützten Folgenbeseitigungsanspruchs daher entgegen dem zuvor gefundenen Ergebnis annimmt, dürfte der Anspruch lediglich bei besonders schwerwiegenden Verstößen zur Anwendung kommen, etwa dann, wenn - u.U. bewusst - gegen höchstrichterliche Rechtsprechung verstoßen wurde, wie dies bspw. in dem Verfahren vor dem OLG Dresden der Fall war.

6. Daher scheidet eine Anwendung eines auf Rückzahlung entrichteter Entgelte gerichteten Folgenbeseitigungsanspruchs für den Fall der Erhebung von Verwahrentgelten aus.
   Zunächst bereits deshalb, weil nach der vorliegend vertretenen Ansicht Verwahrentgelte als Preishauptabreden zulässig sind und mit den Kunden in den AGB wirksam vereinbart werden können. Es fehlt insoweit bereits an einer Verwendung unzulässiger AGB und mithin zu Unrecht erhobener Entgelte. Doch selbst wenn - sollte der Gegenansicht gefolgt werden - Verwahrentgelte unzulässig wären, da sie als Preisnebenabreden zu qualifizieren wären und einer AGB-rechtlichen Inhaltskontrolle nicht standhielten, so wäre eine Anwendung des wettbewerbsrechtlichen Folgenbeseitigungsanspruchs zwar grundsätzlich denkbar, wie anhand der Entscheidung des LG Berlin nachvollzogen werden kann, allerdings nicht überzeugend.
   Denn die Zulässigkeit solcher AGB-Klauseln, mittels derer ein Verwahrentgelt erhoben wird, ist umstritten und Gegenstand des ausführlichen Meinungsstreits in Literatur und Rechtsprechung. Eine endgültige Klärung der Zulässigkeit wird erst durch eine Entscheidung des BGH eintreten. Aufgrund dieser Unklarheit kann dem verwendenden Institut kein Fahrlässigkeitsvorwurf gemacht werden, geschweige denn eine vorsätzliche Verwendung unzulässiger AGB vorgeworfen werden.
   Hierbei zeigt sich exemplarisch, dass die Anwendung des auf Rückzahlung gerichteten Folgenbeseitigungsanspruchs - sofern man dessen Existenz überhaupt unterstellt - ganz entscheidend von der Frage des Erfordernisses eines Verschuldensvorwurfs abhängt, wofür in der vorliegenden Arbeit plädiert wird.
   Infolge der Vereinbarung von Verwahrentgelten mittels der nach der Rechtsprechung des BGH nicht zulässigen Zustimmungsfiktion bliebe die Anwendung des Folgenbeseitigungsanspruchs jedoch denkbar. Inwieweit

jedoch die Institute insoweit ein Verschulden trifft, wäre zu untersuchen. Hierbei müsste berücksichtigt werden, ob die AGB-rechtliche Unwirksamkeit der Zustimmungsfiktion bei der Einführung eines Verwahrentgelts bereits bekannt bzw. vorauszusehen war, und die sich auf eine solche bei der Einführung von Verwahrentgelten berufenden Institute insoweit also fahrlässig gehandelt haben könnten. Ein vorsätzlicher Verstoß läge jedoch auch hierbei wohl nicht vor.

7. Zuletzt hat der Gesetzgeber mit der Einführung des VDuG und der Erweiterung des Gewinnabschöpfungsanspruchs nach § 10 Abs. 1 UWG einem auf § 8 Abs. 1 UWG gestützten wettbewerbsrechtlichen Folgenbeseitigungsanspruch endgültig eine Absage erteilt.
Denn der Gesetzgeber hat das Problem der Streuschäden und des rationalen Desinteresses abermals adressiert und hierzu mit der Einführung der Abhilfeklage und der Erweiterung des Gewinnabschöpfungsanspruchs nach § 10 Abs. 1 UWG keine inhaltlich dem diskutierten Folgenbeseitigungsanspruch entsprechende Lösung gewählt.
Mit der gesetzgeberischen Entscheidung, zugunsten eines Opt-in-Mechanismus, wurde bei der Abhilfeklage eine Regelung gewählt, bei der der Verbraucher - innerhalb einer bestimmten Frist - tätig werden und durch die Anmeldung zum Verbandsklageregister seinen ausdrücklichen Willen äußern muss, im Rahmen einer Verbandsklage auf Abhilfe durch die qualifizierte Einrichtung repräsentiert werden zu wollen. Diese Entscheidung erfolgte auch aus Gründen der Privatautonomie. Denn der Verbraucher behält insoweit die Hoheit über seine Forderung. Er kann sich durch die Anmeldung an dem Klageverfahren beteiligen oder entscheiden, seinen Anspruch unmittelbar individuell durchzusetzen - oder selbiges eben gerade nicht zu tun.
Die Abhilfeklage ist damit zwar nicht so weitgehend wie der diskutierte Folgenbeseitigungsanspruch. Das Thema der Rückforderung zu Unrecht entrichteter Gebühren und Entgelte hat aber nicht an Brisanz verloren, da Verbraucherverbänden mit der Abhilfeklage nun ein Instrument zur Verfügung steht, Ansprüche - wenn auch nur mit der jeweiligen Zustimmung der Anspruchsinhaber - unmittelbar kollektiv durchzusetzen.

Literaturverzeichnis

Baldus, Bianca/*Siedler*, Rainer: Kompensation von „Streuschäden" im Bankgeschäft nach § 8 UWG?, in: BKR 2018, S. 412 - 420.

Balke, Michaela/*Liebscher*, Thomas/*Steinbrück*, Ben: Der Gesetzentwurf zur Einführung einer Musterfeststellungsklage – ein zivilprozessualer Irrweg, in: ZIP 2018, S. 1321-1332.

Bamberger, Georg/*Roth*, Herbert/*Hau*, Wolfgang/*Poseck*, Roman (Hrsg.): BGB Kommentar, 5. Auflage 2023, München, zit. BRHP/Bearb.

Berger, Klaus Peter/*Nettekoven*, Hendrik: Unwirksamkeit von Banken-AGB mit fingierter Zustimmung des Kunden zu AGB-Änderungen, in: EWiR 2021, S. 483 - 435.

Behr, Simon: Vertragsrechtliche Zulässigkeit negativer Verzinsung im Einlagenbereich - Zugleich ein Beitrag zur Identität des Schuldverhältnisses, Diss., Berlin 2018.

Binder, Jens-Hinrich: Zur Verteidigung eines Leitbilds: Verzinsliches Darlehen nach § 488 Abs. 1 Satz 2 BGB und „Negativzinsen", in: ZBB 2023, S. 217 - 223.

Binder, Jens-Hinrich/*Ettensberger*, Svenja: „Automatischer" Negativzins bei darlehensvertraglichen Zinsänderungsklauseln im Niedrigzinsumfeld? – Vertragsauslegung und Lösungsansätze –, in: WM 2015, S. 2069 - 2074.

Bode, David: Unzulässigkeit von Verwahrentgelten auf Giro- und Tagesgeldkonten, in: VuR 2022, S. 20 bzw. 24 - 26.

Buck-Heeb, Petra: Missstandsaufsicht durch die BaFin nach § 4 Abs. 1 a FinDAG, in: BKR 2021, S. 141 - 150.

Bunte, Hermann-Josef: Folgenbeseitigungsanspruch nach dem UWG bei unzulässigen AGB-Klauseln?, in: ZIP 2016, S. 956 - 961.

Coen, Christoph: Der negative Basiszinssatz nach § 247 BGB, in: NJW 2012, S. 3329 - 3334.

Drescher, Ingo/*Fleischer*, Holger/*Schmidt*, Karsten (Hrsg.): Münchener Kommentar zum Handelsgesetzbuch, 5. Auflage 2023, München, zit. MüKoHGB/Bearb.

Dürig, Günter/*Herzog*, Roman/*Scholz*, Rupert (Hrsg.).: Grundgesetz-Kommentar, 102. Lieferung August 2023, München, zit. Dürig/Herzog/Scholz/Bearb.

Edelmann, Hervé/*Schultheiß*, Tilman/*Hölldampf*, Tilman: Grenzen der Eingriffsbefugnisse der BaFin gegenüber Kreditinstituten nach § 4 Abs. 1a FinDAG, in: BB 2021, S. 835 - ,843.

Ellenberger, Jürgen/*Bunte*, Hermann-Josef (Hrsg.): Bankrechts-Handbuch, 6. Auflage 2022, München, zit. Bearb. in Ellenberger/Bunte.

Fezer, Karl-Heinz/*Büscher*, Wolfgang/*Obergfell*, Inés (Hrsg.): UWG Kommentar, 3. Aufl. 2016, München, zit. Fezer/Büscher/Obergfell/Bearb.

Freischem, Stephan/*Würtenberger*, Gert: Stellungnahme des GRUR-Fachausschusses Wettbewerbs- und Markenrecht zum Referentenentwurf eines Gesetzes zur Umsetzung der RL (EU) 2020/1828 über Verbandsklagen zum Schutz der Kollektivinteressen der Verbraucher und zur Aufhebung der RL 2009/22/EG des BMJ, in: GRUR 2023, S. 626 - 630.

Freitag, Robert: Negativzinsen im Einlagengeschäft, in: ZBB 2018, S. 269 - 278.

Freitag, Robert: Neues zu Verwahrentgelten im Girogeschäft, in: JZ 2022, S. 132 - 136.

Fritzsche, Jörg: Folgenbeseitigungsansprüche im Zivilrecht?, in: WRP 2019, I, Nr 03.

Fritzsche, Jörg/*Münker*, Reiner/*Stollwerck*, Christoph (Hrsg.): UWG Kommentar, 16. Edition 25.03.2022, zit. Fritzsche/Münker/Stollwerck/Bearb.

Görner, Kay/*Korff*, Niklas, Negativzinsen bei Girokonten, in: VuR 2018, S. 337 - 340.

Grüneberg: Beck'sche Kurzkommentare, Band 7, Bürgerliches Gesetzbuch mit Nebengesetzen, 83. Auflage 2024, München, zit. Grüneberg/Bearb.

Gsell, Beate/*Rübbeck*, Johannes: Beseitigung als Folgenbeseitigung? – Kollektivklagen der Verbraucherverbände auf Rückzahlung unrechtmäßig erzielter Gewinne, in: ZfPW 2018, S. 409 - 429.

Guggenberger, Klaus/*Guggenberger*, Leonid: „Negativzins" und „Verwahrentgelt" im Kundeneinlagengeschäft - Eine Erinnerung an den rechtsökonomischen Hintergrund der AGB-Kontrolle, in: WM 2022, S. 1469-1471.

Halfmeier, Axel: Folgenbeseitigungsanspruch bei unwirksamen Allgemeinen Geschäftsbedingungen, in: VuR 2018, S. 188 - 197.

Halfmeier, Axel/*Rott*, Peter: Verbandsklage mit Zähnen? – Zum Vorschlag einer Richtlinie über Verbandsklagen zum Schutz der Kollektivinteressen der Verbraucher, in: VuR 2018, S. 243 - 251.

Hamdan, Marwan: Zur Zulässigkeit von Verwahrentgelten für Guthaben auf Girokonten, in: GWR 2023, S. 324 - 326.

Harte-Bavendamm, Henning/*Henning-Bodeweig*, Frauke (Hrsg.): UWG Kommentar, 5. Aufl. 2021, München, zit. Harte-Bavendamm/Henning-Bodeweig/Bearb.

Heermann, Peter W./*Schlingloff*, Jochen (Hrsg.): Münchener Kommentar zum Lauterkeitsrecht, zit. MüKoLauterkeitsR/Bearb. bzw. MüKoUWG/Bearb.:

– Band 1, Grundlagen, §§ 1 - 7 UWG, 3. Auflage, München 2020;
– Band 2, Besondere Fallgruppen und Rechtsgebiete, §§ 7a-20 UWG, 3. Auflage, München 2022.

Henning-*Bodewig*, Frauke: Vergleichsportale, UWG und Befugnisse des Bundeskartellamts - Zur Sektoruntersuchung des Bundeskartellamts zu Vergleichsportalen, in: WRP 2019, S. 537 - 545.

Herresthal, Carsten: Keine Informationspflicht des Klauselverwenders bei ergänzender Vertragsauslegung laufender Verträge, in: BKR 2021, S. 131 - 140.

Hingst, Kai-Michael/*Neumann*, Karl-Alexander: Negative Zinsen – Die zivilrechtliche Einordnung eines nur scheinbar neuen geldpolitischen Phänomens, in: BKR 2016, S. 95 -101.

Hölldampf, Tilam/*Schultheiß*, Tilman: Die Zinsanpassung bei Prämiensparverträgen - kein Fall für die Missstandsaufsicht der BaFin, in: BB 2020, S. 651 - 655.

Homberger, Christoph: Unzulässigkeit von Verwahrentgelten auf Girokonten, in: EWiR 2022, S. 163 -165.

Janal, Ruth: Die Umsetzung der Verbandsklagenrichtlinie, in: GRUR 2023, S. 985 - 995.

Jauernig: BGB Kommentar: siehe Stürner, Rolf.

Jordans, Roman/*Kirchner*, Maik: Aufsichtsrechtliche Konsequenzen unwirksamer Zinsanpassungen, in: WM 2021, S. 864 - 872.

Kulbfus, Björn/*Uhlenhut*, Theresa/*Feilke*, Michael: Umwälzungen im Wettbewerbsrecht: Kommen jetzt Massenverfahren und Bußgelder?, in: CCZ 2022, S. 99 - 106.

Knops, Kai-Oliver: Verwahrentgelte für Kontoguthaben im Neugeschäft mit Verbrauchern, in: BKR 2021, S. 499 bzw. 503 - 504.

Köhler, Helmut: Der wettbewerbsrechtliche Beseitigungsanspruch – ein Folgenbeseitigungsanspruch?, in: WRP 2019, S. 269 - 276.

Köhler, Helmut: Der Schadensersatzanspruch für Verbraucher im UWG und seine Realisierung, in: GRUR 2022, S. 435 - 446.

Köhler, Helmut/*Bornkamm*, Joachim/*Feddersen*, Jörn: Beck'sche Kurzkommentare, Band 13a, Gesetz gegen den unlauteren Wettbewerb, 42. Auflage 2024, München, zit. Köhler/Bornkamm/Feddersen/Bearb. UWG bzw. Köhler/Bornkamm/Feddersen/Bearb. UKlaG; bei Vorauflage unter Angabe der Auflage.

Kohte, Wolfhard: „Mehr Rechtsdurchsetzung – auch im Verbraucherrecht", in: VuR 2018, S. 321 - 323.

Kollmann, Hans-Peter: Negative Zinsen - Eine rechtsökonomische Analyse, Baden-Baden 2016.

Krausbeck, Elisabeth: Kollektiver Rechtsschutz im Zivilprozess – Zusammenfassung und Bewertung des Gutachtens für den Deutschen Juristentag 2018 vor dem Hintergrund von Musterfeststellungsklage und „New Deal", in: VuR 2018, S. 287 - 292.

Kruis, Ferdinand: Beseitigungsanspruch nach § 8 UWG statt Musterfeststellungsklage? – Hard cases make bad law, in: ZIP 2019, S. 393 - 403.

Kühner, Christopher/*Singbartl*, Jan: Kein Anspruch einer Bank auf pauschale Aufwandsgebühr für die Durchführung einer Kontopfändung, in EWiR: 2019, S. 5 - 6.

Langner, Olaf: Verwahrentgelt und Negativzinsen in der Bankenpraxis, München 2023.

Larenz, Karl: Methodenlehre der Rechtswissenschaft, 6. Aufl. 1991, zit. Larenz in Methodenlehre der Rechtswissenschaft.

Lühmann, Tobias: Verwahrentgelte für Guthaben auf Girokonten zulässig, in: EWiR 2023, S. 353 - 355.

Meller-Hannich, Caroline: Anmerkung zu BGH, Urteil v. 14. 12. 2017 – I ZR 184/15 (OLG Stuttgart), in: JZ 2018, S. 629 - 632.

Meller-Hannich, Caroline: Sammelklagen, Gruppenklagen, Verbandsklagen – bedarf es neuer Instrumente des kollektiven Rechtsschutzes im Zivilprozess?, in: NJW-Beilage 2018, S. 29 - 32.

Münchener Kommentar:

- Münchener Kommentar zum Bürgerlichen Gesetzbuch: siehe Säcker, Franz Jürgen/Rixecker, Roland/Oetker, Hartmut/Limperg, Bettina (Hrsg.);
- Münchener Kommentar zum Handelsgesetzbuch: siehe Drescher, Ingo/Fleischer, Holger/Schmidt, Karsten (Hrsg.);
- Münchener Kommentar zum Lauterkeitsrecht: siehe Heermann, Peter W./ Schlingloff, Jochen (Hrsg.).

Osburg, Clemens: Folgenbeseitigungsansprüche aus § 8 UWG? – Eine kritische Betrachtung, in: ZBB 2019, S. 384 - 393.

Radke, Fabian: Negative Nominalzinsen im Zins- und Bankvertragrecht - Eine rechtsmethodische, kautelarpraktische und rechtsvergleichende Untersuchung, Diss., Berlin 2019.

Radke, Fabian: Verwahrentgelt und Negativzins - Grundlagen und aktuelle Rechtsprechung -, in: WM 2023, S. 960 - 965.

Rodi, Daniel: Verwahrentgelt für Guthaben auf Privatgirokonten zulässig, in: EWiR 2022, S. 289 - 291.

Rott, Peter: Auskunfts- und Rückzahlungspflicht der Bank bei rechtswidrigen Maßnahmen und Ankündigungen im Zusammenhang mit Kontopfändungen, in: VuR 2016, S. 109 - 114.

Rott, Peter: Thesen zur Durchsetzung des Verbraucherschutzrechts durch die BaFin, in: WM 2019, S. 1189 - 1196.

Ruttmann, Christine/Hummel, Michael: Folgenbeseitigung durch Rückerstattung zu Unrecht einbehaltener Beträge, in: VuR 2018, S. 270 - 273.

Säcker, Franz Jürgen/*Rixecker*, Roland/*Oetker*, Hartmut/*Limperg*, Bettina (Hrsg.): Münchener Kommentar zum Bürgerlichen Gesetzbuch, zit. MüKoBGB/Bearb.:

– Band 2, Schuldrecht - Allgemeiner Teil I, 9. Auflage, München 2022;

– Band 3, Schuldrecht - Allgemeiner Teil II, 9. Auflage, München 2022;

– Band 4/2, §§ 481-534 BGB, 9. Auflage, München 2023;

– Band 6, 9. Auflage, §§ 631-704, München 2023;

– Band 7, §§ 705-853 BGB, 9. Auflage, München 2024;

– Band 8, §§ §§ 854-1296, 9. Auflage, München 2023.

Sauer; Heiko: Staatshaftungsrecht - Eine Systematisierung für die Fallbearbeitung, in: JuS 2012, S. 695 - 699.

Scherer, Inge: Prozessuale Fragestellungen beim „Folgenbeseitigungsanspruch" im Lauterkeitsrecht, in: VuR 2019, S. 243 - 251.

Schläfke, Henner/Lühmann, Tobias: Kollektiver Rechtsschutz nach der Umsetzung der EU-Verbandsklagen-RL, in: NJW 2023, S. 3385 - 3391.

Schultheiß, Tilman: Kündbarkeit von Pfändungsschutzkonten für den Zeitraum vor dem 19.6.2016 (Einführung des Basiskontos); Reichweite eines lauterkeitsrechtlichen Folgenbeseitigungsanspruchs Nr. 19 AGB-Banken, in: WuB 2018, S. 481 - 484.

Schultheiß, Tilman: Der Folgenbeseitigungsanspruch bei unwirksamen AGB, in: WM 2019, S. 9 - 16.

Singbartl, Jan/*Zintl*, Josef: Ein autonomer Folgenbeseitigungsanspruch im AGB-Recht für Inhaber von Pfändungsschutzkonten mit unwirksamer Gebührenklausel?, in: VuR 2016, S. 14 - 18.

Soergel, Theodor (Hrsg.): Kommentar zum Bürgerlichen Gesetzbuch, Stuttgart, zit. Sorgel/Bearb:

– Band 5/1, §§ 311, 311a-c, 313, 314, 13. Aufl., Stand: 2014;

– Band 7, §§ 481-535, 13. Aufl., Stand: Sommer 2014;

– Band 10, §§ 652-704, 13. Aufl., Stand: Sommer 2011.

Staudinger, Julius von: Kommentar zum Bürgerlichen Gesetzbuch, Berlin; zit. Staudinger/Bearb.:
- §§ 305-310; UKlaG (AGB-Recht 1 und Unterlassungsklagengesetz), 18. Auflage. 2019;
- §§ 488-490; 607-609 (Darlehensrecht), 15. Auflage 2015
- §§ 677-704 (Geschäftsführung ohne Auftrag), 15. Auflage 2015 bzw. Neubearbeitung 2021.

Strobel, Benedikt: Die Rechtsnatur der sogenannten Negativzinsen, in: NJW 2021, S. 881 - 886.

Strobel, Benedikt: Girovertrag, unregelmäßige Verwahrung und Negativzins, in: BKR 2022, S. 96 - 101.

Stürner, Rolf (Hrsg.): Jauernig, BGB Kommentar, 19. Aufl. 2023, München, zit. Jauernig/Bearb.

Suendorf-Bischof, Ulrike: Negative Zinsen bei Sicht-, Termin- und Spareinlagen im Geschäft der Kreditinstitute mit Verbrauchern, in: BKR 2019, S. 279 - 286.

Tröger, Tobias: Vertragsrechtliche Fragen negativer Zinsen auf Einlagen, in: NJW 2015, S. 657 - 660.

Vogel, Hans-Gert: Negativzinsen im Einlagengeschäft der Kreditinstitute, in: BKR 2018, S. 45 - 55.

Voßkuhle, Andreas/*Kaiser*, Anna-Bettina: Grundwissen – Öffentliches Recht: Der Folgenbeseitigungsanspruch, in: JuS 2012, S. 1079 -1082.

Waclawik, Erich: Die Musterfeststellungsklage, in: NJW 2018, S. 2921 - 2926.

Wagner, Klaus-R., Zur rechtliche Wirksamkeit von Negativzinsen, in: BKR 2017, S. 315 - 320.

Wolf, Manfred/*Lindacher*, Walter F. (Hrsg.)/*Pfeiffer*, Thomas (Hrsg.): AGB-Recht Kommentar, 7. Auflage 2020, München, zit. WLP/Bearb.

Wollgarten, Silke/*Bohne*, Daniel: Verwahrentgelte bei Giroverträgen, in: BKR 2022, S. 113 - 116.

Online-Quellen ohne Verfasser (in chronologischer Reihenfolge)

EZB führt Negativzinssatz für die Einlagefazilität ein, o.S., Pressemitteilung der Europäischen Zentralbank vom 05. Juni 2014 (https://www.ecb.europa.eu/press/pr/date/2014/html/pr140605_3.de.html; Zugriff am 27.03.2024).

Keine Angst vor Negativzinsen, o.S., auf Stiftung Warentest vom 11.05.2022 (https://www.test.de/Minuszinsen-Keine-Angst-vor-Negativzinsen-5506996-0; Zugriff am 27.03.2024).

Die Banken überlegen bereits die Minus-Zinsen weiterzugeben, o.S., auf Süddeutsche Zeitung online vom 23.09.2019 (https://www.sueddeutsche.de/wirtschaft/negativzinsen-ezb-sparkasse-1.4612396; Zugriff am 27.03.2024).

Plus durch Minuszins: Wie die Banken an Negativzinsen verdienen, o.S., auf Capital vom 01.03.2022 (https://www.capital.de/geld-versicherungen/plus-durch-minuszins--wie-die-banken-an-negativzinsen-verdienen-31667044.html; Zugriff am 27.03.2024).

Negativzinsen treffen immer mehr Kunden, o.S., auf tagesschau.de vom 01.04.2022 (https://www.tagesschau.de/wirtschaft/verbraucher/negativzinsen-verwahrentgelt-banken-freibetraege-101.html; Zugriff am 27.03.2024).

Allgemeinverfügung bezüglich Zinsanpassungsklauseln bei Prämiensparverträgen, abrufbar, o.S., veröffentlichte Verfügung der Bundesanstalt für Finanzdienstleistungsaufsicht vom 21.06.2021 (https://www.bafin.de/SharedDocs/Veroeffentlichungen/DE/Aufsichtsrecht/Verfuegung/vf_210621_allgvfg_Zinsanpassungsklauseln_Praemiensparvertraege.html; Zugriff am 27.03.2024).

Verfahrensordnung des Ombudsmanns der privaten Banken, o.S., auf Bundesverband deutscher Banken e.V. vom 22.02.2024 (https://bankenombudsmann.de/geschaeftsstelle/verfahrensordnung/; Zugriff am 27.03.2024).

Am Schlichtungsverfahren teilnehmende Banken, o.S., auf Bundesverband deutscher Banken e.V. (https://bankenombudsmann.de/ombudsmannverfahren/teilnehmende-banken/; Zugriff am 27.03.2024).

Andere Verbraucherschlichtungsstellen, o.S., auf Bundesverband deutscher Banken e.V. (https://bankenombudsmann.de/ombudsmannverfahren/verbraucherschlichtungsstellen/; Zugriff am 27.03.2024).

Schlichten statt richten, o.S., auf Bundesverband der Deutschen Volksbanken und Raiffeisenbanken (https://www.bvr.de/Service/Kundenbeschwerdestelle; Zugriff am 27.03.2024).

Die Schlichtungsstelle, Unabhängig, fair und kompetentund, o.S., auf Deutscher Sparkassen- und Giroverband e.V. (https://www.s-schlichtungsstelle.de/; Zugriff am 27.03.2024).

www.ingramcontent.com/pod-product-compliance
Ingram Content Group UK Ltd.
Pitfield, Milton Keynes, MK11 3LW, UK
UKHW021938290926
8980IPUK00016B/1698

9 783631 929452